金钱长城

中国国际货币关系中的权力与政治

（美）埃里克·赫莱纳 /编
乔纳森·柯什纳
于海生 /译

华夏出版社
HUAXIA PUBLISHING HOUSE

目 录

序言 ··· 1
撰稿人员名单 ·· 1
缩略词一览 ··· 1

中国国际货币关系的政治探究 ································· 1

    中国在国际货币关系中正在获得什么样的力量？ ·············· 2
    中国国际货币的优先目标："接受者"、"制定者"还是"破坏者"？ ······ 7
    中国国际货币政策的依据 ·· 13

第1章 中国问题：中国的崛起能被授受吗 ···················· 20

    分析框架 ··· 20
    中国的崛起 ·· 24
    货币系统的灵活性 ··· 26
    中国的意图 ·· 35

第2章 中国和国际货币基金组织的秘史 ······················· 41

    中国在布雷顿森林谈判中被忽略的作用 ······················· 42
    中国共产党最高领导层的观点变化 ····························· 52

第3章 中国为何积累了如此巨大的外汇储备 ·················· 64

    外汇储备经济学 ·· 68

中国积累外汇储备的政治含义 ……………………………… 70
中国外汇储备状况（1994~1997年）……………………… 73
中国外汇储备状况（2003~2008年）……………………… 77

第4章　全球经济失衡和汇率武器的局限性 ………………… 83

中国在全球经济失衡中扮演的角色 ……………………… 85
政策实施及其局限性 ……………………………………… 90
改革的政治障碍 …………………………………………… 92

第5章　中国货币外交的界限 ………………………………… 102

国内政治的重要性 ………………………………………… 104
中国货币外交的双边主义 ………………………………… 107

第6章　中国崛起的货币权力 ………………………………… 124

协调的压力 ………………………………………………… 131

第7章　地区霸权和人民币的崛起 …………………………… 150

货币权力与政治经济 ……………………………………… 152
中国的货币权力雄心及其提速过程 ……………………… 156
问题的核心：美国模式失灵 ……………………………… 161
人民币趋向国际化 ………………………………………… 169
更强大的人民币的政治特征 ……………………………… 174

英文索引 ………………………………………………………… 175
译后记 …………………………………………………………… 198

序 言

在我们先前出版的《美元未来》一书中,我们把一个基本问题作为我们的出发点:作为国际货币,美元的未来是什么?我们很快就意识到,相比于思考具有不同学术专长和观点的专家为何会得出不同的结论,直接去寻找这个(难以捉摸的)问题的答案,不如前者更能满足理智的需求。类似的理念告诉我们应如何去对待这一研究课题。只要更全面地透视美元的秘密,以及国际货币体系的未来趋势,我们就能够清楚地看到,中国将在这一发展过程中发挥更大的作用。此外,似乎同样明显的是,这一作用的性质和意义,将由中华人民共和国(PRC)的政策选择所决定。但是,究竟是什么决定了这个国家的选择,中国正在得到的是什么样的国际货币权力?在越来越多有关北京的货币管理的文献(其中很大一部分主要关注经济学问题)当中,这些问题往往被忽略。本书讲述的是政治和权力在锻造中国国际货币关系方面扮演的重要角色。通过汇总具有不同出发点的学者——有关货币的国际政治经济学的国际学者以及中国专家——的深刻见解,我们的目标仍是展示特定的分析途径如何导致不同的结果。通过分析中国政策选择的各种政治资源和动机,我们希望相关领域的所有学者将能够更好地预测和了解它们。

我们在编撰本书的过程中得到了多方面的帮助。当然,我们特别感谢相关撰稿人参与了这一项目的孕育过程,感谢他们在截止期到来之前的勤奋工作。有几位学者还就本书相关章节提供了非常深入和有益的反馈,其中包括萨拉·伊顿、温迪·鲁特、奥德特·利诺、卡拉·诺洛夫和汤姆·佩宾斯基,以及两位匿名审稿人。就其提供的宝贵后援和初稿协助,我们要感谢伊莱恩·斯科特、桑德拉·基斯纳、温迪·鲁特和安杜里奥·罗萨莱斯。罗杰·海顿一如既往地提供了一流的评价和建议，我们感谢他对于这个项目的支持。加文·路易斯和苏珊·斯派克特的编辑工作也同样大有帮助。最后，我们要感谢加拿大人文社会科学研究理事会、康奈尔大学莱比和平与冲突研究院，以及特鲁多基金会给予的财政支持。

撰稿人员名单

陈宗翼——约克大学政治学系副教授（加拿大）。

本杰明·J. 科恩——美国加州大学圣巴巴拉分校政治学系国际政治经济学教授。

埃里克·赫莱纳——加拿大滑铁卢大学政治学系国际政治经济学教授、贝尔斯利国际事务学院艺术管理系主任。

江洋——丹麦国际问题研究所高级研究员。

乔纳森·柯什纳——美国康奈尔大学莱比和平与冲突研究院院长、管理系国际政治经济学教授。

柏斯玛·莫曼尼——加拿大滑铁卢大学政治学系和贝尔斯利国际事务学院副教授。

戴维·A. 斯坦伯格——美国俄勒冈大学政治学系副教授。

安德鲁·沃尔特——澳大利亚墨尔本大学社会和政治科学学院国际关系学教授。

王宏英——加拿大滑铁卢大学政治学系和贝尔斯利国际事务学院副教授。

缩略词一览

ABC　中国农业银行

ACU　亚洲货币单位

ASEAN　东南亚国家联盟

BIS　国际清算银行

BOC　中国银行

BRIC　"金砖四国"：巴西、俄罗斯、印度、中国

BRICS　"金砖国家"或"金砖五国"：巴西、俄罗斯、印度、中国、南非

BSAs　双边货币互换安排

BWCC　布雷顿森林会议（联合国货币及金融会议的别称）

CCB　中国建设银行

CCP　中国共产党

CDB　中国国家开发银行

CIC　中国投资有限责任公司

CMI　清迈倡议

CMIM　清迈倡议多边化

DM　德国马克

EMDCs　新兴市场和发展中国家

EMU　经济与货币联盟

EU　欧洲联盟

FBIS　外国广播信息服务

FTA　自由贸易协定
G5　五国集团
G7　七国集团
G20　二十国集团
GATT　关税与贸易总协定
GDP　国内生产总值
GFC　全球金融危机
GNP　国民生产总值
HDWP　哈里·德克斯特白皮书
ICBC　中国工商银行
IMF　国际货币基金组织
IMFC　国际货币与金融委员会
KMT　中国国民党
MD　摩根索日记
MFN　最惠国待遇
MOF　财政部
MOFCOM　商务部
NATO　北大西洋公约组织
NDRC　国家发展和改革委员会
NPC　全国人民代表大会
OECD　经合组织
OPEC　石油输出国组织
PBOC　中国人民银行
PLA　中国人民解放军
PRC　中华人民共和国
RMB　人民币
SAFE　国家外汇管理局
SASAC　国有资产监督管理委员会
SCO　上海合作组织

SDR　特别提款权
SOE　国有企业
SWIFT　环球银行间金融电信协会
WB　世界银行
WTO　世界贸易组织

中国国际货币关系的政治探究

近年来,中国政府已经在国际货币关系中扮演着越来越重要的角色。一旦国际货币基金组织(IMF)最新配额审查实施,中国在这个机构的全球货币治理中心的投票权份额,将紧随美国和日本之后排在第三位。它的外汇储备已排在世界第一位——在2013年中期达到惊人的350 000亿美元,其汇率政策已成为国际经济外交中的一个重要课题,受到世界各国的瞩目。人民币(RMB)的国际化也正在吸引国际政界越来越多人士的关注。当然,所有这一切都是在中国作为一个大国不断崛起的背景下发生的,这既决定了其自身的政策选择以及其他各国对于这些政策选择的反应,也使得它们变得复杂化了。①

迄今为止,对于中国在国际货币基金体系中日益重要的作用的研究,主要集中在经济和技术问题上,相比之下,人们对于中国国际货币关系的政治特征的关注要少得多。我们将通过思考下述问题帮助纠正这种失衡——在国际货币关系中,中国正在获得什么样的力量?在这一领域,什么是中国政府的最优选择?如何解释其倾向性?这些问题的答案,应该有助于我们理解全球经济的未来、国际关系的前景,以及在未来几十年中国经济的持续发展轨迹。

在这一部分,我们将阐述如下三个问题:突出重要的变量,考虑可能出现的各种结果,并且观照和联系其他章节的观点及其结论。本书作者在就可能出现结果的推测方面,以及在不同层次的分析性选择方面(后者被视为解

---

① 关于中国崛起的(国际)政治影响,请参阅戈德斯坦(2005年)、约翰斯顿(2003年)、罗斯和朱(2008年)、克里斯坦森(2006年)、弗里德贝格(2011年)、贝克利(2011年)、柯什纳(2012年)的相关著述。

释和预测结果的关键),彼此间有时可能并不一致。但是,他们从总体上揭示了中国的政策趋势,以及全球货币事务将在何种程度上受到政治因素的影响。

中国在国际货币关系中正在获得什么样的力量?

国际货币关系所涵盖的内容,包括各国货币的相对价值和交换价值,国际货币的选择和管理,针对国际收支失衡的融资和调整,等等。市场动态虽然会影响所有这些问题的结果,但是国家政策的选择和政治倾向,也必然在国内和国际层面起到至关重要的作用,其最终结果经常是由权力的运作方式决定的。

事实上,对于国际货币关系中的国家权力的研究,近年来已在政治学家当中吸引了相当多的学术性关注。① 一些分析家侧重于一国政府直接迫使另一国政府改变其行为的过程;其他学者则强调更间接的权力结构形式,包括操纵国际货币规则或者国际货币环境的单边塑造(无论是通过积极措施,还是通过所谓的"无为而治"),而在此过程中,一国必须采取能够推动他国政策选择甚至使其利益格局发生改变的运作方式。② 学者们在"作为影响因素的权力"和"作为自治因素的权力"之间也做出了重要区分:前者涉及改变他人行为的能力;后者则是在不受外力影响的情况下,能够不受约束地采取行动的能力。③

本书将探究在国际货币关系的几个关键方面,中国的权力如何以一种不均衡的方式逐步发展。这几个关键方面包括:收支失衡融资,宏观调控中的政治因素及其对一些国际机构发挥的作用,以及人民币的国际流通情况。中国作为世界赤字国的资金提供者所具有的越来越大的作用,也许一直是这种权力的最强有力的体现。这种作用不仅体现在这个国家在 21 世纪初的债权人地位,而且也体现在这一事实上——中国境外债权的绝大部分都是国有控股,它们要么是作为官方外汇储备而被持有,要么是被国有银行、主权财富基金和其他投资机构所持有。

---

① 请参阅:柯什纳(1995年)、安德鲁斯(2006年)。
② 请参阅:斯特兰奇(1987年)、赫莱纳(2006年)。
③ 请参阅:科恩(2008年)。

毫无疑问，由于中国的国际债权人地位及其作为国际收支平衡融资者的独特地位，使中国已经获得了新的权力。当中国向其他各国直接提供这样的融资时，它对于这些国家的影响力就得到了增强。可是，这种作为影响因素的权力的使用程度，引起了各国学者的激烈的争论，特别是在中国帮助美国经常性账户赤字融资的情况下。有学者认为，因为后者对于中国的融资依赖，中国已经取得了对于美国的影响力。还有的学者则不太肯定，认为这种状况更应定性为一种相互依赖，因为中国既需要依赖美国的出口市场，又需要依赖美国金融市场的深度。随着中国所持有的美国资产已增长到巨额水平，分析人士也指出，中国的政策制定者越来越感觉到，他们不得不在经济上支持美国。[①]

同时也由于中国政府提升了国际货币基金组织进行收支平衡融资的能力，它对于那个多边机构具有了更大的影响力。如前所述，根据在2010年认同的配额修订（直到2013年年底才获得所有成员的通过），中国的投票权份额从3.81%增加到了6.07%，使它在这个机构中成为继美国（16.5%）和日本（6.14%）之后投票权份额排在第三位的国家。2011年中期，中国官员朱民第一次被任命为这个基金组织的副总裁之一。

中国也是在2001年新创的具有多边性质的东亚基金的两个最大的捐助者之一（另一个是日本）——最初提供了1 200亿美元，在2012年又增加了1倍——为这个地区的各国收支平衡提供融资。同样，其贡献的规模——几乎占国际货币基金组织总规模的三分之一——也使它获得了对于这一机构设置的影响力。清迈倡议多边化（CMIM）的安排，就是建立在最初于2000年确立的清迈倡议（CMI）——双边互惠网络——的基础之上的，当时中国也发挥了主导作用。

中国的国际债权人地位，以及它不断扩大的经济规模和不断提升的经济开放程度，已经让这个国家在有关宏观经济调整的国际政治辩论中，变成了一个更引人注目的角色。这样的调整是国际货币政治的核心，因为各国都会不顾一切地将负面成本向他国转移（欧元区近期出现的动荡，表明了这些成

---

① 请参阅：赛特瑟尔（2008年）、德雷兹内（2009年）、赫莱纳和陈宗翼（2008年）、柯什纳（2008年）。

本可能会带来很大的阵痛和争议)。大国往往能够将一些负面成本转嫁给其他国家，比如美国就在1971年单方面"关闭黄金窗口"，从而迫使它的经济伙伴做出调整以适应其新政策。①中国显然正在积聚这种权力，正如科恩所指出的那样，和经常经历各种调整的债务国家不同，中国的国际债权大国地位，让这个国家与调整所带来的一系列外部压力绝缘。此外，对于中国投资的依赖，阻碍了他国对于中国政府施加过大的压力，比如在汇率政策领域。②

货币权力的动态平衡，在中美关系中也表现得很明显。美国已经发现，它向中国施压，通过美元贬值迫使其就"全球经济失衡"间接和更多地做出调整并承担更多的责任，与针对其他对外贸易顺差的国家——比如日本或者德国——采取这种做法相比，一直都不太有效。曾经在20世纪70年代，在美国的压力之下（尽管日本拖了后腿），日元相对于美元的汇率翻番，从1美元兑换360日元变为1美元兑换180日元；10年后日元相对于美元的汇率，从1：160又增值到1：80。③但是中国政府通过国有金融系统的大规模"冲销干预"，*将德国和日本在捍卫本国货币时所经受的国内通胀压力降至最低限度，从而更加成功地抵御了美国的"美元武器"。④

伴随着在国际收支平衡融资和调整方面取得的越来越大的政治权力，中国在各类国际货币的重要国际机构当中，也获得了相当的影响力。除了其在国际货币基金组织和清迈倡议多边化方面的作用以外，在2008年11月创立的新的二十国集团（G20）领导人论坛中，中国已经成了关键性的成员国。之后，这个机构迅速取代了七国集团（中国并不是其成员国），并作为引领大国之间进行国际经济合作的重要角色。在区域范围内，中国也发展成为了

---

① 请参阅：奥德尔（1982年）和戈瓦（1983年）。
② 请参阅：科恩（2008年）、布卢斯坦（2012年）。
③ 请参阅：哈马达和帕特里克（1988年）、麦金农和奥诺（1997年）、格莱姆斯（2001年）。关于中美之间的分歧为何可能长期存在甚至更加难以消弭，可参阅鲍尔斯和王（2008年）。
* 又称"中和干预"或"冲销政策"，是指中央银行在进行外汇买卖的同时，又通过公开市场进行反向操作，即进行数额同等但方向相反的国外和国内资产交易，以达到本币供应量不变的目的，从而抵消外汇干预对国内货币供给的影响。它是各国政府管理汇率的重要政策之一。——中译者
④ 关于"美元武器"，请参阅海宁（2006年）。

"东盟加三"（即东盟国家加上中、日、韩）这一联盟［该联盟一直在通过清迈倡议（CMI）/清迈倡议多边化（CMIM）和其他区域倡议，酝酿和推动东亚货币合作］的一个重要角色。

因此，中国在国际货币关系当中不断增长的力量，具有了多维特征。但这种力量也是不均衡的，而且其轨迹仍不明朗（特别是如果这个国家显著的内部债务和财政问题开始恶化，或当这个国家经历一次国内金融危机时，它的上升趋势就可能迅速逆转）。一个决定性的影响因素，取决于人民币的国际地位的前景——其国际地位仍在上升通道中，目前仍相对适中。正如陈宗翼所指出的那样，中国政府非常清楚美国从美元的国际霸主地位当中所获得的在国际货币关系方面的经久不衰的"结构性权力"。美国的美元管理模式，塑造了包括中国在内的各国无法脱离的国际货币环境。美元的全球角色也使得美国更容易矫正收支失衡，并将矫正的成本转嫁给他国。美国以政策作为自治权影响因素的这一能力，也因另一个事实得到提振，那就是，其货币权威部门不需要过度关心汇率变化可能会对其国内资产负债表造成的影响，因为该国以外币计价的公共和私人债务少而又少。在国际金融危机期间，各国对于美元流动性的依赖，也使得美国货币权威部门在那样的时刻拥有巨大的国际影响力。

人民币的国际命运是什么？这其中有一种可以观察到的历史模式，那就是，大国始终致力于寻求扩大其货币流通的范围和影响。但在最近一些年，那些有望成为国际货币舞台上重要角色的国家，对于将其货币国际化比较谨慎。它们在地缘政治上已经不像过去那样雄心勃勃，它们对涉及的成本保持警惕，并且厌恶牺牲国内宏观经济政策自治权可能招致的风险。科恩指出，在布雷顿森林货币体系于20世纪70年代初崩溃以后，西德和日本都不大情愿使本国货币国际化，免得失去其对货币政策的控制力。这些国家也有理由对其地缘政治目标保持谨慎，因为出于安全考虑，它们需要依赖关键货币的当前发行国。当时西德的独特地位，导致一些学者为其贴上了"半主权国家"的标签。日本对于美国的安全依赖程度非常高，尽管其在20世纪90年代的决策者因不断膨胀的国际政治野心，以及后来为寻求更大的经济体的缘故，对于日元在国际社会发挥更大作用的观念变得更具包容性和较高的接受程度。①

对于侵犯政策自治的情况，中国政府及其领导人尤其敏感，并且高度重视稳定性，这表明他们对其货币控制力放松的情况持谨慎态度。这将影响人民币的国际化程度，同时中国独特的地缘政治位置和目标也对人民币国际化构成影响。人民币的国际化显然正在到来，只是在很大程度上，它将以多大规模、多快速度、会达到何种程度，以及具有什么样的临界"天花板"的问题。

人民币在东亚区域的使用已经显著增加，而且东南亚一些主要国家现在正将其汇率管理更加紧密地与人民币而非美元联系起来。一些分析人士（诸如阿尔温德·萨布拉马尼安）已经预言，人民币更广泛的国际作用可能会迅速扩大。根据一个多世纪以来的数据汇总，萨布拉马尼安强调了一个国家的经济规模在世界经济中的占比［根据国民生产总值（GNP）、世界贸易份额以及净债权国地位来衡量］和其货币在国际储备中的角色关联程度的统计关系。基于过去的经验，萨布拉马尼安预测的结果是，到21世纪20年代初期，人民币作为主要储备货币的角色应该会超过美元。其他分析家的分析则持怀疑态度，例如，马拉比和韦辛顿认为，"崛起的中国"的货币的未来地位将低于常见的预测，而且人民币更有可能在二级储备货币当中占有一席之地。世界银行（WB）采取了折中的看法，它预测到2025年将出现一种"多货币的情况"（美元、欧元和人民币）。②

不管是什么情况，一个共性是，其结果将更多地由政治而非经济因素所决定，正如人民币"乐观派"和"悲观派"所明确承认的那样。例如，萨布拉马尼安承认，他的预测是"有条件的"，那就是中国政府开展"深远的"金融改革，允许货币在更趋流动性的市场上流通，包括完整的货币兑换和国内金融的深化改革。③另一方面，马拉比和韦辛顿认为，中国的政策制定者可能会对开展这样的改革保持谨慎。本书的一些章节将着重介绍中国政府怎样

---

① 请参阅：卡岑施泰因（1987年）、格莱姆斯（2003年）、卡塔达（2002年）、赫莱纳（1992年）。
② 请参阅：萨布拉马尼安（2011年）；马拉比和韦辛顿（2012年），第136页；世界银行（2011年）。
③ 请参阅：萨布拉马尼安（2011年），第9页。

着手金融体制改革，以便促进人民币的国际化。中国也在寻求通过更直接的方式提振人民币的国际作用，那就是和国外权威机构之间建立一系列互惠信贷协定以及双边协定，鼓励缔约国在双边贸易中使用彼此的货币。本书其他章节将着重阐述这些改革的限制性因素，不过，所有的撰稿者都将政治视为最终结果的决定因素。

如果这些举措能够强化并且成功地提高人民币的国际地位，那么，中国在国际货币关系中的权力将会大大加强。不过，就中国政府对于人民币国际化的承诺所具有的力量，本书的撰稿者有不同的观点。乔纳森·柯什纳认为，人民币日益提高的国际地位是一个"铁定的事实"，而且它将给中国提供新的结构性权力，特别是在东亚地区。然而，相比之下，江洋更加谨慎，她指出，中国政府非常关注由于金融国际化而可能导致金融和货币控制权丧失的情况；中国所支持的双边做法使它的货币外交"简单、务实，具有象征性和短期导向性的特征"，这暗示了对于人民币国际化采取的一种谨慎和渐进的处理方式。陈宗翼和江洋一样，也认为中国领导层优先考虑稳定和秩序，不过他却发现中国政府具有相当大的货币雄心的迹象。

中国国际货币的优先目标："接受者"、"制定者"还是"破坏者"？

很显然，无论人民币的国际角色的步伐和性质如何，中国的国际货币权力正在增长。因此，尝试辨别中国的政策制定者在国际货币体系中的优先目标和意图是很重要的。大致说来，一个崛起的大国，可以是现有国际秩序的"接受者"、"制定者"或"破坏者"。虽然很明显，这些都是理想化的、抽象化的可能性——实践的纯粹性将远远小于理论的推演，但不管怎样，它们能够反映中国将来可能进行的基本选择，也能够反映各国在过去做出的不同选择。在第一个角色方面，中国将仍然是一个规则的接受者，本质上支持国际货币现状——在一个执行相同规则的游戏当中，扮演一个更重要的角色。在第二个角色中，它将更多地以一个规则制定者的身份出现，要求针对目前现状做出重大改革。在第三个角色中，作为一个规则的破坏者，中国将会挑战现有的体系，它要么要求全面转型，要么退出当前体系并创建自己的体系。

这些选择不仅对国际货币事务的性质和模式有深刻影响，而且对于更普遍意义上的世界政治同样会产生深刻影响。日本在从 1881 年到 1931 年半个世纪的时间里，就是一个接受者的典型例子——它大刀阔斧地（有时甚至是盲目地）接纳了在当时代表着经济管理认证标志的古典金本位制。*认同这一制度的人都明白，加入这一认证体系，就等于是在传统大国圈子里拥有了自己的一席之地。日本能够实现这一目标，只是因为它在 19 世纪 80 年代执行了不乏痛苦的"松方正义**的通货紧缩政策"，以及为恢复（并继续维持）20 世纪 20 年代的金本位制而采取的更严厉的措施。（有趣的是，尽管当时负责财政的松方正义渴望加入当时的体系，但更重要的是，他终归是一个民族主义者。这表明扮演接受者的角色并不一定意味着缺乏国际野心）。而且无论结果是好是坏（实际上，总体而言是趋于后者），日本银行的精英都是这样的接受者，以至于他们都变得"比教皇还要圣洁"（就像这一体系后来的皈依者通常所做的那样）并坚守金本位制，甚至在英国被迫放弃这一体系之后仍然如此***，这也给日本的国内政治带来了灾难性的后果。①

另一方面，两次世界大战时期的法国，证明了货币政治中一个具有影响力并选择扮演破坏者角色（即使破坏者很少这样自我认同）的参与者可能带来的混乱。法国不认同从 1922 年热那亚货币会议以后出现的金汇兑本位制，拒绝按照这一体系的规则行事，甚至公开而且响亮地表明自己的反对立场，还经常以恶作剧的姿态和足以让本就摇摇欲坠的货币体系迅速崩溃的速率和方式积累了大量黄金。法国对于热那亚体系的颠覆，促成了 1931 年国际货币

---

* 一种金属货币制度，也指黄金为本位货币的货币制度。广义的概念是指以一定重量和成色的黄金来表示一国本位货币的制度，狭义仅指金币本位制。在金本位制下，每单位的货币价值等同于若干重量的黄金。金本位制于 19 世纪中期盛行，通行了约一百年，后因多种原因崩溃，对国际金融乃至世界经济产生了巨大影响。——中译者

** 松方正义（1835~1924 年），日本明治时期政治家、财政改革家、内阁总理大臣。为了挽救日本当时经历的经济危机，施行紧缩财政政策，对内紧缩开支，抑制通货膨胀，对外则平衡贸易，削减贸易赤字。——中译者

*** 英国于 1816 年率先实行金本位制。到 1914 年第一次世界大战前夕，主要资本主义国家都继相实行了金本位制，而且是典型的金本位制——金币本位制。——中译者

① 请参阅：辛尤（1962 年）、戈德史密斯（1983 年）、斯米萨斯特（2007 年）、梅茨勒（2006 年）、柯什纳（2007 年）。关于松方正义的民族主义，请参阅赫莱纳（2003 年），第 86~87 页。

秩序灾难性的坍塌，随之而来的就是在奥地利信贷银行倒闭之后出现的难以阻挡的全球金融危机（GFC），而这反过来又大大加深了全球性的经济大衰退。热那亚体系的坍塌，法国是一个关键性的破坏因素。当然，至少需要两方才会出现争议，而且不管是国际政治纷争，还是由这次崩溃所导致的有关国际货币管理方面的意识形态分歧也同样如此。两次世界大战的经验表明，今天也存在着惊人的潜在相似之处，尤其是在中国和美国的政治关系开始恶化的情况下。①

当然，美国最终使自己成了一个规则的制定者。为避免其在两次世界大战期间孤立的和短视的外交经济政策的失误，并且受到各种经济的和战略方面的动机的驱使，于是建立（并且资助）了布雷顿森林国际货币体系。随着美国开始扫除各种障碍，并努力协调各方在观念、利益和地缘政治责任方面达成一致（每一个因素都很关键），才最终建立起了战后的国际货币秩序。②

试图改变中国在国际货币中的整合和扩张角色的属性并非易事，正如本杰明·科恩所指出的那样，即使中国政府要采用成为这个游戏规则的接受者的途径，并且包容这一途径潜在的可能具有天然甚至内在破坏性变化的情形也如此。他补充说，一个复杂的因素是，"中国政府似乎为了其自身利益，正在不遗余力地打破货币权力的总体平衡，这和德国、日本以及沙特阿拉伯在可类比阶段所采取的做法完全不一样"。这显然和一个事实有关，那就是，和作为出现在战后世界货币舞台上的主要角色的其他国家不同，中国既不是美国的盟友，也不是美国的客户，而是一个（哪怕是在这一概念最温和的意义上也是如此）地缘政治对手。事实上，如同柯什纳所强调的那样，这是近七十年来第一个出现在国际货币舞台上的新贵，它可能被看作是该体系最重要参与者的一个潜在对手，而且考虑到管理国际货币体系必然带来的政治挑战，

---

① 关于法国，可参阅金德尔伯格（1972年）。在欧洲存在的严重的经济思想分歧和抑制合作的安全困境，导致了战后货币秩序的崩溃。在公共领域经常就货币管理这一主题展开激烈辩论的相关资讯，可参阅皇家国际事务和国际联盟研究所收集的各种文章（1932年），也可参阅爱因齐格（1931年）和阿瓜多（2001年）。

② 请参阅：加德纳（1980年）、伊肯伯里（1992年）、赫莱纳（2014年）、波拉德（1985年）。

这一事实很重要,① 并且即便是在一种"最理想的情况下",这种挑战也将是不可避免的。实际上,迄今为止,有关中国政府的意图的证据仍然很复杂。例如,江洋注意到,国际货币基金组织强加给发展中国家的条件,以及它在全球货币管理中所持的反对新自由主义意识形态的立场,一直是非常关键的因素。不过与此同时,她也强调指出,中国并没有明确提出过一个雄心勃勃的替代性目标,事实上,它提供的只是"象征性的姿态",而且是出于防御性本能才这样做的。

因此,包括本书作者在内的一些学者在这个问题上持有不同的观点,而且每个人都可以举出证据来支持自己的立场,这并不奇怪。对于中国政府在国际货币关系中的优先目标的这些不同观点,未必是不可调和的。中国的优先考虑事项可能会随着时间的推移而发生改变。事实上,本书的几位作者(特别是陈宗翼和柯什纳)认为,全球经济危机是一个重要的分水岭,它鼓励中国官员在国际货币关系当中瞄准更具雄心和实验性的目标。中国官员可能还会对国际货币关系当中的不同领域给予不同的考虑。同样重要的是,有必要避免夸大中国政策制定者的一致性,不同的政策制定者有不同的观点,因此,某种集体性政策可能并不会反映一种必然一致的并长期有效的观点。②

从某个角度看,中国政府在很大程度上一直是现状的支持者,至今也是如此。随着大量美元储备的积累,中国强化了以美元为基础的国际货币秩序。它的保守主义倾向在2008年全球金融危机期间表现得很明显,当时一些学者曾预测,中国可能撤回其在美国的投资,尤其是作为对于"美国在1997年到1998年东亚金融危机期间表现失职的一种报复"。③ 事实上,中国并没有充当落井下石者的角色,而是通过为美元和美国通常账户赤字持续提供至关重要的支持而支撑了这个体系。用一位批评家的话说,中国在这一期间充当了美国的"大管家"。④ 相对于美国在大萧条期间的表现——当时它拒绝支持处于困境中的欧洲国家——这种反差引人注目。

---

① 请参阅:柯什纳(2009年)。关于影响亚洲货币事务的地缘竞争,参阅格莱姆斯(2008年)。
② 关于这一主题,可参阅西恩(2009年)。
③ 请参阅:詹姆斯(2009年)。
④ 请参阅:洪(2009年)。关于中国的稳定作用,也可参阅赫莱纳(2014年)。

有学者指出了促使中国采取这种做法的显著的物质诱因。约翰·伊肯伯里尤其强调西方秩序的强大诱因〔这包括整个经合组织（OECD），而不只是美国〕，而且这种秩序是以一种"难以推翻和易于加入"的体系为特征的。此外，中国的能力也有一个限制性因素，而这恰恰是外界观察家很容易忽视的。① 安德鲁·沃尔特认为，尽管中国官员反对在国际宏观经济监督过程中可以感知到的偏见，不过对于外界批评和国际货币基金组织"羞辱"的担心，鼓励了他们在 2008 年全球金融危机之后，开始致力于在二十国集团支持下强化一种监督程序。一些分析家也强调指出，中国更多的是国际货币基金组织的支持者而不是挑战者。人们常常忘记，中国实际上是国际货币基金组织的创始成员之一，在订立该组织的协议条款方面，一度发挥过积极作用，而且正是这些条款形成了战后国际货币事务的国际法基础。在 1949 年中国内战结束之后，随着中国台湾地区占据国际货币基金组织的一个席位，中国大陆被迫退出，但埃里克·赫莱纳和柏斯玛·莫曼尼强调了中国政府后来如何谋求加入这个机构而不是排斥它。当中国在 1980 年拥有了会员资格以后，它与国际货币基金组织始终保持着良好的关系，并没有试图改变或者破坏现有规则。事实上，当日本在 1988 年提出成立一个将会挑战国际货币基金组织在该地区地位的亚洲货币基金组织时，中国政府反对这个计划。② 尽管中国政府后来支持更温和的清迈倡议安排，但实际它是使清迈倡议在采用国际货币基金组织一项计划的前提下提供贷款的主要倡导者之一。

不过，其他学者则把中国作为政策制定者这一角色看成是有更多改革野心的标志，特别是自 2008 年全球金融危机以后。他们经常引用 2009 年 3 月中国央行行长周小川的一篇著名的文章，该文章呼吁国际货币体系改革，以便减弱美元的核心角色地位，强化另一种超国家储备货币的核心作用。周小川本着从约翰·梅纳德·凯恩斯到罗伯特·特里芬等人所追求的改革派自由多边主义精神，系统地阐述了他的观点，并且强调必须以过去的努力为基础进行逐步改革，以便加强国际货币基金组织的特别提款权（SDR）。正如后来陈宗翼所指出的那样，周小川的主张将他置于以规则为基础的多边主义的支持

---

① 请参阅：伊肯伯里（2008 年、2013 年）；赫莱纳和陈宗翼（2008 年）。
② 请参阅：索恩（2008 年）。中国也受到地缘政治的推动，力图削弱日本想要获得更大区域领导权的努力，请参阅格林（2003 年）、格莱姆斯（2003 年、2008 年）。

者之列。就这方面而言，这篇文章留下了一点儿神秘感：这次危机是依赖单一国家货币作为世界货币的"制度缺陷所导致的必然结果"。① 陈宗翼也提醒我们，周小川的分析是直接建立在他作为中国政策制定者之一在过去十年发表过的经济思想的基础之上的；2008 年全球金融危机产生了支持国际货币体系改革的新的政治推动力，"中国行动的目的，是诱导和敦促体系调整"。

事实上，中国政府已经成为国际货币基金组织改革强有力的倡导者，它尤其重视管理问题，认为有必要真正做到择优选拔常务董事，以及新兴市场国家在这一机构中获得更大的发言权。陈宗翼和沃尔特都指出，自 20 世纪 90 年代末以来，中国的政策制定者们还敦促国际货币基金组织将监督重点放在对于主要发达国家尤其是"储备发行国"的政策监督上〔有趣的是，正如赫莱纳和莫曼尼所注意到的那样，在 1944 年布雷顿森林会议（BWCC）上，当时的中国政府也推动了对于债权国和债务国义务的一种对称调整〕。这种推动更大对称性的努力，在 21 世纪初以来越来越显著。针对国际货币基金组织开始敦促中国政府进行货币升值，许多政府官员都对这一建议表示不满，并将其看成是美国驱动的结果。尽管遇到了挫折，但就其目标而言，中国政府官员一贯是（温和的）改革派而非激进派，他们从来没有反对过该组织监督其成员国的权利（尽管中国政府官员一度退出过 2007 年到 2008 年的双边监督讨论）。事实上，沃尔特指出，自 2009 年以来，中国政府支持二十国集团通过其多边评估程序（国际货币基金组织扮演着重要的咨询和分析角色）以解决全球经济失衡的努力。赫莱纳和莫曼尼指出，中国政府质疑资本账户完全自由化，以及要求国际货币基金组织进行"有效监督和规范国际资本流动"，这实际上是将其政策制定者的身份置于"国际货币基金组织协议条款原始内容的重要捍卫者"之列。他们强调，迄今为止，中国政府的货币举措，完全与其对于该组织的支持相一致，这正是改革议程启动的显著标志。

不过，其他分析人士则认为，中国的政策制定者们越来越感兴趣的不只是改革，而是挑战现行国际货币秩序的核心功能。例如，尽管体现的是改革派的姿态，但周小川在 2009 年的文章却被柯什纳和其他人视为对美元主导的

---

① 请参阅：周小川（2009 年）；戴维·巴尔博扎：《中国敦促新货币储备取代美元》，《纽约时报》，2009 年 3 月 24 日；陈宗翼和王（2010 年）。

国际货币秩序的一种几乎不加掩饰的挑战。这种看法已被中国政府对于人民币国际化的最新支持，以及欧洲和金砖国家（BRICS）对于更加多极化的货币秩序的呼吁所强化。总体而言，科恩注意到，"无论在言语上还是行动上，中国政府都已经公开表达了对于现状的不满，这远远超出了先前的加入国所表达的任何不满"。沃尔特暗示中国正在"使刀刃变得更加锋利"，而且关于中国有一种"普遍的说法"是，"美国正在系统性地阻止一个很可能威胁其地位的挑战者的出现"。

在意识形态层面，一些分析人士（例如科恩和柯什纳，尤其是后者）也对中国领导人有更多变革议程感到好奇。柯什纳认为，2008年全球金融危机削弱了美国所支持的不受监管的全球金融秩序的合法性，而中国的政策制定者们现在则支持采取一种更规范的方式来管理经济。他还指出，中国政府现在促进人民币在亚太地区适用的举措，目的是要创造一种不受美元控制的、具有其独特规则和思路的、更加自主的货币秩序。中国政府最近支持放宽清迈倡议贷款和国际货币基金组织的条件的关联性的做法，可被解释为中国官方在这方面最新优先事项进一步的证据。

值得注意的是，江洋和沃尔特都指出，中国政府曾长期批评国际货币基金组织对发展中国家设置新自由主义的条件。然而，江洋对于中国在对区域倡议（比如清迈倡议/清迈倡议多边化）方面承诺的实力更持怀疑态度。她认为，中国的支持主要是象征性的，中国政府反对任何可能会淡化其国家主权的区域努力，诸如旨在加强汇率管理的激进的监督程序或者举措；中国的货币外交主要是双边的，并且主要由短期的实际利益和政治利益（许多利益都和货币问题无关）所驱动，而不是受一种准备成为地区或多边领导者的更长远的目标所支配。事实上，从她的角度来看，正是中国货币外交的这些功能和特性，更可能随着时间的推移对战后多边国际货币体系构成挑战。其他分析人士也批评中国长期积累大量外汇储备，似乎只是反映出其短期重商主义的目标，却牺牲了多边系统的长期利益。

中国国际货币政策的依据

不论中国政府在国际货币政策方面的选择是什么，都将产生某种效果——将会支持或重塑甚至颠覆全球货币秩序。这就引发了怎样解释中国国际货币政策制定的问题。对于其他国家的经验的分析，能够突出中国国内层面、政府层面以及外部层面的政策影响在这个区域的重要性，这仍然是研究中国货币政策的合理途径。不过，对于一些可以反映中国基本状况的因素和属性，需要高度的敏感性。还应当强调的是，这些层次的分析未必是不能共存的甚或是彼此对立的，这一点可以从本书的各种观点和主张当中反映出来。这种"流动性"的分析完全不是针对中国的。如前所述，决策者的具体想法和更广泛的地缘政治利益，共同推动了美国建立布雷顿森林体系，而且国内经济利益集团并不会羞于让其倾向为人所知，也不会羞于塑造最终结果。

由于其决策的不透明性或保密性，对于这些问题的分析在中国的语境下，可能特别具有挑战性。本书作者确认了一些中国国际货币政策制定的关键机构，即中国政府的决策核心机构是中央政府的行政部门——国务院。如同在其他国家一样，中国的中央银行——中国人民银行（PBOC），以及财政部（MOF），对于国际货币政策的制定都发挥了关键作用。本书所讨论的参与国际货币政策辩论的其他政府机构（包括与其有联系的智囊团）包括：商务部（MOFCOM）、国家发展和改革委员会（NDRC）、国家资产监督管理委员会（SASAC），以及各地方政府，尤其是沿海地区的各级政府。而在中国货币政策制定的整个过程中，发挥关键作用的是中国共产党及其中央委员会、政治局以及政治局常务委员会。

如果这些都是中国政府的一些关键机构，那么如何解释中国官员在国际货币决策中的偏好呢？政治学家对于其他国家当中的各行业团体（尤其是银行业、贸易行业、制造业）对国际货币政策制定的影响倾注了相当多的关注。这些团体会受到各自动机的驱动去游说政府，因为它们的直接成本和收益与国际货币政策挂钩，而且它们的影响力会因其组建国内联盟和决策者的能力而各不相同。尽管一些分析人士试图在抽象意义上为这些行业团体的国际货币政策偏好建立模型，但大多数人认为，这些偏好"对于国情具有高度的依赖性"。[1]

---

[1] 请参阅：海宁（1994年），以及麦克纳马拉（1998年）和赫莱纳（2006年）。

中国的国情尤其独特，因为一切最强大的国内企业都是国有企业（SOE）。① 本书作者将展示在国际货币关系中，这些企业以及其他行业组织实际上如何为其具体政策游说的。戴维·斯坦伯格强调指出，在支持高额外汇储备以便保持竞争性汇率这一目标领域，地域上较为集中的出口导向型大型制造业企业具有强烈的偏好。② 江洋则指出，大型国有企业和国家银行通常反对金融自由化，因为这有可能会削弱它们以及国家对于金融的控制力，而这一直都是中国以出口为导向、以投资为驱动力的发展模式的核心。沃尔特和王宏英呼应了这些观点，并强调国有商业精英和共产党以及各级政府机构紧密联系的方式。不过他们也阐述了其利益可能和这些精英彼此相左的更广泛的社会群体对中国政策制定相对缺乏影响力的现实情况。本书作者还从总体上强调了中国共产党本身及其成员在保留权力方面的利益的重要性。

这些国内压力并不是中国国际货币政策制定的唯一依据。在世界各国，由于所涉及的问题在技术方面的复杂性，也因为其效果在宏观经济层面往往是分散的，因而这样的政策制定往往专属于拥有相当大的自主权的各级国家机关。③ 而在中国，国内行业团体的游说所带来的影响，也会受到政府的威权的约束。安德鲁·沃尔特和王宏英强调了在宏观经济结果方面，与其他国家相比，国内利益在中国的影响相对较弱。他们尤其例证了庞大的国内社会群众影响力较弱的情形（这和占尽优势而又根深蒂固的保守集团利益形成鲜明的对照），这也是中央政府难以通过实施激进的政策重新平衡国内消费（一些经济学家所推荐的途径之一）的一个重要因素。④

鉴于自主权相对独立的官员常常不受国内游说压力的左右，因而我们需要其他的因素来解释他们在国际货币政策制定上的偏好。从技术的角度到更广泛的意识形态和民族主义框架层面，一些学者已经确认了在其他国家起作用的各种观念的影响。例如，强调追求物质利益的利己主义者的理性选择方

---

① 请参阅：西恩（2009年）。
② 请参阅：斯坦伯格和西恩（2012年）、施瓦茨（2009年）、洪（2009年）。
③ 请参阅：克拉斯纳（1977年）。
④ 请参阅：马丁·沃尔夫：《为什么中国为恢复经济平衡必须做出更多努力？》，《金融时报》，2009年9月22日；以及拉迪和博斯特（2013年）、佩蒂斯（2013年）。

法，侧重于政策制定者的行为被各种机构和官僚背景所影响和塑造的途径。①

许多学者都突出了能够影响参与中国国际货币政策制定的官员的概念框架。一个非常显著的影响因素是，他们的优先发展事项。赫莱纳和莫曼尼都注意到，这些优先事项实际上早在布雷顿森林谈判时期就是中国政府国际货币政策的核心，当时中国推动建立了一个能够支持由国家主导的快速工业化目标的国际货币体系。事实上，他们都观察到中国的政策有着显著的观念持续性，它甚至可以追溯到由孙中山早在20世纪初阐述的观点，它也可以从布雷顿森林体系谈判、20世纪70年代后期出台的发展战略以及邓小平的市场化改革当中识别出来。而且正如江洋所指出的那样，在国际货币讨论方面，中国政府现在继续把自己定位成发展中国家利益的代表。本书的有些章节，特别强调了当代中国领导层如何优先考虑国际货币政策制定与其致力于经济快速发展这一目标之间的联系。

然而，对于这些发展目标应该如何实现的问题，在中国官员之间显然有一定的分歧。江洋指出了在中国人民银行当中具有改革思想的自由主义者和财政部以及国家发改委当中保守派之间的矛盾：前者支持人民币国际化和金融自由化，以此推动国内市场化改革；后者则寻求继续保持对中国的银行和金融系统的全面控制。而中国强调双边货币协议是这一矛盾的妥协。她注意到，在最近几年，在这一领域的政策博弈中，相对于中国人民银行，财政部已经获得了越来越大的影响力。②

斯坦伯格也提请读者注意来自不同政府机构的官员之间的分歧，但他认为，这些分歧缘于不同的机构面临不同的反差比较强烈的诱因：中国人民银行的官员反对储备积累，因为他们的职业发展与成功的通胀控制和管理银行的资产负债表关系密切；相比之下，商务部和沿海省份的政府官员都支持这项政策，原因是出口商的成功能够给他们的政绩加分。因为中国人民银行的政治影响力不及商务部和沿海省份的政府，因而它在这一领域总是输掉关键性的政策战略棋子。

对于中国在全球经济失衡辩论中的作用方面，王宏英的分析呼应了上

---

① 关于这些方法，可参阅柯什纳（2003年）、奥德尔（1982年）、赫莱纳（2006年）、麦克纳马拉（1998年）、伯恩哈德、布罗斯和克拉克（2002年）。
② 关于中国人民银行的改良主义，可参阅贝尔和冯（2013年）。

述观点。这些失衡问题的解决，需要中国调整其经济走向，建立一种能够带动国内消费的经济增长模式。在这方面，王宏英指出了中国人民银行和全国人民代表大会（NPC）的改革倾向，但同时认为，拥有更多权力的是一些政府机构，它们和国有企业结盟，支持现有的出口和投资拉动的增长模式，这也在某种程度上导致了国内经济的失衡。这些机构包括财政部、国家发展和改革委员会、国家资产监督管理委员会（SASAC）以及沿海省份的政府。

王宏英和汪洋还指出，中国官员对于"金融安全"这一目标日益突出的政治倾向，其目的是最大限度地减少危机风险、维护主权和促进稳定。强调金融安全，强化了许多中国官员对于各种金融管制和巨大外汇储备积累的承诺。在对于人民币国际化的分析中，柯什纳指出了中国官员如何优先考虑经济安全、地区性大国权力和国际地位。赫莱纳和莫曼尼也认为，中国之所以寻求在国际货币基金组织中拥有更多的投票权，与很早就寻求提升国际地位这一目标有关，甚至早在布雷顿森林会议时期就是如此。

柯什纳和陈宗翼还强调了另一种观念对于中国国际货币政策制定的影响：中国对美国治理其国内经济及其管理美元的方式越来越感到失望。2008年全球金融危机使中国宏观经济受到了很大的影响，中国的许多政府官员认为这是美国不负责任的经济政策所致。陈宗翼认为，这场危机促使中国政府进行更积极、更趋干预性的系统性改革。对此，柯什纳概括出了"买方的懊悔"这一概念，因为中国积累的大量美元储备的危险变得更加明显。如前所述，柯什纳认为，从总体上说，2008年金融危机让美国的经济管理模式在许多中国官员眼中变得不合理，结果是，这些决策者希望减少中国对美国和美元的依赖，通过推动人民币国际化和鼓励多极货币秩序这样的举措，在货币政策和财政政策方面对于美国施加更多的影响，推动增加自己特别提款权的份额，并且倡导加强国际货币基金组织对主要储备发行国的监督。

当然，中国国际货币政策也显然受到其国内自身利益目标的驱动。这种关注促使政府官员在评估国际货币问题时，会考虑它们对于国内政治稳定的影响及其在国内的合法性。王宏英尤其强调，合法性（以及对于合法性所面临的挑战的担忧）是政策选择背后的一个关键性因素。健全的经济管理模式以及民族主义——不要低估后者在中国和在当代超媒体环境中的力量，尽管控制和操纵这种力量并不容易——是中国政治权力的两个基础。① 例如，抵制人民币升值，在一定程度上缘于对出口企业大批人员的失业可能会带来的国内不稳定的担忧，同时中国的国际威望和地位也是重要因素之一。

在研究其他国家时，政治学家还表明，国际货币政策制定如何不只会受到国内和政府层面的因素的影响，而且还会受到其他一些外部因素的影响。本书作者认为中国也不例外。沃尔特的文章专门探讨了国际货币基金组织和美国对中国汇率政策选择的影响。美国在这一领域施加改革的压力，最初现于20世纪90年代初期（当时美国财政部称中国是货币汇率操纵国），直到1994年年初中国结束其双重汇率制度。但在21世纪初再次出现，沃尔特认为，中国在2005年以后升值人民币，至少部分地与其缓解美国方面的需求和降低外国（尤其是美国）报复风险的愿望有关。他指出，因为如上所述的国内限制，因此国际货币基金组织在鼓励中国通过有助于刺激以消费为基础的结构性改革以解决其内部失衡方面并不顺利。

更广泛的全球经济和地缘政治背景，也影响了中国国际货币政策的制定。王宏英将中国的外汇储备积累归因于一种信念，那就是，这种储备对于"维护国家权力和国家安全"是很重要的。这是中国在亚洲金融危机之后得到的教训。同时，这次危机过后，国家"金融安全"也成为政策讨论的重要组成部分。江洋也强调，金融稳定和安全以及国家主权方面的重要性，她认为，中国政府对于双边主义的兴趣和这些目标的一致性，促使它会追求地缘政治目标，例如，加强对于重要战略合作伙伴的政治影响力，建立自己作为一个"负责任的大国"的形象，并提供能够抗衡西方影响的力量。

正如全球金融危机提醒我们的那样，货币在很多方面都会发挥重要的作用。中国现在是全球经济的三大引擎之一，这是一个新兴的大国，它在国际货币体系中作为一个利益相关者而占据了一席之地。目前，中国在国际货币关系中的力量进一步强化（尽管并不均衡），这源于它具有财政平衡的资源，以及它的宏观经济调整的国际政治意义，它在国际金融体系中的影响力，以及其货币缓慢的国际化趋势。中国在这些领域的偏好和选择，将塑造国际货

---

① 请参阅：格里斯（2005年）、舍克（2007年）、谢姆博（2013年）、王宏英（2002年）。

币体系的性质，并将在更广泛的意义上影响国际关系进程。

中国政府将选择成为现有国际货币体系的接受者、制定者还是破坏者，仍然非常不明朗。不过，本书将揭示中国的优先选择和决策将如何受到来自其国内、政府以及外部因素的影响。通过分析这些影响的特性，本书作者开启了有关中国国际货币关系的政治学研究，他们将就中国外交经济政策、国际货币体系的未来，以及中国在未来几十年作为一个大国的持续发展轨迹，作出新的解说。

（埃里克·赫莱纳　乔纳森·柯什纳）

第1章 中国问题：中国的崛起能被接受吗

无论根据什么来进行衡量，外汇储备规模、汇率或货币使用区域，中国在国际货币体系中不断强化的影响力，都是毋庸置疑的事实。本章将解决的问题是：这个世界闻名的中央王国*会被顺利纳入全球货币体系的领导者行列，还是会造成不稳定甚至冲突的一种力量？我们这里不妨称之为"中国问题"。

这个"中国问题"的答案，尤其取决于两个关键因素：首先是系统灵活性的问题。全球货币管理机构及其程序有着怎样的适应性？货币体系能否顺利适应权力分配的显著变化？其次是中国的动机或者意图问题。中国想要的是什么？中国的偏好能够被其他主要国家顺利接纳吗？这两个因素都是至关重要的，而且在很大程度上取决于实际结果。

值得庆幸的是，从过往的历史分析来看，前者不是什么问题，过去的其他新兴大国都已被传统发达大国富有成效地适应，没有带来持久的中断或造成不可挽回的损失。然而，从另一方面来说，有更多值得关注的理由，因为我们对于中国的战略优先选择知之甚少。正如本书的其他作者所指出的那样，中国政府就其意图反复释放出复杂的信号，这使得其最终目标具有某种神秘感。

分析框架

"中国问题"将两个分析挑战摆在了我们面前：首先，我们怎样知道一个

---

* 在西方曾流行很广的"中国"的传统译名，这和"中国"最早所指的"天下的中心"，以及后来逐渐具有的王朝统治的正统性含义有关。——中译者

新崛起的大国将强大到足以挑战现有体系的情况？其次，我们怎样知道一个强大的新崛起的中国将会被国际社会顺利接纳？这两个挑战都需要本质上是主观的历史性解释，因为每一个挑战都是让理性的人有可能会合理地产生分歧的问题。如果要让解说过程更有说服力，那就有必要将它置于一个系统的、标准精心制定的分析框架中，这样就可以提供一个人们可以接受的评判基准。

货币权力

我们不妨从权力的"强大性"这一概念开始。当然，这终归是一个力量的问题。我们如何知道一个参与者有足够的权力挑战现有秩序？

衡量货币权力是极其困难的。之前，乔纳森·柯什纳在其一部具有开创性的著作中明确地指出，权力在国际货币关系中的概念是"一个被忽视的研究领域"。[1] 直到最近，国际社会在解析货币权力的意义和用途方面，才取得相当大的进展。[2] 然而，尽管已经有了各种各样的见解，但我们仍然没有找到任何简单可行的办法来辨识权力在国际货币体系中的规模和层次。

为了更好地解说本章的内容，货币权力将被我们等同于影响力：一种塑造他人行为的能力。正如戴维·鲍德温在最近一项调查中所强调的那样，这种方法符合主流国际关系理论的惯例——一种可以追溯到罗伯特·达尔的早期工作的传统，他论证得出这样的结论："A 对 B 所具有的控制力的程度，能够使 B 去做原本不会去做的某件事情。"[3] 这里的重点是权力的效果，而不是权力的来源。如果其作为（或不作为）可以产生系统性的后果，甚至能够改变或控制事件的结果，那么一个参与者（行为主体）就会被认为是"强大的"。影响力可被视为"权威"或者"领导"的代名词。

我们如何知道货币影响力正在起作用？权力的行使并不总是不证自明的，特别是如果它是间接的或者被动的时候。权力并不会随时宣布其存在。最有实效的观察途径是，专注于其特定的或者具体的角色——可被认为是权力的具象表现——可以被识别的功能。一个"强大的"参与者会被认为在国际金

---

[1] 请参阅：柯什纳（1995 年），第 3 页。
[2] 请参阅：劳顿等（2000 年）、安德鲁斯（2006 年）。
[3] 请参阅：达尔（1957 年）、鲍德温（2013 年）。

融事务中具有某种权威和领导力。

另外，这些角色可能会是什么？本章将会关注已经故去的查尔斯·金德尔伯格的研究，他的有关货币权力的大量论述，给我们带来了许多启示。在其十分著名的《大萧条的世界》一书中，金德尔伯格提出，一个货币领导国将有望扮演三个不同的角色：（1）为困境货物保持一个相对开放的市场；（2）提供反周期的或者至少是稳定的长期贷款；（3）在危急时刻，能够扮演最后贷款人的角色。① 在其后来的著作中，他补充了两个附加角色：（4）监管一种相对稳定的汇率体系；以及（5）保证某种程度的宏观经济政策的协调性。② 所有这五个角色对货币权力关系都明确地暗示着一定程度的影响，它们共同界定了货币权力的范围。

因此，本章将关注这五个作为货币权力的具象表现形式的角色。如果一个新崛起的大国已成为：（1）一个主要的——即便不是统治性的——进口市场；（2）一个庞大的资本输出国；（3）一个对汇率构成显著影响的因素；（4）一个对宏观经济条件构成相当大影响的因素；以及（5）一个金融危机的潜在爆发点，它将被视为强大到足以挑战固有的体系。这五个角色的某种组合，将被认定为足以界定一个参与主体对国际货币权力分配产生了重大影响。这个参与者所扮演的角色越多，它的权力范围就越广。

适应性

那么，我们如何知道一个强大的新参与国已被国际社会顺利地适应和接纳了呢？这是一个困难的问题。一种能够带来影响的新力量的出现，几乎不可能不受到某种阻力，而且这个过程肯定不会在一夜之间发生。在人类经济和政治事务中，权力是不大容易共享的，在具有独特的政治和经济利益的主权国家之间的关系中更是如此。而在部分当权者那里遇到一些阻力，是一种可以预料到的必然的结果，至少在最初阶段是这样。

一般说来，有可能出现以下三种结果：第一，在一种极端的情况下，一个作为固有体系参与主体的新崛起大国，可能会遭遇到一种长期的、顽固的

---

① 请参阅：金德尔伯格（1973年）。
② 请参阅：金德尔伯格（1981年），第21章。

阻力，进而导致不断升级的紧张局势和严重的政策冲突风险，因而几乎不可能达成一个理想的结果。第二，新崛起的大国可能会成为现有国际货币体系权力阶层中的一个增补成员，会被说服或者被迫调整其偏好，并与当前的游戏规则保持一致——实际上就是等同于默认现状。第三，反对力量最终屈服，在某种程度上接受新崛起大国的优先议程，并且为这一新崛起的力量腾出部分空间，使其也可以扮演某种领导者的角色。上述三种结果中的最后一种可能会被视为具有接纳或者适应的含义：成功地过渡到一个新的权力共享局面，并且给予这个新崛起大国的利益以应有的尊重。鉴于本章的研究目标，我们在这个意义上将三种结果作为三个标准用来判断一个新加入国是否能够被国际社会顺利地接纳。

第一个标准将侧重于参与主体对该体系整体稳定性的影响。这种影响可能通过贸易平衡或资本账户传递，并将从汇率、国际收支差额以及一般的宏观经济条件当中感受到。一个坚决维护其自身利益的新崛起的大国，往往会打破既有的国际货币权力关系的稳定性，至少在开始时如此。问题是，它的影响会始终令人担忧，还是它最终会对自己的偏好做出调整？在尊重新加入者的偏好的同时，一个逐步趋于系统实现新的整体平衡的过程，将被视为新加入者得到顺利接纳的标志。

第二个标准必然和危机融资有关。新兴大国的央行通常会积累巨额外汇储备，同时它们的货币也可能很快会在贸易、金融市场以及其他经济体的储备中扮演重要的角色。充足的外汇储备能够使一个国家在危机时期充当最终贷款人——其他国家的一种流动性资金来源，只要它愿意的话。自愿接受危机贷款人的角色，也可被视为获得成功接纳的标志。在这方面，一个核心的问题是：当别国陷入麻烦时，那个新加入国愿意成为一个得到认可的信贷来源吗？

第三个标准必然涉及全球货币体系的治理机制。那个新加入国被正式纳入主流国领导的委员会当中了吗？全球货币体系的管理极为复杂（即便不是模糊的），不仅包括国际货币基金组织的正式结构和规则，而且还包括七国集团和二十国集团这样的正规化谈判机构的非正式决策程序。新加入国被顺利接纳的第三个标志是部分或全部地被有效纳入这些组织机构的管理机制当中。

简而言之，新加入国被接纳后，就会相当明确地或者秘而不宣地成为俱乐部的正式成员。

中国的崛起

根据这些标准来判断，对于中国现已成为国际货币事务中的一个重要角色这一点，似乎是毫无疑问的。中国最新获得的货币政策权力的迹象，同样也是明确无误的，正如本书序言中所强调的那样。经济经过三十年的两位数的增长之后，中国在2010年已经超过之前全球排名第二的日本，成为世界第二大经济体。作为一个原材料和能源进口国，中国已经成为占主导地位的大宗商品生产国（从东南亚各国和澳大利亚这样的近邻到南美和非洲），同时，作为制造和组装大宗出口商品的"世界工厂"，中国的贸易顺差已经超过鼎盛时期的日本和沙特阿拉伯。中国今天销售产品从纺织品到风力涡轮机和太阳能电池板等一应俱全。在21世纪最初的五年，中国的经常账户盈余占其国内生产总值（GDP）的比重高达10%。

相应地，这些盈余不断累积，已使中国成为世界上最大的债权国，其外债远远超过负债。多年来，大部分外汇收入直接进入中国人民银行（中国的中央银行）的货币储备，在2013年中期，其规模达到大约350 000亿美元的新高——这是历史上任何单一国家的最大储备。目前，中国人民银行的储备占中国所有国际债权的3/4。正如江洋在本书所指出的那样，最近几年，中国的一些储备资产已经通过国外援助的形式被加以部署，而且往往是出于明显的政治战略目的。此外，一种在经济上有利可图的海外布局形式也越来越显著，这可以从中国由国有企业主导的对外直接投资水平的不断上升看出来——自2005年以来，投资额快速上升，到2010年和2011年，分别达到700亿美元，其中超过80%的项目涉及矿物质和能源。[①] 这也可以从中国投资有限责任公司（CIC）——一个主权财富基金——的创建看出来。2007年的初始资产价值大约为2 000亿美元，到2012年，中国投资公司的资产已经翻了一倍多，达到约4 400亿美元。中国累积的海外债权价值，虽然与对外投资历

---

① 请参阅：西泽斯（2012年）。

史显然要长得多的美国或其他成熟的经济体相比仍然小很多，但是，尽管起步较晚，中国显然正在稳步成为一个主要的资本输出国。

中国的大规模储备已将其置于充当其他国家危机融资主要来源的地位。就这一点而言，中国早在 2000 年就发出了这一新功能的信号，当时其政府签署加入清迈倡议——一个提供由"东盟加三"*区域组织达成的所谓紧急流动性援助的区域框架。清迈倡议在中、日、韩三国之间以及在东盟成员国之间建立了双边货币互换安排（BSAs）的最新交流平台，对于等量地方货币的交换，中、日、韩三国承诺在必要时向东盟成员国提供美元。最近几年，尤其在 2010 年，双边货币互换安排正式转化为一种被称为清迈倡议多边化的新的公共机制，目前的资金总额为 2 400 亿美元。中国向清迈倡议多边化承诺的份额为 32%（768 亿美元），这有助于中国巩固其在东亚地区的影响力。

很显然，中国正在开始对汇率和宏观经济条件产生显著影响，至少在其近邻那里是如此。历史上大多数东亚国家就像其他许多国家一样，在规定其汇率指标时，都选择跟随美元，这种做法在很早以前就被罗纳德·麦金农描述为一个非正式的"美元本位制"。[①] 然而，最近几年，中国的人民币已经开始作为区域货币的一个后盾发挥相当大的作用了。根据兰德尔·海宁的计量统计，四个主要的东南亚经济体——马来西亚、菲律宾、新加坡和泰国——现在更多的是用人民币而不是美元管理其汇率，这等同于形成了一个新兴的"人民币集团"。[②] 而且通过与人民币的这些关联，这些国家的货币和财政政策也正在受到影响。

根据中国作为新兴货币权力国而出现的所有这些迹象，这表明一个重要的新崛起的大国已经横空出世，并且正在打破现状，这似乎是显而易见的。当然，没有人知道中国这个"庞大战车"是否会继续我行我素。围绕中国的经济模式是否可以长期维持过去三十年的发展势头的争论，可谓莫衷一是，[③] 但至少就目前而言，中国的崛起似乎是真实的。目前似乎不太清楚的是，

---

* 指经济、文化等方面联系紧密的中国、日本、韩国以及东南亚国家联盟（ASEAN）共同组成的合作机制的简称。——中译者
① 请参阅：麦金农（2005 年）。
② 请参阅：海宁（2014 年）。
③ 请参阅：贝克利（2011 年），第 12 页。

中国的崛起是否会被国际社会顺利接纳和适应。正如本章将要指出的那样，结果尤其取决于两个因素——货币系统的整体灵活性和中国领导层的意图。

货币系统的灵活性

一个新崛起的大国的出现，会显著改变国际货币关系中的权力分配格局，并且它会挑战既有体系的现状。这并不是人们记忆中的第一次，在第二次世界大战结束之际，当布雷顿森林体系建立起来时，美国如同一个巨人般地驾驭着这个体系。公平地说，当时这个体系完全可以被描述为单极化体系。但在随后的几十年时间里，一些新的力量先后出现并挑战美元的霸主地位，包括西德、日本以及最近以欧元为核心的欧洲经济与货币联盟（EMU）。有些人也可能会在这张清单上添上第四位成员——沙特阿拉伯。新的影响力组合已经出现。在不同的情况下，新兴参与国一定程度的能力，足以对现状构成显著的挑战。不过，在每种情况下，现有机构都将最终证明它们是足够灵活的，使它能够在无须承受不必要的压力的前提下吸纳新加入国。现代货币体系已经表现出惊人的可容纳新崛起力量的能力。

现有体系的首发阵容

当然，我们也可以追溯两次世界大战期间的情况，比如，当美国作为一个货币权力国第一次赶超英国之际。我们甚至进一步回溯整个19世纪，当时英国正在面对法国和德国这两个新兴的竞争对手。那些似乎可以随心所欲的时代的货币体系与始于布雷顿森林体系的更加系统化的货币体系之间，似乎并无多少共同之处。为严谨地进行比较分析，我们以1945年开始便存在的货币体系进行阐述似乎最为合理。

在当时，货币的首发阵容是非常明显的，它包括一个"大腕"——美国，以及一些配角。如此构成的混杂阵容就像是格列佛与小人国的关系，美国的领导地位是不容置疑的。美国是世界上最大的进口国，并且通过类似于1946年的"英美贷款协议计划"以及"马歇尔计划"等举措，它成为一些国家长期贷款和危机融资的唯一来源。美元普遍被认为"和黄金一样值钱"（如果没有更好的比较对象的话），被视为和汇率挂钩的新的布雷顿森林体系的后盾，而且华盛顿的货币和财政政策也以压倒性的优势，为其他国家的宏观经济条件确定了基调。这种体系的基本特征就是单极性，它几乎能够做空除美国之外的任何经济体。霸权主义似乎并不是一个不公正的描述。

美元的主导地位最明显的证据，可以从国际货币基金组织成员的配额及其执行董事会席位的初始分配当中找到。配额是国际货币基金组织投票权的主要决定因素，虽然原则上是严格按照目标公式设定的，但配额实际上是货币"啄食顺序"*的粗略反映，即每个成员国家在货币权力方面相对地位的一种衡量标准。1946年，当国际货币基金组织正式成立时，美国被分配到将近三分之一（31.68%）的投票权。唯一与其相对接近的国家是英国，其投票份额是15.12%，甚至就连这一点也被认为是一个大手笔了。虽然作为一种国际货币，英镑在当时仍享有一定的地位，至少在英镑区**范围内是如此，但英国显然是一个受到严重损害的国家，不能够正常发挥与货币相关联的任何领导者角色的作用，它充其量被视为华盛顿的一个弱小的伙伴。

对于执行董事会——最初只是作为执行委员会存在——而言，国际货币基金组织的协议条款，指定五个席位都由具有最大配额的成员国担任，剩余席位通常都从不同"选区"选出。起初，这五个指定席位除了美国和英国之外，还面向法国、中国和印度。但这三个额外席位顶多被看成是礼节性的任命。这三个席位在货币事务方面都不能够行使过多的权力。法国在二战期间被占领，已经失去了大部分的工业能力，其货币疲软、储备耗尽。中国的国力因为内战而遭到严重破坏，共产党人在1949年成为最终的赢家。而在和巴基斯坦之间完成"大分区"之后刚刚独立的印度，忙于建设国家而无暇他顾。全球的货币权力分配主力，从根本上居于美国这一边。

---

* 美国经济学家梅耶所提出的"啄食顺序"理论，是基于非对称信息情况下研究公司新项目融资决策的资本结构的主流理论之一，其核心是著名的"啄食顺序"原则：①内源融资；②外源融资；③间接融资；④直接融资；⑤债券融资；⑥股票融资。即：在内源融资和外源融资中首选内源融资；在外源融资中的直接融资和间接融资中首选间接融资；在直接融资中的债券融资和股票融资中首选债券融资。——中译者

** 以英镑为中心的国际货币集团，成立于1939年。——中译者

西德

美国的优势所面临的第一个严峻挑战,出乎意料地来自一个在二战中被其击败的敌手,这就是德意志联邦共和国,也被称为西德,它于1949年通过美国、英国和法国的占领区合并而正式成立。1945年战争结束后,这个在前第三帝国废墟之上建立起来的城市和工业大部分都被摧毁了。德国马克(DM)直到1948年才开始存在,甚至到了1950年,这个新生国家的国际收支状况还处在严重失衡之中,需要外部援助。但在这之后,便开始了德国经济的奇迹,出现了快速增长和持续的出口盈余。乃至到20世纪50年代末,德意志联邦共和国牢牢地坐稳了欧洲主要经济体及其超一流的货币权力的位置。

西德的最新影响力范围,可从其对宏观经济条件的影响状况清楚地看出来,这种影响不仅在欧洲,即使在美国也同样存在。该国对于通货膨胀的众所周知的厌恶感,充分体现在其中央银行——德意志联邦银行——的强硬政策中。为了避免对它们自己的货币产生的下行压力(这种压力仅在1961年和1969年的两次小规模革命中才略微得到缓解),欧洲各国政府都感到,它们不得不匹配和适应马克的高利率。在20世纪70年代,当被称为"蛇行浮动汇率制"的一种共同干预体系建立起来并将欧洲共同体的汇率绑定在一起时(在1979年被欧洲货币体系所接替),马克的核心地位已经被世界各国所公认。虽然西德并没有为了马克积极寻求扮演一种国际角色,但出于对失去货币政策控制权的担忧,其备受推崇的货币很快就被广泛接受,进而成为其他欧系货币的后盾。

与此同时,在整个大西洋区域,美国在20世纪60年代不得不极力阻止美元洪水般地涌向购买马克的热潮,这使得华盛顿应对高额赤字的情况趋于复杂化。由于国内原因,紧缩的货币政策在美国遭到抵制,导致有关与西德之间正在酝酿一场利率战争的新闻成为舆论焦点。我记得一个著名的美国经济学家当时刻薄地对我说,现在我们的汽车是从日本进口的,而我们的利率则是从西德进口的。虽然面临抵制马克大幅升值的压力——这可能会损害西德的出口,但西德还是尽己所能地帮助美国阻止了汇率和货币政策濒于失控的局面。作为美国在北大西洋公约组织(NATO)的亲密盟友,西德无意激怒华盛顿，因此，在德意志联邦银行给美联储的一封著名的信件中，它承诺会维持一定的美元储备，而不是将其全部转换为黄金。同时，西德还同意向美国提供大数额的付款，以便"抵消"美国在西德驻军的成本。但是最终这些以及其他优惠措施，都被证明不足以阻止尼克松政府在1971年8月所做出的戏剧性的决定——暂停美元的黄金兑换，从而进入有效引入浮动汇率制度的新时代。

然而，到那个时候，西德作为一个货币强国的出现，显然正在被国际货币组织及其成员国成功地接纳。早在1961年，西德在国际货币基金组织中就被赋予了等同于法国的配额，并得到了它在执行委员会中的委任议席。西德占据了中国的位置，因1949年中国共产党赢得胜利后，后者的配额已被冻结（直到1980年，中国取代台湾省重新获得席位后才解冻）。三年之后，当十国集团被指定就布雷顿森林会议以来国际货币基金组织的第一次改革（这导致了特别提款权的创建）举行谈判时，没有人怀疑西德应被列入其中。西德显然已成为核心集团的一部分，这无论如何都不是一种拉拢收买似的增选。西德对于其货币紧缩政策的顽固防守充分表明，国际对话优先事项是其考虑的。这确认了一个事实：在某种意义上，德意志联邦共和国"来了"。

对此，某些国家甚至想采取进一步行动，将西德正式提升到一个最高领导国的地位，从而在打造货币"霸权主义"中和美国结成独家伙伴关系。[①]但是，这超出了其他关键成员国——比如英国和法国——愿意接受的程度。1975年，西德被邀请加入新创建的五国集团（G5）（此外还有美国、英国、法国和日本）当中，之后，随着加拿大和意大利的加入而很快扩展成为七国集团（G7）。此后数年，经济总量占去将近世界经济一半的七国集团，非正式地充当了国际货币管理体系的核心角色。

日本

具有讽刺意味的是，接下来的主要挑战，也来自一个二战的战败国——日本。和西德一样，日本也创造了战后经济奇迹，它始于20世纪50年代中期的以出口为导向的热潮。60年代，这种热潮产生了两位数的增长率。1968年，日

---

① 请参阅：伯格斯坦（1975年）。

本成为世界第二大经济体，拥有创纪录的收支盈余和快速增加的国际储备。及至20世纪70年代，日元已成为全球金融市场上使用量较高的货币之一。到了80年代，日本成了世界上最大的债权国。这显然是一个不容小觑的货币权力国。

不过，和西德不同，日本对于国际汇率和宏观经济条件的直接影响方面起到的作用相对有限。对于从一开始就致力于欧洲一体化项目的西德而言，一旦经济复苏，它就可以自然而然地在国际金融事务中发挥领导作用。不管西德人如何抵制马克的国际化，都难以阻止其他邻国的紧跟紧随。相比之下，日本在区域和解方面并没有做出一定的承诺，因此，它的邻国中并没有心甘情愿的追随者，因为这些国家的国民对于日本在二战时的暴行的记忆挥之不去。在货币问题上，亚太区域的大多数国家更愿意追随美国模式。

不过，在90年代之前，日本也没有显示出多少对于国际货币权力格局发挥更直接作用的兴趣。因为害怕失去对货币政策的控制，因此它和西德一样，曾长期抵制其货币的国际化。日本的确将其成功的经济视为亚洲邻国效仿的典范，这是一个作为经济发展的雁行理论*而被加以推广的想法。但是，直到1989年日本经济泡沫破灭以及随后的1997年到1998年的亚洲金融危机，日本才开始在区域金融中扮演更加积极的角色。现在在东亚地区，货币主导权已成为各国的一个核心政策要素，其在很大程度上是作为一种防御性措施来对待的，意在降低本国经济受制于外部经济波动的程度——威廉·格莱姆斯将其称为"具有绝缘作用的国际化"。① 然而，日本想要成功地建立其所谓的"日元区"，已被证明难以实现。日本的货币权力范围，在很大程度上首先从该国作为资本输出国的重要地位，其次作为一个潜在的危机融资来源，来覆盖和体现的。

无论如何，战后日本都无意挑战其政治靠山——美国——及其货币的主导地位。由于日本国家安全直接依赖于美国的军事力量，因此在其政治外交政策中，主要选择保持被动、低调的姿态。日本并不打算兴风作浪，它经常默认（即使并不情愿）美国的优先考虑事项，例如，在1971年同意支持日元

---

* 或称雁阵理论，1935年由日本学者赤松要提出。它是指某一产业在不同国家伴随着产业的转移先后兴盛衰退的过程，以及在一国中不同产业先后兴盛衰退的过程。——中译者

① 请参阅：格莱姆斯（2003年），第186页。

升值,并分别在 1978 年和 1987 年再次这样做。因此,国际社会能够相对轻松地接纳日本货币地位的上升。20 世纪 60 年代,日本受邀成为十国集团中的一员,后来又成为五国集团暨七国集团的成员。在 1971 年,日本又取代印度,获得了在国际货币基金组织执行委员会中的一个委任议席。虽然在接下来的二十年中,日本在国际货币基金组织中的投票权份额不足以和西德抗衡,但很明显的是,到 70 年代,日本也"来了"。

沙特阿拉伯

以完全不同常理所出现的第三种挑战,来自于 1973 年严重石油危机之后的沙特阿拉伯。当时,世界石油价格翻了两番。沙特阿拉伯王国是当时世界上最大的原油出口国,以将近已知能源储备三分之一的拥有量而高居首位。然而,出乎意料的是,这样一个有着巨大收入盈余和大量外汇资产储备的国家,却长期没有成为国际货币基金组织的成员,直到 1957 年,它才让自己成为国际货币金融事务的主要参与者。由于除石油之外其他资源相对匮乏,而且人口不到 1 500 万,因而沙特阿拉伯在经济条件方面,难以和西德、日本相提并论。该国甚至到了 1961 年才有了自己的国家货币。但是从严格的金融角度来看,沙特阿拉伯现在已经处于可以发挥主要影响作用的国家了。

石油危机显然是不稳定因素。一方面,能源进口国不得不手忙脚乱地想方设法应对更高的进口费用;另一方面,大量货币涌向沙特阿拉伯及其在石油输出国组织(OPEC)的合作伙伴那里,带来了加速通胀(通过更高的油价)和阻碍经济增长(通过转移支出以便用于其他目的)的双重影响,从而使全球经济陷入长期的滞胀境地。能源出口国拥有庞大的财富积累,许多人都担心这可能会成为一种世界末日般的"货币武器"。石油收入是用美元支付的,因此人们(尤其是在美国)非常担心,由沙特阿拉伯领导的石油输出国组织的阿拉伯成员国,可能会将它们的新财富作为一种联动工具,就中东的政治和军事问题向华盛顿施压。仅仅是沙特阿拉伯所持有的美元,就被认为占所有阿拉伯国家持有美元的二分之一到四分之三。①

不过,相关利益国之间很快就找到了和解途径。为回报美国做出的关键

---

① 请参阅:科恩(1986 年),第 126 页。

性让步（尤其是包括对抗来自外部和内部敌人威胁的非正式安全保障），沙特阿拉伯承诺会给予美元持续的支持。作为承诺方，它也得到回报，其持有的财富将被作为最高机密加以对待，甚至在正常拍卖程序之外，还获得了一项单独的、用来管理其购买美国政府债券的"附加"功能。① 在一个更广泛的范围内，沙特阿拉伯开始为当时在资金方面捉襟见肘的国际货币基金组织提供贷款，以支持国际货币基金组织"回收利用"提供给能源进口国的石油美元。到1979年，沙特阿拉伯已经成为国际货币基金组织中继美国之后的第二大债权国，这也使其有资格获得该组织执行委员会的一个委任议席，从而能够与五国集团的其他强国平起平坐。沙特阿拉伯的投票权配额也在迅速提高，从20世纪70年代中期的排名第十五位上升到在1981年的第六位。

20世纪80年代以来，尽管沙特阿拉伯外汇储备规模仍在持续扩大，但它的货币明星地位已经有所降低。特别是近几年，沙特阿拉伯在国际货币基金组织中的投票权配额已经从排名第六位滑落到第十二位，落后于后来崛起的"金砖四国"（BRIC，巴西、俄罗斯、印度和中国），以及加拿大和意大利。而且由于其失去了作为国际货币基金组织第二大债权国的地位，因而其在1992年被剥夺了执行委员会的委任议席。然而，为承认其长期的重要性，沙特阿拉伯被赋予选举自己的专属执行董事的一种罕见特权——这事实上相当于拥有一个委任议席。虽然沙特阿拉伯可能不会再有资格成为一个顶级会员国，但该国显然仍是全球货币权力强国中的一个成员国。

欧元区

欧洲经济货币联盟于1999年正式成立。从一开始，它就被预计将对国际货币既有格局构成巨大的挑战。欧元的诞生被认为是在国际货币事务中创建了一种新的权力。即便没有英国和其他一些欧盟成员国的加入，欧元区也将是世界上最大的经济体之一，在全球贸易产量和份额方面，甚至能与美国相媲美。这无疑会给现有国际货币体系带来重大影响，欧盟将成为美国的一个主要竞争对手。欧元以德国马克的广泛使用为基础，将严重威胁美元的长期

---

① 请参阅：斯皮罗（1999年）。

霸主地位。据预测，到2015年，欧元甚至可能会压倒美元而成为另一种储备货币。①

然而，实际情况和预期往往是两回事。毫无疑问，欧元最初的确具有在竞争中获得成功所需的许多特性：具有强大的政治稳定的经济基础，低通货膨胀率，是一个联合货币金融机构的所在地——完全致力于维系对该货币未来价值信心的欧洲中央银行。然而，在实践中，在经历了最初的快速成长之后，针对大多数用途的欧元的跨境使用，到它问世的前十年的中期阶段，似乎渐趋平稳，而近些年在欧洲主权债务危机的压力下，甚至可能略有退步。总体而言，欧元充其量只能维持其可以和马克以及欧盟其他成员国的旧货币以往市场份额的总和的相应地位。众所周知的是，美元仍可继续在几乎每一个国家使用，而欧元的使用则仅限于一些欧盟本身或者和欧盟有密切联系的国家。严格来说，如果我们使用"一个半货币体系"这样的措辞，而不是将其视为真正的竞争对手，或许更接近于真实情况。② 到目前为止，欧元的情况有着明显的虎头蛇尾的特征。

这一令人失望的结果，部分是由于美元所享有的天然的"责任"优势；部分原因是对于欧元的国际化问题，欧洲中央银行刻意维持着一种"不插手"的政策。但最重要的是，其结果似乎要归因于欧盟固有的缺陷：模糊和分散的管理结构，这使得最终权威主要掌握在其实力最强大的成员国手中。德国、法国和意大利代表各自国家的利益继续参与七国集团，而且在国际货币基金组织执行委员会当中并没有统一的欧盟代表，欧元区的19个成员国分散在不少于8个不同的选区。不过，事实证明，接纳并适应欧盟的创建，比许多人预期得还要容易。这在很大程度上是由于主要成员国之间可以不受影响地按照过去那样开展业务，且在该区域内货币权力格局相对不受影响。

启示

回顾过去，我们能够从简短的历史中学到什么呢？无可否认的是，我们所能采用的样本很少——至今只有三大新成员国（德国、日本和沙特阿拉

---

① 请参阅：陈宗翼和弗兰克尔（2008年）。
② 请参阅：科恩（2011年），第8章。

伯），再加上非决定性的第四个特殊成员——欧洲经济货币联盟。不过，即便如此，这段历史也是具有启发性的，它至少可以让我们得出以下三个结论：

首先，很显然，到了紧要关头，国际货币体系并不缺少适应新出现的重大影响力量的灵活性。新兴力量的崛起，至少在最初往往会显示出具有破坏性的特征，这一点儿都不奇怪。德国、日本和沙特阿拉伯在其经济发展鼎盛时期，都是从贸易出口顺差起步的，而且其顺差之大，足以给整个国际货币体系带来压力。各国不得不竞相寻求建设性的途径，以便应对相关赤字带来的压力，同时还必须考虑到新成员国的优先事项。能够调动必要的金融手段吗？能够避免汇率战争或者其他不稳定的政策冲突吗？能够在占优势的成员国组织当中为新成员国找到必要的空间吗？在不同的情况下，彼此和解和适应被证明是可能的。为避免陷入僵局或者造成国际货币体系的系统性失灵，现有力量会努力为新成员国共享权利而开拓空间，而不是坚决排斥后者的利益。彼此适应能够让国际货币体系得以延续。

其次，很显然，新崛起的力量积极适应合作伙伴也同样是必要的。国际货币体系的稳定也需要新成员国具有一种妥协精神——愿意遵守通行的游戏规则，而不是从根本上挑战现有秩序。对于现有体系应如何管理，每个成员国都有自己的主张，但是，借用约翰·鲁吉在很久之前所使用过的一个术语，也就是它们在很大程度上都倾向于"常规管理"，这就是说，与现行的原则和协议保持一致，而不是寻求激进变革。[①] 每一个新崛起的国家最初都满足于顺利进入并适应当前的国际货币体系，而不是极力争取新的制度安排。所有新成员国似乎对于能被核心圈子所接纳更感兴趣，而不是急于建立一个新的俱乐部。

最后，在整个这段历史中，你很难不注意到地缘政治的因素及其影响。在每一个重要阶段中，包括1999年欧元的诞生，在雄心勃勃的新成员国和仍居主导地位的现任成员国美国之间，显然有一个强大的安全纬度。德国和日本在很长一个时期内就都是美国密切的政治和军事盟友，正如它们今天都是欧盟的成员国一样；而作为后起之秀的沙特阿拉伯王国则继续依赖着美国这个保护伞，用来防范其潜在的威胁。新旧成员国之间的经济和金融利益有时

[①] 请参阅：鲁吉（1983年）。

可能有明显的分歧，但是最终分歧决不可以损害成员国之间的更广泛的地缘政治关系。正如柯什纳所指出的那样，"冲突只发生在朋友之间，而除此之外，高层政治……作为一种'紧急制动器'，能够对货币争吵的程度……施加一种限制"。① 简而言之，政治能够制约经济。

中国的意图

现在，货币体系再次面对一个新兴大国，它似乎也需要再次采取某种适应的方式。中国能够被成功地接纳吗，就像过去的其他国家那样？还是说，针对中国在定量或定性意义上会有所不同？这一次，完全接受这个新成员国，或许被证明是一个更为艰巨的挑战，这与过去的经验形成了一个鲜明的对比。

彼此适应

的确，大门已经敞开。当面对一个重要的成员国时，现有的力量一如既往地寻求适应和接纳的手段，而不是做出强烈对抗的反应。例如，考虑一下中国巨大的贸易顺差，这对很多国家而言都是痛苦的现实。正如安德鲁·沃尔特和王宏英在本书中所指出的那样，商业失衡会促使各方——尤其是美国——对中国施加巨大的外部压力，迫使其货币升值。然而，在实践中，各方的反应都是有节制的。虽然中国很明显地长期操纵人民币汇率，以便保持其强大的竞争优势，但同样明显的是，很少有直接报复措施作为回击，产生的反应主要局限于声音响亮但往往是徒劳的口头投诉。

中国的利益诉求没有被忽视。事实上，现有的力量都在积极寻求为中国在占优势的领导性的委员会当中腾出空间。正如埃里克·赫莱纳和柏斯玛·莫曼尼在本书中所指出的那样，当中华人民共和国政府在1980年取代中国台湾省的席位时，国际货币基金组织很快就为它腾挪了空间。中国投票权迅速增加，而且和沙特阿拉伯一样，它很快就可以选举自己的独立执行董事。在预计于2014年生效的最新配额审查之后，中国将排在美国和日本之后，成为

---

① 请参阅：柯什纳（2009年），第196页。

在国际货币基金组织中的第三大配额国家,同时也将在执行委员会中拥有自己的委任议席。同样,中国新的全球影响力,在2008年全球性金融危机爆发之后所做出的一项决定中,得到了各方心照不宣的承认——该决定将领导权从七国集团转移到范围更大且中国在其中发挥突出作用的二十国集团。这会让人联想起曾经德国和美国建立"双重霸权"的原动力因素,不但如此,现在似乎会走得更远,一个占据最新主导地位的仅在中美之间存在的G2("两国集团")"平等伙伴关系"即将形成。①

回应

但是有了那扇敞开的门就足够了吗?不够,最终结果将取决于新加入的成员国的态度,而其态度完全无法确定。如果中国政府不愿执行游戏的通行规则,那么国际货币基金组织即便为中国腾挪出空间也无济于事。一个巴掌拍不响,现在主要成员国各方还不清楚中国是否做好了拍巴掌的准备。根据本书引言的观点,那就是我们还需要知道,中国是要成为现有规则的"接受者"、"制定者",还是"破坏者"。

迄今为止,来自中国的信号模糊难辨。对于这个在最近几十年才开始采用"十年一次"政治过渡模式的国家而言,中国政府在未来几年可能会有什么样的偏好,目前还很不明朗,这在很大程度上将取决于中国国内主要利益集团之间博弈的结果,正如本书作者所强调的那样——其中包括戴维·斯坦伯格、安德鲁·沃尔特、王宏英和江洋。

一方面,中国似乎乐于同时进入国际货币基金组织和二十国集团的核心。被看作发达国家俱乐部的一员,让中国政府挣足了面子,而且中国从通行规则中受益巨大。中国似乎对破坏现行体系没有兴趣,毕竟这个体系让它实现了如此快速的经济增长。这是赫莱纳和莫曼尼在其文章中的观点。他们认为,中国政府努力获得在国际货币基金组织中的领导地位,仅仅是为了获得国际社会的尊重。这也是江洋的观点。她认为中国的货币外交所包含的野心十分有限,即政策行动在范围上很有限,而且其动机主要缘于政治象征和务实的商业利益方面的考虑。

---

① 请参阅:伯格斯坦(2008年)。

但另一方面，在言语和行动上，中国似乎又强调了它对现状的不满，这远远超出了所有过去新加入的成员国所表述的范围和程度，似乎有许多人认为中国希望从根本上改变现今货币体系的运作模式。在本书中，陈宗翼和乔纳森·柯什纳都强调了中国政府针对国际货币体系改革的雄心勃勃的议程。他们在最近的研究观察中，都看到了一种明显的决心的存在，那就是，要以牺牲美国——现任货币领导者——的利益为代价来提升中国的结构性权力。

例如，我们不妨考虑一下中国人民银行行长周小川在2009年发表的那篇著名文章，文章呼吁建立一个新的货币体系，"它不受个别国家摆布……从而消除以信贷为基础的某些国家的货币所导致的固有缺陷"。[①] 这是用简明的语言直白地指出了美国凭借其美元获取的全球霸主地位，及其长久以来享有的"非凡的特权"。从那时候开始，正如陈宗翼在他的文章中所指出的那样，中国政府正积极地推行以欧元和国际货币基金组织的特别提款权等来取代美元的议程。

考虑到其自身利益，中国政府似乎正在尽一切努力，要打破国际货币权力体系的总体平衡，这完全不同于西德、日本和沙特阿拉伯王国在类似阶段的操作手法。自2008年金融危机以来，除了遵守它对于清迈倡议/清迈倡议多边化的承诺之外，中国政府还迅速地采取行动，就一系列本币交换协议举行磋商，为其他国家的中央银行在需要时提供人民币资金，以便用于这些国家与中国之间的贸易。江洋指出，在不到五年的时间里，中国政府与其他国家大约23个管辖权机构签署协议的总额累计超过4 500亿美元。表面上，这些协议的目的是为另一场金融危机所带来的风险投保，但实际上是为在必要时提供人民币，用于更加稳固而定期的双边贸易，间接地鼓励在商贸应用方面以人民币取代美元。

陈宗翼和柯什纳认为，更广泛地说，中国显然已经开启了一个经过深思熟虑的计划，以便尽可能广泛地推动国际社会使用人民币，使之成为美元的替代品，其目的看上去就是在国际货币事务中获得更大的影响力。除了发挥作为危机资金来源的越来越大的作用以外，中国政府已经逐渐扩大了可用人

---

① 请参阅：周（2009年），第2页。

民币结算的贸易交易范围，进一步鼓励本国货币的国际化。到2013年，多达14%的中国贸易额是以人民币结算的，这完全不同于在早些年本质上人民币结算几乎为零的局面。与此同时，在中国香港地区，已经为人民币存款账户和以人民币计价的证券（所谓的"点心债券"*）建立了新市场。多数观察人士都认同这一点：人民币要想获得美元作为国际货币所具有的影响力，还需要很长的时间。①归根到底，成功的国际化需要建立起一个成熟的、开放的资本市场，这至少可能需要十年或更长的时间。对于这一点，中国人对于"长征"的严苛要求并不陌生。

终极目标

不过，总体而言，我们还不知道会发生什么。从根本上说，目前有争议的是中国总体外交政策的终极目标。分析家们长期争论过中国在国际事务中的长远目标。中国是准备继续在仍由美国占主导地位的全球体系内充当配角，还是在一个新的"中国时代"取代美国？中国是继续维持现状，还是寻求变革？中国会接受现有世界秩序吗？针对"常规化管理"的改革，中国人愿意推后自己的优先事项吗？或者，中国会寻求对国际环境做出更激进的变革吗？中国的目标是要针对既有秩序做出根本性的改变（换句话说，就是建立一个基于"中国特色"的新的全球体系）吗？

许多分析人士对于中国的修正主义风险不予理会，例如，在奈森和斯科贝尔看来，中国外交政策的主要目标完全是防御性的，这是由其所面对的多重的和持久的安全威胁所决定的。用他们的话说就是，中国"深陷内部和周边的安全挑战，以至于不可能对西方构成威胁"。②在约翰·伊肯伯里看来，国际社会现状的任何危险，都会被美国所主导的体系的强大内力所化解，因为和过去的国际秩序相比，这种体系在制度上更牢固、在功能上更明确。中国的局限性体现在两个方面："一方面，（该体系）为中国提供优惠待遇、激励措施和各种机会，由此鼓励中国进一步融入现有秩序；另一方面，这是一种

---

* 在香港发行的人民币计价债券被称为"点心债券"，因为其相对于整个债券市场规模很小。——中译者

① 请参阅：科恩（2014年）。

② 请参阅：奈森和斯科贝尔（2012年），第14章。

根深蒂固而且具有扩张性、很难被削弱或者击败的秩序,所以,这就使得中国难以对抗它,或者提供一种可行的替代性国际秩序"。① 总之,中国只能限制其在"常规化管理"改革上的优先权力。

中国在相互冲突的目标之间徘徊,这使其看上去有些来回摇摆不定。正如一位分析人士所指出的那样:中国一方面是"经济中国",它侧重于经济发展和现代化;另一方面是"政治中国",它决心"要取得相对于西方超级大国的一种不对称的权力关系,并将这种权力关系维持下去"。后者甚至是中国的首要目标。② 尽管"经济中国"会满足于继续享有现行制度带来的成果,但"政治中国"会更倾向于恢复其视为天然应得之物的一切权利或特权。在中国的政治文化中,蕴藏着根深蒂固的"天下"(字面意思就是"苍穹之下")的概念,它的权力中心意识,可以从传统的朝贡制度中反映出来。中国一直觉得自己有权接过区域领导权(即便不是全球领导权)的衣钵。对于中国视为由西方列强所带来的一种"百年耻辱",中国人仍怀有一种深刻的仇恨。在一个有着长久历史记忆的国家里,我们不能轻易忽视这种情绪的意义。

不过,托马斯·克里斯坦森恰当地指出,中国不需要为了威胁国际货币现行体系而动员压倒性的优势力量。③ 这种体系根深蒂固,正如伊肯伯里所认为的那样。然而,这也并不意味着中国政府没有切入点,如果它要选择使用它们的话。当然,动摇现有秩序的经济成本可能是巨大的,而这种成本本身却又不可能是决定性的力量。作为英国著名作家和经济学家,不幸的诺曼·安吉尔在第一次世界大战前夕曾经声称,欧洲的贸易关系的发展,使得这个地区不可能发生战争。④ 但中国修正主义的危险,却不能被如此轻易地忽略不计。

因此,对于中国问题的思考很可能取决于远远超出金融事务领域本身的问题的思考。地缘政治在这种情况下一直发挥着重要作用。我们没有理由认为,同样的情况在今天就不可能出现。政治因素有可能超越经济因素而占据上风,差别仅仅在于,在过去,冲突是发生在友好国之间——事实上,那相

---

① 请参阅:伊肯伯里(2013年),第55页。
② 请参阅:李兴(2010年),第13页。
③ 请参阅:克里斯坦森(2001年)。
④ 请参阅:安吉尔(1910年)。

当于在一个家庭内部发生的冲突。然而，与德国和日本不同，中国不是军事盟友，而且肯定也不是像沙特阿拉伯那样的附庸国，它是一个全球性的竞争者和潜在的战略对手。从这个意义上说，"中央王国"在本质上的确不同于自二战以来加入国际货币体系的其他所有重要的新成员国。所以，我们不能理所当然地认为适应过程必然是一帆风顺的。

（本杰明·J. 科恩）

第 2 章　中国和国际货币基金组织的秘史①

中国不断提升的国际货币影响力，引起了国际各界人士对于国际货币体系未来走向的诸多猜测。本杰明·J. 科恩回顾了在二战以后的一段时间，其他新兴货币大国怎样在现有体系内彼此互相适应。然而，就像其他分析家一样，他也不太确定中国崛起的后果，因为"这个新加入国的态度"具有不确定性。他尤其想知道的是，中国的决策者在多大程度上更倾向于挑战美国领导权以及这个体系本身。

本章将通过特定的历史视角，分析中国官方对这一体系的核心机构——国际货币基金组织——的态度。② 一些观察家质疑中国对国际货币基金组织的承诺，这通常是他们针对中国作为全球货币管理现状的挑战者的潜在作用而展开广泛争论的一部分。我们利用历史分析提供的不同的视角，证明中国对于国际货币基金组织的支持比国际社会通常所公认的有更深的渊源背景。如果历史可以作为未来指南的话，那么我们的分析将表明，中国将继续支持布雷顿森林体系及其所代表的多边贸易秩序。

首先，我们将考察中国在国际货币基金组织中的作用，这是在现有文献中几乎被完全忽略的一个主题。布雷顿森林体系被广泛描述为一个英美创造物，但是中国政府——当时是在国民党（KMT）的领导下——比国际社会通

---

① 我们非常感谢奥德特·利诺、梅平戈和另外两位匿名审稿人提供的见解和评论，也要感谢加拿大人文社会科学研究理事会为支持这项研究提供资助。本章内容参考了赫莱纳（2014 年）的研究资料。
② 因为本书的重点是国际货币关系，所以本章侧重于中国和国际货币基金组织而非和世界银行打交道的历史。但正如文本所明确阐述的那样，中国对于布雷顿森林体系的态度，也受到它在世界银行的利益的强烈影响。

常所公认的更深入地参与了谈判。在保护他们的政策自主性的同时,中国官员和分析人士将其角色看作是国际货币基金组织的初始成员,因为这关乎中国的发展目标及其在世界上的地位,而且他们也希望看到自己在国际货币事务中能够得到其他国家官员的更平等的对待。中国不仅远非美国领导的布雷顿森林会议的一个局外者,而且还派驻了人员亲自参与谈判,并参与了国际货币基金组织和世界银行的创建。

其次,我们将分析1949年以后掌权的中国共产党(CCP)对国际货币体系的态度的演变。人们通常认为,中国共产党对于国际货币基金组织和世界银行最初都怀有敌意,直到1980年中华人民共和国加入这两个组织时为止。[①] 然而,实际上,在布雷顿森林会议之后不久,中共领导层就赞成中国加入布雷顿森林体系,并将会员资格与中国的经济发展目标联系在一起,正如国民党政府当初所做的那样。虽然其立场随着冷战开始而发生改变,不过在邓小平于20世纪70年代后期上任以后,中国共产党又回归其初始立场。自1980年中国加入国际货币基金组织以来,它对于该机构的态度,在一定程度上反映了中国在布雷顿森林会议谈判期间所持的立场的延续性。

中国在布雷顿森林谈判中被忽略的作用

中国在创建布雷顿森林体系中的作用,在现有学术文献中很少被提及。这个国家甚至没有出现在理查德·加德纳被广泛阅读的、有关布雷顿森林体系谈判经典描述的索引中。[②] 就像其他学者一样,加德纳将那些谈判描述为主要涉及美、英之间的双边"英镑—美元"外交,而且这两个国家的首席谈判代表——哈里·德克斯特·怀特和约翰·梅纳德·凯恩斯——是当时的核心参与者。

这个观点过于狭隘。1944年7月举行的那次谈判会议除了美国和英国代表团之外,还有其他42个代表团出席,而且其中有许多代表团积极参与了预

[①] 请参阅:莫曼尼(2013年)。
[②] 请参阅:加德纳(1980年)。关于中国的作用最详细的讨论,可参阅杨格(1963年)。

备会议和正式会议的谈判。① 中国属于这些国家当中最突出的国家之一，它被列入美国官员在 1942 年 7 月所确定的由 7 个国家组成的核心团体当中，负责参与协商战后国际货币秩序的计划初稿。② 在怀特和凯恩斯于 1943 年年初发布了各自的初始计划之后，中国也是准备了一个正式替代方案的少数几个国家的政府（还有加拿大、法国和挪威的政府）之一，他们希望该方案"可能有助于达成总协定"。③ 在 1944 年 7 月布雷顿森林会议期间，中国代表团的成员规模（33 人）仅次于美国（45 人），并且是英国的 2 倍以上（15 人）。④

中国的战后国际货币问题的政策，是由蒋介石政府中少数官员所确定的。不敌日本侵略而撤退的中国国民党，在重庆建立了一个临时首都，在那里，孔祥熙在协调中国对于布雷顿森林体系谈判的政策方面发挥了关键作用。作为蒋介石的一个长期亲密伙伴（也是他的连襟），孔祥熙当时地位显赫，既是财政部部长，又是中央银行行长。

孙中山和中国国民党的发展目标

在整个谈判过程中，孔祥熙和其他中国官员都非常支持创建国际货币基金组织和世界银行这一目标。他们对于创建这两个新的多边金融机构的支持有深刻的历史根源。正如孔祥熙对布雷顿森林会议与会代表所解释的那样，中国对于战后国际货币计划的政策直接汲取了孙中山——蒋介石领导的国民

---

① 关于中国的作用的详情，请参阅赫莱纳（2014 年），第 7 章。
② 《怀特致摩根索》，1942 年 7 月 21 日，华盛顿美国国家档案馆。其他 6 个国家分别是澳大利亚、巴西、英国、加拿大、墨西哥和苏联。
③ 《中国专家提交的有关美国和英国就国际货币组织所提计划的总体看法备忘录》，1943 年 6 月 9 日，普林斯顿大学图书馆善本特藏部公共政策文件专区，《哈里·德克斯特·怀特白皮书（HDWP）》。档案记录也表明，美国官员最初希望中国和苏联成为 1944 年 4 月《英美联合声明》的签名者，但当时似乎没有足够多的时间进行磋商。可参阅《怀特先生办公室会议（记录）》，1944 年 3 月 13 日；《怀特先生办公室会议（记录）》，1944 年 4 月 5 日，以及《布雷顿森林会议辑录》，华盛顿国际货币基金组织档案保管处。
④ 这些数字来自舒勒和罗森伯格（2012 年），附录 A。它们不仅包括官方代表，而且还包括与各国代表团有关的所有秘书、顾问、专家和助理。

党的创建者（也是孔祥熙的另一个连襟）——的思想的灵感。① 尤其重要的是，孙中山在1918年所写的《实业计划》② 一书中，提出了创建一个国际公共金融机构的想法，该机构能够应用外资、技术和专门知识，以便促进中国国有发展项目的进一步发展，提高国民的生活水平。他早就坚定地致力于中国的经济现代化和强国之梦，这也是他支持"民生"的更广泛的哲学的一部分。用历史学家马尔盖里塔·扎纳喜的话说，"民生"原则"最终是一个社会主义目标，这意味着国家干预、限制私人资本以及构建国有资本"。③

孙中山声称，由于任务艰巨，中国的现代化没有国际援助无法实现。他希望通过他提议的"国际发展组织"而获得外国援助，避免过去各种帝国主义国家间的竞争和势力范围对中国的侵扰。事实上，孙中山是这样提醒西方强国的：他的"国际发展计划"将有助于防止在中国爆发未来战争，从而促进世界和平，并使之成为"国际联盟这一拱门的基石"。④ 通过西方国家对中国的发展的支持，孙中山指出，随着军工企业转化为和平用途，西方国家也将能够为其剩余资本寻找到一个出口，为其产品找到一个不断扩大的市场。

孙中山对于国际公共发展机构极富创见的倡导和支持，具有划时代的意义。尽管当他在1919年向巴黎和会和西方政府官员散发他的计划时，他所寻求的外国对中国的援助并没有到位，⑤ 但是这一计划在国外备受关注，包括美国的一些分析人士，他们在20世纪40年代也曾支持将国际发展目标纳入联合国的体系。⑥ 上述均为中国国民党的灵感之源，特别是当有关战后计划的讨论兴起于20世纪40年代之初时。在中国国民党中央执行委员会1943年9月的一次重要会议上，政府正式承诺将致力于支持国际合作，以便实现孙中山的经济计划。⑦

在布雷顿森林会议上，孔祥熙强调了这一承诺。在一场重要的演讲中，他提醒与会代表关注孙中山在1918年的提议，并且指出，"孙先生的思想构

---

① 孔祥熙、蒋介石和孙中山分别娶了宋查理的三个女儿。
② 请参阅：孙中山（1922年）。
③ 请参阅：扎纳喜（2006年）。
④ 引自孙中山（1922年）。
⑤ 请参阅：孙中山（1922年），第233页，附录2-5；以及威尔伯（1976年）。
⑥ 请参阅：艾克布拉德（2010年），第74页；以及鲍格瓦特（2005年）。
⑦ 请参阅：李（1943年），第221页；也可参阅吴（1943年）。

成了中国国家政策的基础。我希望，美方和联合国其他成员国能够积极参与帮助战后中国的发展"。他呼应了孙中山的观点，然后宣布："中国期待着在战后一段时间里，能够实现大规模的经济发展和扩张。除了农业的发展和现代化以外，这也包括一个大型的工业化项目。我坚信，一个经济强大的中国，是维护世界和平和改善世界民生必不可少的条件。"①

鉴于这些目标，中国政府从一开始就是布雷顿森林体系谈判的坚定的支持者，这并不奇怪。但是，当中国官员看到怀特和凯恩斯的最初计划草稿时，他们也担心"该计划并没有充分考虑到工业薄弱的国家的发展"。② 出于这个原因，他们制定了一份正式计划，并与英国和美国的提案一道提交给各方考虑。因为该计划在有关布雷顿森林体系谈判的历史记录中被忽略，所以应当对其给予某种关注。③

中国的计划

标注日期为1943年6月9日的这份长达10页的计划，是中国技术专家制定的，也是为专门参加怀特在华盛顿组织的一次磋商会议的四位官员所备的材料的一部分。④ 该计划的一份附带备忘录指出，中国政府"不一定非要提交"这一计划，但它明确表明了中国政府对于这次磋商所采取的立场。⑤ 该计划在9月初正式递交美国。对这份计划，美国财政部部长亨利·摩根索告诉孔祥熙，美国技术专家"对于这些建议表示出极大的兴趣，特别是对中国以及其他类似处境国家的需求给予特别考虑这一愿望方面"。⑥

中国的计划有效地突出了中国的发展目标与美国和英国的战后国际货币体系计划之间的联系。无论是怀特的基金组织方案还是凯恩斯的计划，都没

---

① 美国国务院（1948年），1156页。
② 引自《财政部备忘录》（1943年4月21日）的一段总结，原文来源：《国际货币计划评论综述》，第7页，重庆，1943年5月25日，斯坦福大学，胡佛档案区。
③ 甚至就连再现美国、英国、加拿大和法国政府的布雷顿森林体系计划的霍斯菲尔德（1969）的经典文献，也没有包括中国政府的计划（挪威的计划也被忽略）。
④ 关于中国的计划，请参阅《联合国基金有关货币康复和稳定计划的初步草案》，1943年6月9日。
⑤ 请参阅：《中国专家提交的备忘录》，第6页。
⑥ "摩根索致孔祥熙"，引自《摩根索日记（MD）》，1943年9月14日。

有侧重于国际开发借贷,但他们都提到了它的重要性,而且除了怀特提出的"稳定基金"以外,他还提议同时建立一家国际银行。关于这一点,也是众所周知的。在递交的文件中,中国专家强调了中国优先关注开发贷款这一目标:

> 虽然不是货币计划的直接组成部分,但为国家资源开发提供资金仍然与其密切相关,而且符合中国的特殊利益。美方和英方的货币提议都适用于这一主题……中国政府承认,中长期的资本供应可以在货币安排之外单独讨论;但我们需要强调的是,资本供给对于中国十分重要,而且它密切关系到任何货币稳健运行计划的正常执行。①

在同一时间所写的另一份备忘录里,中国官员重申了这一点,并指出,他们希望创建一项国际安排,以便"提供长期资本,用以帮助开发资源和提高不发达国家或地区的生活水平"。② 当中国官员与怀特在1914年6月18日碰面举行双边会议时,前者报告称:"孔祥熙先生认为,有关国际银行和国际基金的讨论应同时举行。这可以在一定程度上确保长期资本需求以及经常账户的短期需求问题得到关照。"③ 在随后的会议上,以及分别在1943年秋季和1944年春季与怀特的通信中,对于美国建议的国际复兴开发银行的建立,中国官员继续表现出了极大的兴趣。④

在怀特的带领下,中国官员起草了一个侧重于货币问题的国际基金草案,他们将其定名为"联合国和相关国家货币康复与稳定基金"。⑤ 国际货币基金组织有两个核心目标:第一个是"实现成员国货币体系的战后重建,并建立完整而透明的外汇汇率制度"。鉴于中国国内通胀的情形,这一目标反映了其对于外国经济援助以稳定货币的迫切需求。国际货币基金组织的另一个目标,

---

① 请参阅:《中国专家提交的备忘录》,第3页。
② 请参阅:《战后国际货币安排》,1943年6月9日。
③ 请参阅:《怀特先生办公室会议(记录)》(1943年6月18日),阿朵尔弗·伯勒的文件(1943年4月到7月),纽约海德公园,富兰克林·D. 罗斯福图书馆。
④ 请参阅:A. 利普斯曼:《弗里德曼先生办公室会议》(1944年4月20日),以及《有关成立一个联合国银行的建议备忘录》(1944年4月17日)。
⑤ 请参阅:《一个建议草案》。

更类似于怀特的稳定基金和凯恩斯的国际清算联盟的目标,即"通过一个充足的中央储备和国际收支平衡的多边结算体系,促进各国货币体系和外汇汇率的长期稳定,从而促进国际贸易的健康复苏和增长,以及相互有利的国际资本流动"。①

中国的计划草案在许多方面都借鉴或者稍微修改了凯恩斯和怀特计划的关键要素。事实上,在其附带备忘录中,中国技术专家声称,他们的计划"不会自诩具有原创性,因为它体现了英国和美国的计划以及其他思想来源"。② 例如,国际货币基金组织的一个核心角色就是资助一些国家平衡国际收支逆差。中国的分析人士认为,怀特和凯恩斯的计划的这一功能,有助于中国的发展目标。正如重庆一份报纸的社论作者在1944年4月1日所写的那样:"作为一个国际收支差额长期不平衡的国家,中国将在国家重建任务中得到国际基金的大力援助。"③ 另一位社论的作者更多地从政治角度表达了自己的观点:"人类历史上最严重的悲剧,就是经济强国压迫经济弱国,因为落后国家(试图)维持其收支平衡的概率总是相对较小。幸运的是,过时的经济理论在世界和平的未来结构中将无立足之地,因为和平是建立在各国间的经济平等之上的。"④ 其他一些外国的观察家也强调,国际货币基金组织可以让中国免去过去因使用国外贷款所遭受的剥削,"直接通过基金获得短期外汇信贷的过程……将不会导致借款国的政治屈从"。⑤

从中国的计划草案的另一项功能当中,也能够窥见中国受到各国更平等对待的情况。作为对凯恩斯的建议书的呼应,中国专家希望,国际基金可以确保调整负担不能只是强加于赤字国家,顺差国家——例如美国——也要承担相关的负担。在国际基金当中有较大借方余额的国家(根据其配额的一定百分比加以衡量),将被迫支付费用,并采纳基金委员会为恢复贸易收支平衡所建议的措施。有净信贷余额的国家也将面临缴费,而且必须就减少其盈余

---

① 请参阅:《一个建议草案》,第1页。
② 同①,第6页。
③ 请参阅:《国际货币基金组织的建立——联合国采取的另一个和平步骤》,邵达鹏(重庆),1944年4月24日,第3版。
④ 请参阅:《一个成功的国际金本位制度》,《商务日报》,1944年4月24日,第2页。
⑤ 请参阅:格雷(1944年),第166页。

的措施与委员会进行讨论。①

根据中国的计划草案,货币价值也将比照黄金价值加以固定和明确。中国官员还将他们对于固定利率的支持与中国的发展目标联系起来。例如,在1944年4月,中国中央银行的一位官员向地方报刊这样解释其政府的态度:

> 对于一个工业落后的国家而言,在它与经济发达国家的经济关系方面,最尖锐的问题在于这一事实:前者总是受制于后者让货币交换贬值的政策,从而成为后者的产品倾销地。这种状况将随着设立国际基金而改善,其目的就是稳定货币交换价值,停止以往的贬值做法。这样一来,在确保了外汇汇率稳定之后,一方面中国将能够通过利用外国投资资本推动国家重建计划,另一方面也能够在自给自足的基础上增加原材料进口,而且通过采用和其他国家相同的货币标准,它将能够避免在过去因为货币差异性而经受的痛苦。②

在批准汇率变动方面,中国官员似乎对于应当给予基金多大的权力相当矛盾。他们在怀特的带领下所制定的正式提案指出,汇率只能根据基金委员会达成的协议加以调整,但允许各国在没有基金批准的情况下,对货币作一次性贬值,不过前提是针对一些国家在两年期内曾经有过较大净借方余额的情形。在1943年6月9日评价怀特的稳定基金的一份备忘录中,中国官员也批评性地指出:"国际货币基金组织有强大的权力,例如,在固定成员国的汇率、纠正贸易失衡的措施、将一些国家货币作贬值处理等方面。这样的权力将会影响成员国的主权。我们主张执行任何此类的措施,国际货币基金组织都应当获得有关成员国的许可。"③ 事实上,中国官员最后告诉怀特,由于中国不稳定的货币格局,因此其在战后初期的汇率义务方面,需要得到特别的处理。④

---

① 请参阅:《一个建议草案》,第6页。
② 请参阅:《国际货币基金组织的建立得到中国专家好评》,《中央日报》(重庆),1944年4月26日。
③ 请参阅:《战后美国货币稳定计划备忘录》(1943年6月9日)。
④ 请参阅:弗里德曼的《怀特先生办公室会议(记录)》(1943年9月17日),美国国家档案馆。

中国官员还声称,虽然他们同意消除汇兑限制的总体目标,但他们不确定中国能否很快建立自由贸易市场。由于这个原因,他们成功地推动了将其"过渡期"纳入协议当中,这意味着各国在各自特殊的情况下——这需要得到基金的批准——将不需要承诺按固定利率兑换货币。① 他们也非常支持将资本流动控制条款纳入凯恩斯和怀特的计划中。为了增加这些条款的效力,中国的计划支持凯恩斯和怀特所倡导的鼓励各国在这一领域进行合作的主张,而基金的每一个成员国都将需要"根据要求,与其他任何可能调节国际资本流动的成员国合作"。作为对怀特1943年计划条款的呼应,每个成员国都被要求"(1)除非得到授权,否则禁止任何对资本转移设限的成员国及其国民收购在其管辖范围内的存款或其他资产;(2)根据要求向任何成员国政府提供有关这类存款及其他资产的完整信息;(3)考虑委员会可能推荐的其他措施"。② 中国的计划还提到,基金组织委员会需要"与成员国政府配合,研究规范国际资本转移的国内和国际措施的可行性,而且,一个成员国为这一目的所采取的相应措施,不得被视为违反"该计划的其他承诺。③

因为纽约金融界的反对,这些合作管制跨境资本流动的条款,在随后的美国和英国的提案中基本上没有了,但是中国对于这些条款仍然感兴趣,特别是中国国内公众对于在战争期间将钱寄到国外的人的关注度开始上升。这种关注最终导致国民党第六次全国代表大会在1945年5月通过一项决议,要求美国政府提供其在美国持有资本账户的中国公民的名单及金额。但该要求遭到拒绝。④

基金治理以及中国在世界上的立场

最终,基金治理结构采用了怀特计划的类似方式。在国际货币基金组织的委员会当中,一些大国将有一个代表的名额,而其他小国则将被分组并统一由一名董事代表。一国的选票数量将由分配给所有成员国的基本投票权及其配额大小所共同决定。对于一国是否小国的判定,将主要考虑相关国家的

---

① 请参阅:《中国专家提交的备忘录》,第1页。
② 请参阅:《一个建议草案》,第9页。也可参阅《中国专家提交的备忘录》,第4页。
③ 同②,第10页。
④ 请参阅:扬格(1963年),第387~388页。

进口额和出口额、持有的黄金和外国资产、货币和银行贷款，以及其国民收入"在世界经济中的重要程度"。①

美国官员注意到，他们的中国同行"非常急于"确保中国成为国际货币基金组织的四个主要成员国之一，以便保持中国与美国、苏联和英国的战时联盟中的政治地位。② 但是，分配给中国一个很高权限的配额，就经济标准而言是很难说得过去的。由于这个原因，中国官员在与美国的讨论中声称，在配额计算中，可能需要引入更多的政治因素。正如他们在 1943 年 6 月所说的那样，"相比于（在战争中）没有遭受任何苦难的国家，受害最深的国家应该有更大的发言权，即使前者有更大的经济实力"。③ 最终，通过对配额进行某些相当武断的闭门调整，美国官员分配给中国第四大配额，这一举动让法国等一些国家极为恼火。④ 具有讽刺意味的是（鉴于战后的政治发展情况），即使这样，中国官员还是希望争取一个更大的份额，他们询问美国官员是否考虑过将台湾纳入中国配额的经济考量中。⑤

中国官员如此重视中国的配额的大小，凸显了中国政府极其重视其参与基金所赋予的高度象征性价值。中国在布雷顿森林会议上的角色，代表了中国在国际货币事务中的影响力的一个制高点。在 19 世纪末和 20 世纪初的国际黄金本位时代，作为数量不断减少但仍旧维持以银为基础的货币标准的国家之一，中国在国际货币讨论中，一直属于边缘化的成员国，其国际影响力也受损于这一事实：在 20 世纪 30 年代中期之前，中国政府没有建立一个中央银行——在国内甚至没有建立一种统一化的同质货币体系。⑥ 但从中国人的

---

① 请参阅：《一个建议草案》，第 4 页。
② 请参阅：弗里德曼的《怀特先生办公室会议（记录）》（1943 年 9 月 17 日），第 2 页。
③ 请参阅：约翰·多伊奇：《国际货币的稳定——非正式专家讨论》，美国财政部，1943 年 6 月 15 日到 17 日，第 18 页，加拿大国家档案馆，记录组 19 卷。关于中国在这一问题上的游说，可参阅弗里德曼·怀特的《怀特先生办公室会议（记录）》，1943 年 9 月 17 日。
④ 请参阅：米克塞尔（1994 年）。关于中国对这一结果的高度评价，请参阅扬格（1963 年），第 381 页。关于怀特对于中国位列第四的承诺，请参阅《怀特先生办公室会议（记录）》，1944 年 4 月 5 日。
⑤ 请参阅：A. 利普斯曼：《伯恩斯坦先生办公室会议》，1944 年 5 月 8 日。
⑥ 请参阅：城山英明（2009 年）。在此之前的很长时间里，中国经常在全球黄金流动中扮演一种重要角色，但它是在中国政府没有有效控制国内货币体系的背景下做到这一点的（见冯·格莱恩，1996 年）。

角度来看，他们的政府在参与布雷顿森林体系谈判中所显示的醒目姿态，标志着他们国家的国际地位的一个重要转变。

中国的谈判地位在很大程度上取决于这样一个事实，即在世界范围内，罗斯福将中国视为与美国、英国和苏联并列的四个主要大国之一，而且这将有助于管理战后的世界。① 其他国家代表往往对这一点不屑一顾。在布雷顿森林会议期间，英国代表莱昂内尔·罗宾斯在日记中写道："当然，中国在这次会议上的地位在很大程度上是虚幻的，它基本上通过美国外交而被赋予的那个高位是建立在一种幻觉之上的——不管50年后是什么样子，至少在目前是这样。"②

然而，一些外国观察家承认，这种象征意义对于中国人自己而言很重要。就在那次会议之后，奥斯丁·格雷在美国太平洋学会的双周刊《远东观察》上发表的一篇文章中指出，布雷顿森林会议主要是在这一象征意义上对中国而言非常重要："首要的是，中国似乎拥有了西方国家在过去最不愿给予其的一种政治地位。中国在经济、财政、政治以及军事上被接纳为四巨头之一。"在提及孙中山的1918年提议时，格雷还指出，预计成立的国际复兴开发银行的设计"将遵循中国国父所制定的路线"，这足以让中国人有了一种"颇感骄傲的理由"。③ 中国媒体也自豪地报道称，中国官员为此做出了贡献，而且中国在国际货币基金组织中的会员资格将归因于其在世界上不断提升的地位。1944年4月，一位评论员在一份重庆报纸上是这样写的："虽然中国地大物博，但它在世界经济中总是扮演一个弱小的角色，因其缺少一国工业发展所需的技术手段。现在，在确保可以从国际货币基金组织中获得援助之后，中国将大力推动国家重建任务，它也应该努力让自己成为四巨头之一，无论在事实上还是在名义上。"④

---

① 请参阅：巴格比（1992年）。
② 请参阅：豪森和莫格里奇（1990年），第171页。
③ 请参阅：格雷（1944年），第166~167页。
④ 请参阅：《一个成功的国际金本位制度》，《商务日报》（重庆），第2~3页。关于中国对自己在这次讨论中的贡献的报道，可参阅《一个国际货币基金组织的建立》，邵达鹏（重庆）。

中国共产党最高领导层的观点变化

在战后初期，中国参与国际货币基金组织的政治环境迅速改变。中国内战的爆发，让毛泽东和他领导的党派——中国共产党——在1949年掌握了国家权力，而战败的蒋介石及其国民党退守中国台湾。尽管在大陆建立了中华人民共和国（PRC），但联合国仍旧承认中国国民党和孙中山创立的政府为中国唯一合法的官方政府，而国际货币基金组织也采取同样的态度，因此，在国际货币基金组织执行委员会中的中国席位，仍旧完全由来自中国台湾的代表所占据。

中华人民共和国很快就向国际货币基金组织这一政策发起了挑战。1950年8月，周恩来正式要求国际货币基金组织常务理事将中国台湾代表从国际货币基金组织中驱逐出去，其理由是，中华人民共和国才是唯一合法的中国政府。次月，捷克斯洛伐克在国际货币基金组织提出决议案，要求采取这一行动，并得到了印度和南斯拉夫的支持。在该决议没有得到足够多的支持之后，国际货币基金组织的捷克斯洛伐克代表继续推动这一动议，直至其本国在国际货币基金组织中的会员资格在1954年被取消。[①] 尽管有这些挑战，中国台湾的官员继续担任中方代表。

当周恩来要求驱逐中国台湾的代表时，他并没有同时要求中华人民共和国取得中国在国际货币基金组织的席位。[②] 鉴于当时的政治环境，这一忽略是不足为奇的。考虑到在数月前爆发的朝鲜战争，以及美国对国民党的长期的、积极的支持，在中国共产党最高领导层当中，很少有人对加入美国控制的基金真正有兴趣。随着中华人民共和国在几个月后介入由金日成发起的朝鲜战争，中国共产党政府与美国和其他西方大国的关系更加恶化。在未来数年内，中华人民共和国与西方的关系基本中断，直到20世纪70年代初才得以恢复。[③]

---

① 请参阅：雅各布森和奥森伯格（1990年），第59~60页。
② 请参阅：鲍顿（2001年），第968页。
③ 请参阅：同①，第44页。

中国共产党最高领导层最初的兴趣

然而有趣的是,在布雷顿森林会议结束之后,中国共产党对于国际货币基金组织的态度一直都较为积极。这种态度的转变,是中国共产党在1944年为其第一次制定外交政策而推出的举措的一部分。正如奥德·阿恩·韦斯塔所指出的那样,制定外交政策的动机,既源于中国共产党需要进一步强化其在国内的影响力,又要在新的地缘政治背景下得到战后世界各国的认可。中国共产党的第一份重要外交文件,是在1944年8月公布的,也就是在布雷顿森林会议之后一个月公布的。①

这份文件异乎寻常地赞扬罗斯福对待中国的政策,比如称赞他反对日本、反对中国内战、支持民主改革。这个时候,中国共产党开始决定和美国发展关系,并在1944年7月邀请一个美国军事顾问团前往其在延安的总部访问,由此实现了与美方的第一次正式接触。毛泽东承认,美国在东亚地区可以发挥重要的战略作用,他也希望借此取得美方的信任,因为这可能有助于限制中国国民党的力量。② 毛泽东还觉得,罗斯福代表着美国政府中的进步力量。在罗斯福于1945年4月逝世以后,毛泽东甚至将他的进步作用与深受中国人尊敬的孙中山相比较。③

从我们的角度来看,很重要的一点是,毛泽东也表达了在战后与美国进行经济合作的兴趣。在1944年8月23日一位与他交谈过的美国军官曾这样总结毛泽东的观点:"中国必须工业化。要想做到这一点,就需要建立完整的工业体系,以及得到外国资本的援助。中美利益不仅相关而且相似……这两个国家能够且也应该合作。"④ 在这一年的11月,周恩来向另一位美国官员提出了类似的观点:"就中国的战后处境而言,最大的经济需求是对外国资本的需求……而且,如果中国要改变目前的落后状态,就必须参与国际经济和金融

---

① 请参阅:韦斯塔(1993年),第3章。
② 请参阅:简(2001年),第23~24页。
③ 请参阅:韦斯塔(1993年),第69页。
④ 《摩根索日记》中有关毛的观点的摘要,引自《小亨利·摩根索的文件》,1866~1960年,纽约海德公园,富兰克林·D. 罗斯福图书馆

组织。"① 周的声明似乎确认了中国共产党愿意在布雷顿森林会议机构中拥有会员资格，而这也恰逢中国共产党首次制定外交政策之时。这份声明表明，在当时的整个政界，各方就支持中国加入布雷顿森林体系取得了广泛的共识。这种参与意识，也反映了早期国民党领导层在布雷顿森林会议期间所表达的发展目标，以及孙中山在更早些时候具有开创性的思想。

从冷战到 20 世纪 70 年代初期

然而，中国共产党争取美国支持的举措完全失败了。尽管当时美国许多官员（包括怀特）对蒋介石和国民党并无多少好感，但美国政府拒绝支持毛泽东，这样毛泽东很快就更加怀疑美国的对华政策了。② 随着冷战开始，美国国内反共情绪日益高涨，杜鲁门政府对国民党的支持力度不断加大（虽然杜鲁门本人并不喜欢蒋介石）。当毛泽东在 1949 年上台以后，他的革命思想和阶级斗争理念，也阻碍了他和美国之间达成新的和解。后来的朝鲜战争，也彻底终结了中美更快地建立一种积极关系的前景。③

因此，在整个 20 世纪 50 年代和 60 年代，中国在国际货币基金组织中的席位继续由中国台湾占据，尽管在 1970 年之前，它一直推迟报告货币票面价值，并且拒绝支付超过其配额的象征式数额。因为苏联选择不加入国际货币基金组织，所以，中国台湾的最初配额在国际货币基金组织中位列第三，落后于美国和英国。这种情况一直持续到 1959 年总体配额第一次全面增加时为止。然而，到了 1971 年，中国台湾的配额已经降到了第 12 位，因为当其他国家配额增加时，它并没有增加。④ 随着配额的相对下降，中国台湾失去了其任命一个常务董事的权利，并且最终在 1972 年，无法找到其他足够多的国家支持其董事资格的选举。⑤

---

① 欧文·弗里德曼对于周的评论的总结。
② 关于怀特对中国的看法，请参阅克雷格（2004 年），第 8 章。关于美国方面对国民党的怀疑，请参阅美国国务院（1966 年），第 1059~1060 页。关于美国当时拒绝支持毛泽东及其观点，请参阅雅各布森和奥森伯格（1990 年），第 44 页；以及简（2001 年）。
③ 请参阅：简（2001 年），第 2 章；以及卡明斯（1999 年），第 154 页。
④ 请参阅：鲍顿（2001 年），第 970 页。
⑤ 请参阅：雅各布森和奥森伯格（1990 年），第 63 页。

在联合国大会在 1971 年 10 月投票给予中华人民共和国政府在联合国代表中的权利之后，中国台湾在国际货币基金组织中的地位迎来了更大的挑战。联合国的投票使国际货币基金组织和世界银行陷入了困境，在这两个组织彼此间的内部通信中，这种困境被恰当地描述为"中国问题"，随后它们的法律团队迅速会见了联合国秘书长的代表并讨论了这个问题，而且会议重申了布雷顿森林会议上的长期观点，那就是，它们可以自由地决定内部成员的问题，不过，它们也需要考虑联合国的决定和审议。世界银行的总法律顾问阿伦·布罗克斯提出，在这两个组织再做决定之前，"首先要让尘埃落定一点儿"。①

针对这件事，国际货币基金组织的工作人员私下里比较了国际货币基金组织的配额权重和联合国的投票模式，想要看看投票支持中国在执行董事会的会员资格这个问题上，"尘埃"将如何"落定"，结果他们发现，支持中国台湾继续代表中国的占了上风。② 在许多场合，中国台湾的大使黄马丁也接触了国际货币基金组织的管理层，重申了中国台湾留在国际货币基金组织中的愿望。黄大使说，中国台湾的会员身份对于"声望和心理影响"都很重要。尽管中国台湾准备放弃世界银行的会员资格，但其还是不遗余力地试图保住自己在国际货币基金组织中的会员资格。③

国际货币基金组织也不能撤销中国台湾的会员资格，因为它履行了自己在国际货币基金组织中的义务。有可能产生更大争议的是配额问题。如果中华人民共和国申请获得一个新成员的资格，那么其配额之大可能超过日本，并在国际货币基金组织中排在第五位。而且，如果国际货币基金组织承认中华人民共和国的合法性，那么中国台湾将无法保住其目前以中国大陆配额基准而计算出的配额，而国际货币基金组织又没有任何法律途径单方面降低其成员的配额。这些以及其他金融和技术因素，使国际货币基金组织的管理层

---

① 请参阅：副总法律顾问格斯坦的《中国代表权》，1971 年 10 月 29 日。
② 请参阅：W. L. 赫巴德（国际货币基金组织秘书长）致总裁：《联合国就中国代表权投票模式的假设性基金投票基础》，1971 年 10 月 29 日，引自《国际货币基金组织档案》。
③ 请参阅：弗兰克·索斯纳德的《与郝先生和黄大使的会谈》，1971 年 12 月 9 日，见《国际货币基金组织档案》。

感到头痛。该组织的常务董事强调:"决定可能要由外交办公室而非财政办公室或者中央银行做出,而让外交办公室在联合国和国际货币基金组织之间做出区分,将是很困难的。"①

中国对会员资格的兴趣

在收到中国政府方面要求剥夺中国台湾在国际货币基金组织中的代表权的信函之后,国际货币基金组织管理层在 1972 年 1 月 17 日同意"不承认其代表权,而且我们不采取任何回应行动"。② 1973 年 9 月,中华人民共和国外交部部长姬鹏飞再次写信给国际货币基金组织常务董事约翰尼斯·维特温,他指出,"中国是国际货币基金组织的创始成员之一,但在二十多年的时间里,中国在国际货币基金组织中的席位被蒋介石集团非法强占了"。他声称,"必须纠正这一错误的事态",因为联合国成员也认同这一点。③ 根据雅各布森和奥森伯格提供的信息,这一表态是毛泽东亲自批准的,"这表明他支持中国加入国际货币基金组织"。④

雅各布森和奥森伯格指出,在过去的二十年时间里,"尽管毛泽东时代有很多自力更生和自给自足的豪言壮语,但一些中国领导人、中层官员以及不同的机构,对于恢复中国在世界银行、国际货币基金组织和关税与贸易总协定(GATT)中的席位都具有强烈的兴趣"。⑤ 这种趋势在当时似乎占了上风。从 1970 年到 1971 年,在周恩来的努力下,中国政府在政策方面开始逐渐摆脱 20 世纪 60 年代以国内经济自力更生为主体的封闭和落后的发展模式。当经济改革家邓小平在政治上得到平反并在 1973 年恢复领导地位以后,中国融入世界经济的过程开始加速。⑥

---

① 请参阅:约瑟夫·戈尔德的《文件备忘录》,1971 年 11 月 10 日,第 3 页,见《国际货币基金组织档案》。
② 请参阅:总裁戈登·威廉姆斯的《关于中国的基塔尼电报》,1972 年 1 月 17 日,第 1 页,见《国际货币基金组织档案》。
③ 请参阅:姬鹏飞的《致常务董事约翰尼斯·维特温先生的信函》,1973 年 9 月 24 日,见《国际货币基金组织档案》。
④ 请参阅:雅各布森和奥森伯格(1990 年),第 63 页。
⑤ 请参阅:同④,第 59 页。
⑥ 请参阅:拉迪(1999 年)。

然而，1974年6月，当中国的金融和外交事务部门在一份报告中提出反对加入国际货币基金组织的建议时，改革势头在某种程度上于是陷入了停顿状态。他们有很多关切点，包括中国现有投票份额太小，不可能给予国家更多的影响力。他们尤其忧虑的是这样一个事实：会员身份将带来不符合中国社会主义和自力更生政策的强制性约束和限制。该报告的建议得到了中共最高领导层的支持。①

此后，中国没再接触国际货币基金组织，直到1976年1月，国际货币基金组织的临时委员会在牙买加开会所产生的一项决议——将原来会员国向国际货币基金组织缴纳的黄金份额部分按原官价每盎司35美元售还给会员国——使中国产生了务实的关切。中国坚持认为，黄金不应售还给中国台湾。② 同年9月，中国发给国际货币基金组织常务董事的另一份电报，几乎是三年前提交给维特温那封信函的基本内容的翻版，只不过这一次该电报不同寻常地声称，如果中国台湾地区要使用任何本该属于中国正规政府的国际货币基金组织的配额的话，那么，中华人民共和国将"保留恢复任何非法处置所造成损失的权利"。③ 将电报内容发给国际货币基金组织的政府官员，希望在即将于10月份在马尼拉举行的国际货币基金组织年度会议上展开辩论。中国政府还向菲律宾政府施压，试图使其拒绝为参加会议的中国台湾地区官员发放签证，但菲律宾政府顶住了这种压力，因为国际货币基金组织的管理层威胁说，如果不发放签证，会议地点将转移到其他国家。④ 不过，实际上，那封电报并未反映出中华人民共和国领导层在加入国际货币基金组织方面达成的任何新的共识，因为它是在毛泽东去世的几周前，即中国社会正处于巨大的政治动荡之中发出的。

1976年12月初，在国际货币基金组织执行董事会的一次内部会议上，一些董事要求立刻取消中国台湾的会员资格，并且呼吁常务董事邀请中华人民

---

① 请参阅：雅各布森和奥森伯格（1990年），第64~65页。
② 同①，第65页。
③ 请参阅：陈希愈的《致常务董事约翰尼斯·维特温先生的电报》，1976年9月30日，第5页，见《国际货币基金组织档案》。
④ 请参阅：塞萨尔·维拉塔的《致约翰尼斯·维特温的信函》，1976年9月13日；约翰尼斯·维特温的《致中国人民银行行长陈希愈的信函》，1976年9月30日，见《国际货币基金组织档案》。

共和国占据中国台湾在董事会的席位。他们还认为,暂时应该忽略阻碍中国会员资格的技术问题,而且讨论主体也许应该从中国的财政部门和中央银行转向外事部门。这些看法是由北欧选区提出来的,并得到了法国和以赞比亚、荷兰、埃及和印度为成员的选区的支持。然而,美国支持国际货币基金组织管理层的立场,那就是,除非作为新成员的中华人民共和国承担起会员身份的所有权利和义务,否则它的会员资格不会被接受。作为对美国的请求的回应,董事会同意推迟就相关问题进行投票,以便让各位董事有时间与其所在国首都领导层进行协商。①

在国际货币基金组织工作人员和中国代表之间展开了一些无结果的讨论之后,随着邓小平在1978年年底成为中国的国家主要领导人,情况发生了巨变。邓小平坚持以市场为导向的经济改革,试图通过建立与西方的经济联系促进中国经济增长和工业化的发展。② 这种战略的外向型性质,会让人联想起孙中山的思想,以及中国共产党在1944年到1945年间曾经提出过的建立工业体系的设想。

作为他的新战略的一部分,邓小平希望看到中国加入国际货币基金组织和世界银行。③ 如果说取消中国台湾地区会员资格是一种外交胜利的话,那么会员身份将会为中国政府提供有关国际金融和经济的有价值的信息,以及获得国际货币基金组织和世界银行贷款方面的专业知识的途径。而且,从更广泛的意义上说,在这些多边机构中的会员身份,将能够鼓励中国做出新的努力,与世界其他国家或地区建立更加开放的关系。④ 1978年12月中国共产党中央委员会的一次会议上,在确立了新的经济政策方向之后,中共领导层于1979年初达成一致意见:中国将请求加入上述两个机构。

中国和美国在1971年1月1日正式建交,这为这一请求获得重视铺平了道路。经过各种讨论之后,有关中国会员身份的正式请求,终于在1980年春天递交给国际货币基金组织的常务董事。4月17日,国际货币基金组织执行

---

① 请参阅:《执行董事会纪要——中国与国际货币基金组织的关系》,1976年12月3日,第1~14页,见《国际货币基金组织档案》。
② 请参阅:傅高义(2011年)。
③ 同②。
④ 请参阅:雅各布森和奥森伯格(1990年),第66~70页。

委员会一致决定,中华人民共和国正式成为中国在国际货币基金组织中的官方代表,并拥有5.5亿配额的特别提款权(SDR)。有关如何处理中国的黄金问题,也经由美国为主的董事会在三天后做出的一项更具争议的决定而得到解决——让中国台湾获得黄金售还的40%的利润,而余下的收益归属中华人民共和国。由于涉及政治敏感问题,执行委员会采取了一个不寻常的步骤,要求国际货币基金组织不得就黄金售还问题发布新闻稿。①

中国与国际货币基金组织的关系:继往开来

和很多人预期的不同,中华人民共和国进入布雷顿森林体系,并没有带来引起全球瞩目的影响。社会学家傅高义指出,"在中国加入像世界银行和国际货币基金组织这样的机构之前,一些参与者曾担心中国的参与可能会具有破坏性,会导致机构无法正常运转"。但他认为结果完全出人意料,"中国的参与稳固了这些组织,即使它代表自己的利益;它遵守了这些组织的规则"。② 中国支持国际货币基金组织组织的一些动机,类似于在布雷顿森林体系谈判期间所反映出的动机。

一开始,作为对1943年和1944年中国官员的观点的呼应,中国对于国际货币基金组织的政策的态度,部分与它对世界银行的兴趣有关。根据布雷顿森林会议的协定条款,加入世界银行首先要加入国际货币基金组织;怀特和国际货币基金组织的其他官员在20世纪40年代初,坚持将这种关联性作为鼓励各国接受国际货币基金组织会员义务的途径。③ 在加入国际货币基金组织一个月之后,中国在世界银行的会员资格得到了批准,而且中国很快就与世界银行建立了密切关系,并且利用了后者的专长和贷款。这也与国民党创始人孙中山当年的愿望完全一致。事实上,中国很快就成为世界银行最大的客户。

在成为会员的最初几年,中国也通过有限的方式,利用国际货币基金组织的资源平衡其国际收支。国际货币基金组织在1981年为此提供了贷款,并

---

① 请参阅:执行委员会会议的《中国主题》,1980年4月14日,第1~13页,见《国际货币基金组织档案》。
② 请参阅:傅高义(2011年),第697页。
③ 请参阅:赫莱纳(2014年),第4章。

在1986年为了这一目的再次贷款。布雷顿森林会议上的中国谈判代表,曾经在这些方面一再称赞国际货币基金组织所发挥的作用:国际货币基金组织在银行、货币和财政政策以及统计等领域,为其提供了技术援助和专业知识。鲍顿指出,"这个过程非常重要,因为它能够扩大和深化中国人对于西方经济思想、其他国家专业的金融和会计实务知识的了解和认识。"[1]

鲍顿还从更广泛的意义上指出,会员资格对于中国共产党领导的中国的一个关键性的好处是,它"开始被国际社会逐渐接纳和承认"。[2] 正如在布雷顿森林会议谈判时的情形一样,中国政府对于其在该机构中的配额大小和表决权比重显示出浓厚的兴趣,甚至在被国际货币基金组织正式接纳之前,中国政府就明确表示,它会立即请求增加本国现有配额——自国际货币基金组织在20世纪40年代建立以来,该国5.5亿配额的特别提款权就始终保持不变。[3] 就像过去一样,象征意义很重要。雅各布森和奥森伯格注意到,中国官员"被一种愿望所驱使,那就是要获得比印度更大的配额,而且这种配额能够使其通过一个国家级选区选出执行董事"。[4]

1980年5月28日,中国政府正式请求其配额复议,一个临时增加到12亿的特别提款权的配额要求,很快就在1980年9月被批准。接下来,通过应用基金组织1978年《第七次总体审查》的有追溯力的条款,中国的特别提款权配额在11月份进一步增加到了18亿。其新的配额规模超过印度,在国际货币基金组织中排在第八位,落后于七国集团。通过将执行董事会规模从21人扩大到22人,中国还获得了一个单一国家席位。[5]

随着中国在世界上的经济意义迅速增强,中国继续争取更大的配额规模,以便反映其不断上升的全球经济地位。长期以来,国际货币基金组织的改革进程比许多中国政策制定者所期待的更为缓慢和温和,但在最新改革过程中,中国的表决权从3.81%增加到了6.07%,使其仅次于美国和日本而跃升至第

---

[1] 请参阅:鲍顿(2001年),第780页。
[2] 同[1],第780页;也可参阅雅各布森和奥森伯格(1990年),第121~126页。
[3] 请参阅:《中国的备忘录》,1980年4月4日,第1~5页,引自《国际货币基金组织档案》。
[4] 请参阅:雅各布森和奥森伯格(1990年),第76页。
[5] 同[1],第979页。

三位。中国同时还提出请求，最终中国在国际货币基金组织管理层当中获得了一个重要席位。2010年2月，朱民被任命为国际货币基金组织常务董事特别顾问，之后于2011年7月升为副总裁。

有趣的是，中国也成为国际货币基金组织改革的主要倡导者，它主张提高其他发展中国家在国际货币基金组织和世界银行中的决策影响力。在2007年国际货币基金组织和世界银行行长年度大会上，中方代表重申了中国对于这些问题的长期观点："国际金融机构应积极改革其自身治理结构，反映发展中国家经济地位的提升，并均衡对待不同成员的需求，以便设计出符合发展中国家利益和推动全球可持续发展的政策。"①

作为实现更大"均衡"和各国受到更平等待遇的愿望的一部分，中国政府官员也重申了之前的政府官员于1943年递交给国际货币基金组织的提案中表达过的一个观点：国际货币基金组织可以在鼓励调整美国行为方面发挥有益的作用。1943年，中国的政策制定者——尤其是凯恩斯主义支持者——希望国际货币基金组织能够敦促美国解决其庞大的国际收支盈余问题。现在，中国政府更多的关注点则集中于美国过高的国际收支赤字和缺少持续性的宏观经济政策。正如陈宗翼所指出的那样，中国官员自20世纪90年代末以来，就一直敦促国际货币基金组织更严格地监督"储备发行国"，以便尽可能地降低这些国家因决策不佳对其他国家造成的负面影响。

对于国际货币基金组织会员身份强加的约束条件的态度，也可以从中国政府在布雷顿森林会议谈判期间所表达的观点当中窥见中国政府一定的连续性。例如，中国在加入国际货币基金组织之后整整等待了十六年才接受《第八项条款》规定的义务，引入资本经常账户的全面自由兑换机制。② 中国政府官员充分利用了这一事实：国际货币基金组织并不要求固定资产账户实行自由兑换。事实上，中国的政策制定者对一些国际货币基金组织工作人员和西方政策制定者致力于倡导金融自由化持怀疑态度，他们拥护各国根据国际货币基金组织规则使用资本管制的权利。在东亚金融危机之后，中国官员也呼吁国际货币基金组织"有效地监督和规范国际资本流动"。③ 这些姿态让他

---

① 请参阅：http://www.imf.org/external/am/2007/speeches/pr34e.pdf。
② 请参阅：拉迪（1999年）。
③ 请参阅：http://www.imf.org/external/am/2002/imfc/state/eng/chn.htm。

们成为国际货币基金组织原协议条款内容重要的捍卫者。

如同在布雷顿森林会议期间的姿态一样，中国政府对于其汇率政策的选择也表现出某些敏感性。自20世纪70年代国际货币基金组织结束浮动汇率以来，国际货币基金组织会员的身份在这一领域对于会员国政策制定所强加的约束，远远弱于可调整的盯住汇率制时期。但这个问题仍然带来了某种程度的紧张感。事实上，中国政府在1980年年底创建了一种外汇内部结算制度，它几乎是在中国加入国际货币基金组织之后立即建立的，在没有提前告知国际货币基金组织的前提下。因为国际货币基金组织认为这是一个双重汇率制度，因此此举需要得到它的批准。但是，中国明确宣布，这是一个国家的内部事务。到了1995年，随着这一汇率本身终止使用，这个问题也就被抛到一边了。① 近些年来，汇率政策也成为国际货币基金组织和中国最为显著的紧张感之源：这种紧张感和2007年由美国主导的、旨在强化国际货币基金组织对于汇率政策的监督作用的举措（见安德鲁·沃尔特撰写的章节）有关。

在未来数年，作为科恩所称的"新贵"，中国对于国际货币基金组织可能采取什么样的态度呢？一些人质疑它对于这个由美国主导的国际货币组织机构的承诺水平。我们提供了一个不同的视角，强调中国对国际货币基金组织承诺的长期历史根源。正如我们所揭示的那样，人们常常忘记中国官员当初如何积极地参与和支持布雷顿森林体系的创建。在那次会议之后不久，甚至在延安的中国共产党领导层都似乎支持中国参与这些机构。虽然冷战时期暂时改变了中国政府的观点，但在20世纪70年代后期，它又再度表现出对于国际货币基金组织的支持态度，而且其中很多看法和布雷顿森林会议期间当时的中国政府官员所表达的观点是相似的。

以孙中山在一个世纪前开拓性的思想为基础，中国分析人士一直将他们与国际公共金融机构的关系视为促进中国外向型经济发展战略的重要途径。他们对于中国成为国际货币基金组织的一个积极成员的愿望，也与让这个国家真正屹立于世界之林这一更广泛的象征性目标有关。此外，中国的政策制

---

① 请参阅：雅各布森和奥森伯格（1990年），第123页。

定者还怀着这样的希望：国际货币基金组织可以使各国在国际货币事务中得到更平等的待遇方面发挥更好的作用。为了获得这些好处，中国官员也承认有必要接受会员必须承担的义务，与此同时，他们也在寻求如何将对于他们的政策自主权的限制降至最低限度，尤其是在制定汇率政策和资本管制这些领域。

这些长期的、深层次的连续性向我们表明，中国很可能继续保持与国际货币基金组织的互动，即使在未来几年这个国家在国际金融事务方面的权利进一步增加也如此。当然，过去也许并不能完全代表未来。在2008年金融危机之后，本书的其他作者发现了更加自信的中国在国际货币政策方面的一种新动向。相比于我们侧重于这个国家过去致力于多边主义的长期趋势，江洋撰写的章节揭示出中国在国际货币政策制定过程中越来越倾向于双边主义。因此，出现这种情况也是有可能的——在接下来的几年，不连续性可能会成为中国在这一领域制定政策的一个越来越重要的特征。

不过，在中国在国际货币事务中施行某些新的重要举措的背景下，依然能够长期支持国际货币基金组织，不能不让我们感到惊讶。例如，在致力于加强东亚地区区域金融合作的同时，中国政府坚持保留清迈倡议多边化和国际货币基金组织之间的联系。由于这个原因，该国最新拥有的债权人地位，让中国官员开始重新审视其监督作用和信贷条件。周小川行长在2009年的那篇关于国际货币改革的著名文章，还侧重于一个有关加强特别提款权的提议。事实上，该文显然从布雷顿森林会议谈判期间凯恩斯的思想中汲取了灵感。这些情况强化了我们的信念，即中国对这个处于多边金融秩序核心的机构的承诺，要比很多人所预测的更加持久。

（埃里克·赫莱纳　柏斯玛·莫曼尼）

第3章 中国为何积累了如此巨大的外汇储备[①]

中国目前持有前所未有的外汇储备,如下图 3.1 显示,到 2011 年,有 30 000 亿美元以上的外汇储备,这几乎相当于该国整个国内生产总值的一半。[②] 尽管近几十年来,许多国家都已经拥有了很大的外汇储备数额,但中国所拥有的外汇储备数额远远高于其他国家,即至少是其他国家,比如日本的 2.5 倍以上。日本是世界上第二大外汇储备国,在 2011 年有 130 000 亿美元的外汇储备。中国甚至是一般国家外汇储备的 50 倍以上。

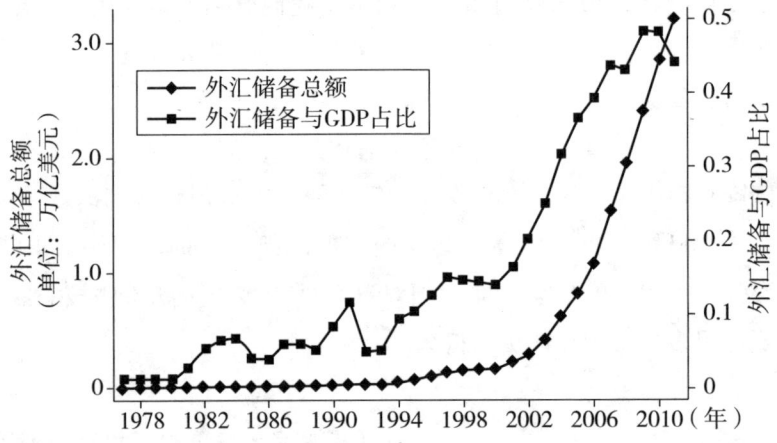

图 3.1　中国各年外汇储备额(1978~2011 年),世界银行,2012 年

---

① 本研究受益于西北大学研究生院和巴菲特国际与比较研究中心提供的资助。我要感谢杰里·科恩、埃里克·赫莱纳、乔纳森·柯什纳、加里·科泽尔、温迪·鲁特、菲利普·里伯西,以及康奈尔大学研讨会与会者就初稿提供的意见,还要感谢段海燕和康凯给予的协助。我尤其要感谢维克多·西恩对于本项研究的全面指导和支持。
② 外汇储备数据来自世界银行(2012 年)。该数据是指非黄金储备。

中国的外汇储备额对全球政治经济有着深远的影响。中国的外汇政策已经波及其东亚邻国，其中一些国家囤积储备，只是"为了（和中国）攀比"。① 由于中国的外汇储备有很大一部分是由美国资产构成的，因此中国的外汇资产储备降低了美国的信贷成本，并帮助吹大了美国的房地产泡沫。② 中国庞大的外汇储备也抑制了人民币的价值，使中国出口商品在世界市场上更具竞争力，也由此导致了全球经济失衡。出于这些原因，中国大量购买外汇储备，也被广泛视为 2008 年全球金融危机的一个重要原因。③ 中国的外汇储备政策对全球经济多方面的影响表明，至少中国在国际货币体系中的作用是"体系制定者"之一。在这里，我想解释的是，为什么中国迅速积累了如此庞大的外汇储备，并极大地影响了国际货币体系。

本章的主要论点是，国内政治考虑因素推动了中国外汇储备政策的制定。尽管如本杰明·科恩和王宏英在本书中所指出的那样，外汇储备的增加可能会强化中国的国际货币权力，但追求外部权力和影响并不是中国积累外汇储备的最重要的因素。同样，尽管外汇储备的积累导致快速的出口导向型增长有可能改进中国经济，但中国的政策制定者选择积累外汇储备，还与政治有关，这是积累庞大数额外汇储备的重要和必要的前提。虽然可以确定的是，国内政治联盟并不是影响中国或者其他国家外汇储备积累的唯一因素，但在缺乏强有力的国内政治支持的情况下，快速积累外汇储备不太可能发生。④

在本章里，我将提供中国快速积累外汇储备的两个不同阶段的案例研究：1994～1997 年和 2003～2008 年。中国第二个阶段的外汇储备政策得到过一些学者的大量细致的研究，但人们很少关注在 1994～1997 年期间中国外汇储备急剧上升的情况。尽管中国的外汇储备资产总体规模在 20 世纪 90 年代要小得多，但图 3.2 显示，相比于从 2003～2008 年期间的情形，外汇储备积累的

---

① 请参阅：张和钱（2009 年），第 826 页。
② 请参阅：鲁比尼和赛特瑟尔（2005 年）。
③ 请参阅：陈宗翼和弗里登（2011 年）、艾兴·格林（2011 年）、赫莱纳（2011 年）、奥布斯特费尔德和罗戈夫（2009 年）、鲁比尼和米姆（2010 年）。
④ 换句话说，政治权力在一国范围内的布局，不是外汇储备积累的一个充分条件。其他因素，比如国际资本流动，确定了外汇储备积累在任何特定的时间是否可行。

年增长率在1994~1997年期间更为迅速。① 这里，我仔细考察了中国迅速积累外汇储备的两个时期，以便就中国积累外汇储备的原因形成更强大、更可靠的结论。②

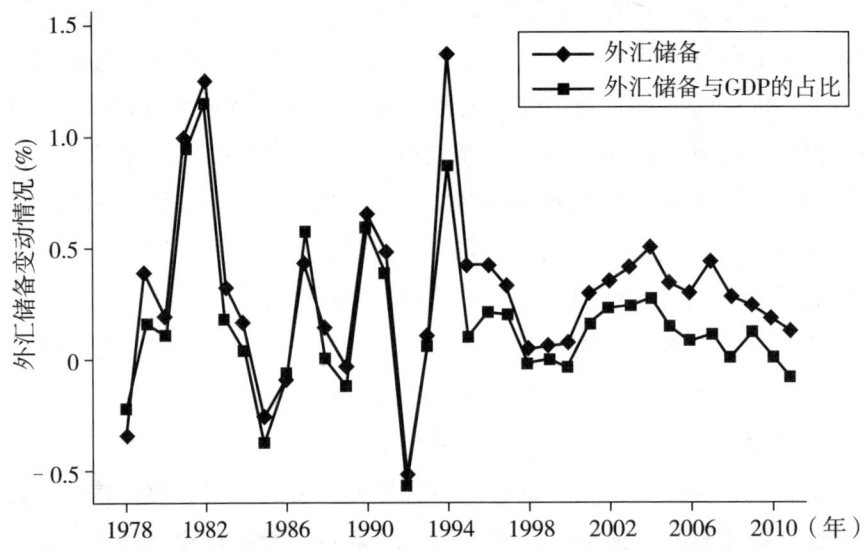

图3.2　中国外汇储备年度变动情况（1978~2011年），世界银行，2012年

这里的关键问题是，为什么中国在这两个时期决定增加其外汇储备，尽管它还有其他一些政治选择途径。政府原本可以减少对外汇市场的干预，允许通过市场力量确定人民币的价值。中国还可以改变贸易和金融政策来减少其出口和增加资本流入量，这将减少国家的净外汇收入。事实上，一些中国

---

① 相比于2003~2008年期间的38%，在1994~1997年期间，外汇储备的年平均增长率为64%。即使排除1994年极其迅速的外汇储备积累增幅，从1995~1997年期间的年平均增长率39%，仍然略大于2003~2008年期间的增长率。1995~1997年期间的外汇储备占国内生产总值的百分比为年均17%，也略高于2003~2008年期间的增幅14%。

② 中国在20世纪90年代后期经历过储备的过慢增长，因为当时资本从东亚向外流动，但政治权力的格局并没有发生多少变化。本章侧重于中国大规模的外汇储备积累阶段，因为我想表明的是，某些国内政治条件是外汇储备快速积累的必然原因。以前一些学者的研究已经表明，在20世纪90年代末，本章所强调的国内政治考虑因素的类型，也影响了中国的对外货币政策［请参阅鲍尔斯和王（2006年）、刘（2004年）、斯坦伯格和西恩（2012年）］。

政府官员曾经为这些政策游说。如此一来,我们需要了解为什么中国政府选择积累外汇储备,而不是实行任何相应的可替代性政策。①

案例研究表明,中国外汇储备积累在1994~1997年期间和2003~2008年期间的驱动力,主要来自于中国政府官员的政治考量。我们在这两个时期都见证了中国外汇储备政策的变化情况。中央银行一贯反对积累外汇储备,因为其官员需要为储备积累的负效应负责,比如通货膨胀和糟糕的财务回报。另一方面,对金融稳定负有责任且能否避免金融危机将影响其职业发展的高级官员,是20世纪90年代外汇储备积累的主要倡导者。同样,负责出口导向型企业的官员,在这两个阶段都为外汇储备积累游说,并在21世纪初获得了更大的支持。这些相互竞争的政治力量之间的权力平衡,推动了中国在这两个阶段的外汇储备政策的制定。而反对外汇储备积累的政府官员所具有的政治影响力,不及那些支持外汇储备积累的官员。如果中央银行或者这一政策的其他反对者在中国的政治体制中拥有更大的影响力,则中国不太可能积累如此多的外汇储备。

本章有助于我们在以下三个重要方面了解中国的国际货币关系。首先,这里提出的证据表明,中国并不是一个有着单一国际货币目标的实体,而是一个不同的政治力量和经济力量对国家应如何参与国际货币体系持相反观点的实体。国内政治分歧的意义,呼应了本书作者——包括研究经济再平衡的安德鲁·沃尔特和研究中国货币外交政策的江洋——的研究结果。其次,这里提供的证据表明,中国的政策制定者的政治利益,是其国际货币偏好的主要决定因素。相比于王宏英、埃里克·赫莱纳和柏斯玛·莫曼尼在本书中提出的论点,我几乎没有发现还有其他证据表明,意识形态框架影响了中国政策制定者对于外汇储备政策的立场。再次,由于中国政治的特色,中国未来的国际货币政策有可能显著不同于以往的崛起大国。

我将在下面陈述我的观点。首先,我会描述外汇储备积累的经济影响,并解释为什么有关外汇储备积累的领先经济理论并不能令人信服地解释中国的外汇储备积累。其次,我会从国内政治的角度解释外汇储备积累的动机,

---

① 因此,这里需要关注的是外汇储备规模,而不是其资产或货币组合。关于后一个问题,请参阅:鲍尔斯和王(2008年)、德雷兹内(2010年)、赫莱纳和柯什纳(2009年)以及西恩和斯坦伯格(2012年)。

因为外汇储备政策一定程度上能够说明不同政治团体的利益诉求，并且这种利益诉求是由这些相互竞争的团体之间的权力平衡来决定的。最后，我将提供1994~1997年期间、2003~2008年期间有关中国外汇储备积累的案例研究。我将探讨这些研究结果如何诠释中国在国际货币体系发展中的角色，以及它们对于货币政策制定的理论意义。

外汇储备经济学

对于国家囤积外汇的原因，一些经济学者曾经提出过两种理论：预防性理论和重商主义理论。每一种理论都强调由积累外汇储备所获得的并被认为要为采取这一政策而负责的一些重要经济利益的存在。这两种理论有助于我们注意到这些利益，但这些经济理论并不能就一般意义上的外汇储备提供令人满意的解释，而且它们并没有充分解释中国的情况。

预防性理论（也被称为自保理论）断言，国家积累外汇储备，是因为它能够增强一国的金融稳定。有关金融危机的有影响力的经济模型的结论是：持有大量外汇储备的一国中央银行在面对某种投机性攻击时，可以更轻松地与其对抗并维护本国利益，而且这种能力从一开始就能够威慑并阻止投机者对于本国货币的攻击。[1] 有强大的证据支持这一理论：大型外汇储备能够减少金融危机的风险。[2] 考虑到与金融危机有关的巨大的经济和社会成本，一些经济学家得出结论：为了防止此类危机的发生，一般而言，国家会迅速积累外汇储备。自保理论的逻辑表明：外汇储备"预防性需求"的变量加大，应当与一国较庞大的外汇储备持有相关。这一理论的拥护者做出了这样的假定：开放资本账户，金融危机是影响外汇储备的重要因素。[3]

重商主义理论则强调，国家级的外汇储备是促进出口的一种手段。[4] 根据这种观点，国家购买外汇，是因为它能够对国际贸易产生影响，以防止其汇

---

[1] 请参阅：克鲁格曼（1979年）、奥布斯特费尔德（1996年）。
[2] 请参阅：弗兰克尔和萨拉贝罗斯（2012年）、吉林查斯和奥布斯特费尔德（2012年）。
[3] 请参阅：艾泽曼和马里恩（2003年）、艾泽曼和李（2007年）、伯南克（2005年）、奥布斯特费尔德等（2010年）、罗德里克（2006年）。
[4] 请参阅：杜里等（2003年）。

率升值,并由此促进出口。① 该观点的最有力的支持者杜里、福科茨－兰多和加伯认为,外汇储备是一个"明智的"发展战略,因为它会鼓励出口导向型产业的投资,而这会带来一个"理想的"国内资本存量。② 这个逻辑暗示,高度依赖出口的国家对外汇储备应该具有最强烈的需求。

有关外汇储备的经济理论突出了外汇储备的两种经济效益——金融稳定性和出口导向型经济增长,但它往往会低估持有大量外汇储备的经济成本。这些成本可能相当大,而且包括较低的财务回报、通胀上升压力和本币购买力下降。首先,外汇储备是中央银行所持有的一种无利可图的资产。大多数这样的储备都以美国国债的形式持有,其产生的利息率非常低。③ 罗德里克估计,通过外汇储备而赚取的低收益,减少了许多国家相当于国内生产总值1%的收入。④ 其次,大规模的外汇储备会增加经济通胀的压力。⑤ 外汇储备积累会加速通货膨胀,因为它会增加经济中流动资产的金额。尽管各国的中央银行可以通过"冲销"干预——出售债券来抵消流动性增加的情况,但抵消外汇储备带来的通胀效应,对外汇资金流入进行有效"冲销"的能力往往是有限的。⑥ 第三,外汇储备增加所导致的汇率影响未必一定是有益的。通过保持汇率疲软,外汇储备增加会使本国的企业和消费者购买进口产品的代价更加高

---

① 购买外币会减少外币的供应,这可以维持外币相对于本国货币的价值,从而防止本国货币升值。疲软的汇率可以促进出口,因为它会降低国内货物相对于国外货物的价格。
② 请参阅:杜里等(2004年)、罗德里克(2008年)。
③ 在21世纪的前10年,大约有三分之二的配额储备是以美元计价的(国际货币基金组织官方外汇储备数据库)。在这一时期,持有以美元计价的外汇储备的成本格外昂贵,因为在这一阶段的多数时间里,美元贬值导致了一些国家中央银行外汇储备估值的损失。
④ 请参阅:罗德里克(2006年)。
⑤ 请参阅:皮诺等(2006年)、鲁比尼和赛特瑟尔(2005年)。
⑥ 请参阅:卡尔沃(1991年)。例如,大规模的冲销会提升国内债券利率,这往往会吸引更多的资本流入,并且增加所需的冲销额度。更高的利率也加剧了外汇储备的财政成本,因为它会导致中央银行赚取的外汇储备利息及其必须支付给政府债券持有者的利息之间出现更大的偏差[莱因哈特(1998年)]。资本控制措施可以部分缓解中国的这些问题。该国还使用"金融抑制"手段,将冲销成本分摊给商业银行和一些中国家庭,但是这显然也涉及一系列高昂的代价。请参阅张(2012年)以及本章后面有关中国在2003~2008年期间的政策的讨论。

昂，从而降低他们的购买力。① 虽然庞大的外汇积累无疑有一些积极的经济效应，但它也有很多的负面效应。

上述纯粹经济角度的解释，无论如何都是不完整的。首先，当我们考虑外汇储备增加的成本时，我们根本不清楚它是增加还是减少了国民的总体福利。换个方式来说，目前学界对于外汇储备的最佳规模尚没有任何共识。就财政政策等其他诸多领域而言，外汇储备的经济意义是模棱两可的；② 即使在一个国家内部，不同的个人、部门和阶层对于最佳规模也有非常不同的理解角度。这就导致了有关外汇储备的经济理论存在第二个问题：它们并未充分关注外汇储备政策的分摊效应。③ 例如，不是每个人都能受益于出口导向型经济增长的。对于许多参与主体而言，外汇储备积累的成本很可能远远超过收益。外汇储备积累的经济模型是不完整的，因为它并未能解释为什么在如此高成本的情况下，政策制定者会优先考虑这种积累的好处。

经济学理论也很难解释为什么中国积累的外汇储备远超其他国家。外汇储备在中国所获取的经济效益不见得就比其他国家大。对于外汇储备的预防性需求在中国应当相对较低：与其诸多邻国不同，中国在20世纪90年代末并未遭受货币危机，而且它保留了对国际资本流动的严格控制，这极大地限制了投机者攻击人民币的机会。中国还有一个巨大的国内市场，和许多国家相比，它对出口的依赖程度更低，这就使其对于外汇储备的重商主义需求也同样令人费解。总而言之，如果说经济利益可解释为什么中国会积累超过30 000亿美元的外汇储备，那么这似乎是难以置信的。我们认为，要理解这一需求，还必须考虑政治因素。

中国积累外汇储备的政治含义

为了解释为什么中国或者其他国家会积累庞大的外汇储备，必须考虑政策制定者的政治动机。我认为，只有当受益于这一政策的政府官员比由此政策而受损的政府官员拥有更大的权力时，外汇储备积累才会发生。为了论述

---

① 请参阅：布罗斯和弗里登（2001年）。
② 请参阅：柯什纳（2003年）。
③ 关于这一点，也可参阅赫莱纳和马尔金（2012年）、西恩和斯坦伯格（2012年）。

这一点，我首先要解释为什么政策制定者更关心外汇储备政策会如何影响他们的政治生涯，而不是它如何影响普通民众的福祉。其次，对于外汇储备政策的制定者而言，负有金融稳定性和出口业绩责任的政府官员会赞成增加外汇储备，而负责价格稳定和不可交易行业的官员会反对它。最终，在这些相互竞争的利益之间的权力平衡决定了外汇储备政策的走向。因此，中国积累的庞大的外汇储备，是因为外汇储备的政策制定者比其对手拥有更大的政治影响力。

政策制定者往往都是政治性生物，他们最看重自己的政治生涯，因此他们很大程度上倾向于有助于他们保住职位或者获得晋升的政策。① 这些政治上的考量和外汇储备政策相关，正如它也和其他问题相关一样。当外汇储备积累有利于政策制定者的支持者，或使他们更容易实现其所在的行业的任务目标时，就会得到他们的青睐；相反，如果政策制定者反对外汇储备积累，那么这就意味着这一政策对他们的支持者不利，或者会危及他们完成任务目标的能力。在中国，由于对政府官员的政绩考核是基于他们所代表的省、市、县和地区或行业的业绩的，因此中国政治家会乐于支持能让他们的支持者或者受益者的政策，不管那种政策可能会产生什么样的更广泛的影响。② 简而言之，关于外汇储备资产规模的决定是高度政治化的。

有两种不同类型的政府官员很可能会支持外汇储备积累：那些职业生涯取决于金融稳定的官员，以及与出口导向型行业利益相关的官员。政策制定者往往缺乏强烈的动机去实施能够防范金融危机的政策：实施审慎的政策往往会产生有限的政治红利，因为让其为预防一个并未发生的灾难性事件而去邀功，这是极其困难的事情。③ 只有其任期极易受到一场金融危机影响的政治精英，才会推动大规模的预防性储备。在中国，中央金融部门的高级官员，是一个会出于预防性原因而支持大规模外汇储备的群体。根据西恩的观点，经济问题会威胁到中国高级经济官员的职业前景，而他们防范金融危机的能

---

① 请参阅：布埃诺·迪·梅斯基塔等（2003年）。
② 请参阅：蔡和特雷斯曼（2006年）、默萨（2009年）、西恩（2008年）、舍克（1993年）。
③ 请参阅：基弗（2007年）、希利和马尔霍特拉（2009年）。

力能够给他们的政治命运带来利好。① 由于高级经济官员有可能为一场金融危机而承担责任，因此他们就会支持大规模外汇储备，以避免过早结束自己的政治生涯。中国的技术官员也会支持大规模的外汇储备，因为他们可以使用外汇储备来解决其他紧迫的经济问题，诸如对破产银行进行资产重组等，这能够增加他们的政治威望。②对于外汇储备的预防性需求，主要来自于经济领域的一小部分高级官员，因为金融稳定事关他们的最大利益。

同样，出口导向型经济增长并不会让中国的所有企业受益，因此不可能对于所有政策制定者都具有吸引力。对于其政治命运与出口导向型企业的福祉相关的政策制定者而言，外汇储备的重商主义利益是极具吸引力的。在中国，出于重商主义原因而要求增加外汇储备的行业代表有：商务部（MOF-COM）——负责国际贸易和国内贸易；中国沿海省份——集中了中国大部分出口导向型企业的地区。③ 相应地，由于负责它们的官员需要为出口导向型企业负责，所以，如果这些企业成功，那么他们在政治上就会获益；而一旦企业利益受损，那他们就会面临失去职务或者遭到降职的风险。结果是，这些政策制定者很可能会代表与他们利益相关的阶层，从而选择支持一种疲软的汇率和外汇储备政策。可以确定的是，这个群体——不同于中央财政部门的技术官员——对于外汇储备规模到底需要多大并没有直接的兴趣；然而，他们对于估价过低的汇率的偏爱，使他们乐于支持大规模的外汇储备政策。

但是，另一些政策制定者却会不赞成大规模的外汇储备政策，比如，负责保持价格稳定的政策制定者，他们必须避免流动性增加和通胀压力。如同大多数国家一样，在中国，中央银行——中国人民银行（PBOC）——被授权负责控制通货膨胀，当通货膨胀超过目标水平时，中国人民银行的官员就要采取政策设法降低通货膨胀水平。中国人民银行的官员也会反对大规模的外汇储备政策，因为它会导致一个结果——通货膨胀，而这会威胁他们的政治生涯。

出于另一个原因——外汇储备糟糕的财务表现——中国人民银行的官员也会支持小规模的外汇储备政策。④ 由于这些都是中国人民银行资产负债表中

---

①② 请参阅：西恩（2008年）。
③ 请参阅：弗里曼和温（2011年）、斯坦伯格和西恩（2012年）。
④ 请参阅：西恩和斯坦伯格（2012年）。

的一种资产并且收益率低,所以中国人民银行是最容易因多持有它们而受波及的机构,它甚至会直接削弱其财务地位;即使中国人民银行的管理者并不会像私人投资者那样寻求利益最大化,但他们也有理由担心糟糕的财务业绩会让他们很容易受到批评——他们未能给中国纳税人带来更多的回报。① 因此,为避免因这些资产的惨淡回报而承担责任,他们也可能会游说政府采取不干涉的外汇政策,以避免其收购大量的外汇。

最后,对非贸易行业的政策制定者来说,当汇率升值时,非贸易行业会受益,因为这会使它们以更廉价的成本购买进口产品。② 结果是,代表非贸易行业的政治精英,就会设法推动与货币升值相配套的外汇储备政策。相对较少依赖出口贸易的中国内地省份的官员,可能会拥护小规模的外汇储备政策。

外汇储备政策是以不同政治群体之间的博弈为特征的,这种博弈的一方是中央部门的技术官员和出口公司的代表,他们支持大规模的外汇储备政策;博弈的另一方是中央银行和非贸易公司的代表,他们反对大规模的外汇储备政策。这些相互竞争的群体的相对政治影响力,决定了这一博弈的结果,因而也决定了一种外汇储备政策是否会被采纳。只有当赞同大规模外汇储备政策的一方的影响力胜过其反对者时,国家才可能采纳它的外汇储备主张。

中国外汇储备状况(1994~1997 年)

1994 年 1 月 1 日,中国将其汇率从 1 美元兑换 5.8 元人民币降至 1 美元兑换 8.7 元人民币。③ 为了防止其新近利率处于被低估状态的人民币升值,中国人民银行开始迅速购买外汇。④ 结果是,外汇储备从以往的 220 亿美元增加到 1994 年的 500 亿美元以上。这种外汇储备规模的快速增加,导致在中国国

---

① 请参阅:赫莱纳和陈宗翼(2008 年),第 95 页。
② 请参阅:弗里登(1991 年)。
③ 中国这次还将其多重汇率制度一体化。
④ 一些中国学者认为,人民币在 1994 年贬值之后,人民币汇率被低估。请参阅:刘菲:《人民币最新汇率制度和国内货币供应的相互关系》,《金融和经济学》,第 12 期(1995 年 12 月 11 日,第 31~33 页);孙明春:《人民币汇率管理调整和相关政策》,《管理世界》,第 2 期(1995 年 3 月 24 日,第 72~78 页);杨帆:《有关人民币汇率的几个问题》,《管理世界》,第 2 期(1994 年 3 月 24 日,第 35~39 页);熊(1995 年)。

内引发了一场争论,那就是,持有如此大规模的外汇储备是否必要。① 这一在接下来的两年不曾中断的争论,伴随着中国人民银行与支持出口商利益的资深技术官员和政府官员之间的博弈过程。最终,中国人民银行在这场辩论中处于下风,于是在接下来的三年时间里,中国持续购买了大量的外汇。

在20世纪90年代中期,中国人民银行曾极力反对外汇储备的快速增长,它为此提供了三个主要观点:首先,外汇储备快速增长会加剧国内的通货膨胀,而降低通货膨胀水平应该是国家的首要任务。1994年通货膨胀幅度达到24%,是中国改革开放以来的最高水平。根据中国人民银行和其他机构的一些经济学者的看法,高额的外汇储备导致了货币供应量的快速增长,这是当时高通胀的主要原因之一。② 其次,积累外汇储备的需求降低了它管理宏观经济的能力。③ 例如,中国人民银行政策研究室的景学成认为,大量增加外汇储备"对货币政策的制定和实施产生了严重的影响……(而且)给央行宏观经济的监管和调控带来了一定的困难"。④ 第三,大规模的外汇储备带来的却是低回报率。⑤ 例如,中国人民银行金融研究所的一位官员这样写道:"外汇储备资产是一种低息或无息外币债权,只能带来很少的利息收入,但却有很高的利率风险……因此,外汇储备并非越多越好。"⑥ 另一位官员在《人民日报》上发表的文章也重申了央行的论点,并得出结论:"中国现在拥有充足的

---

① 请参阅:陈炳才,《外汇储备的增长需要》,《经济参考报》,1995年6月27日,第4版。

② 请参阅:华爱成,《浅析中国的宏观经济形势》,《人民日报》,1995年3月2日,第9版;刘晓希,《有关外国资本流入是否会产生通胀效应的问题》,《改革家》,第3期;苏云庆和林森,《关于通货膨胀的综合看法》,《金融和经济学》,第6期,1995年6月11日,第35~40页;景学成,《外汇储备增加,人民币汇率保持稳定》,《金融和经济学》,第10期,1995年10月11日;中国人民银行武汉市分行(1996年)、熊(1995年)、余(2001年)。

③ 请参阅:孙(1995年)、熊(1995年)。

④ 请参阅:景学成,《论外汇储备增加,人民币汇率保持稳定》,《金融和经济学》,第10期,1995年10月11日。

⑤ 请参阅:林致远,《人民币自由兑换改革的条件和政策》,《经济研究》,第2期,1994年2月20日;景学成,《论外汇储备增加,人民币汇率保持稳定》;孙(1995年)。

⑥ 请参阅:林致远,《人民币自由兑换改革的条件和政策》,《经济研究》,第2期,1994年2月20日。

外汇储备。"①

中国人民银行系统的几位学者还提出了一些具体的政策调整措施,这将有助于实现减少外汇储备的目的。一些政府官员认为,中国人民银行应该用其外汇储备来支付相应金额的进口货物。② 一些大规模外汇储备的反对者则主张资本外流并大幅度削减出口退税,这将会缩减中国在未来的外汇储备规模。③ 央行的银行家还主张采取更为灵活的汇率制度。④ 在20世纪90年代中期,采取更灵活的汇率制度对于央行有许多优势:这将允许人民币升值,从而会让进口商品更加便宜;这也将减少出口,从而减少外汇储备积累并减轻通胀压力。归根结底,央行的银行家们是希望采取一个更灵活的汇率机制,因为它会增强货币政策的自主性,也减轻大规模外汇储备给国内经济带来的负担。

然而,许多强势群体支持大规模外汇储备并给政府施压,主管出口导向型企业政府官员就是这样一个群体。不过出口商联盟并不在乎外汇储备本身的规模,但他们坚持认为,人民币汇率不能升值。要实现这一点,就需要政府购买更多的外汇。1994的人民币贬值,得到了负责出口企业的政府官员的强力支持,而且来自沿海省份的某官员称赞这一改革"有利于扩大对外贸易和出口"。⑤ 尽管中国的汇率继1994年1月贬值之后高度稳定——它在1994年1月和1995年6月之间仅仅升值了4.6%,然而,出口商却抱怨1995年夏天的汇率升值带来了不利的影响。一些国有企业也"大声疾呼"汇率对企业的影响不能再被低估,"如果人民币不贬值的话,今年(1995年)下半年的出口将受到影响"。⑥

个别政府机构呼应了出口商的观点。例如,1995年5月,国家经济贸易

---

① 请参阅:华爱成,《浅析中国的宏观经济形势》,《人民日报》,1995年3月2日,第9版。
② 请参阅:刘晓希,《有关外国资本流入是否会产生通胀效应的问题》;苏云庆和林森,《关于通货膨胀的综合看法》;王(1995年)。
③ 请参阅:景学成,《论外汇储备增加,人民币汇率保持稳定》;苏云庆和林森:《关于通货膨胀的综合看法》。
④ 请参阅:苏云庆和林森:《关于通货膨胀的综合看法》;景学成(1995年)、孙(1995年)。
⑤ 请参阅:温培吾,《人民币汇率统一化在各地受到欢迎》,《中国日报》,1993年12月31日。
⑥ 请参阅:杨帆,《中国的出口退税和外汇汇率稳定问题》,《金融和经济学》,第12期,1995年12月11日。

委员会就中国出口环境发表的一份报告指出,"如果汇价继续上升,它将会对出口产生负面影响……我们不应该低估 1995 年外贸出口环境可能出现的问题。我们必须认真对待并采取坚决和果断的措施"。① 另一位政府官员则声称,"中央银行应当争取适当的利率水平,以确保促进进出口行业的长期扩张并维持出口行业的竞争力"。② 中国社会科学院的刘菲呼应了这一观点:"外汇政策必须尽一切可能保持国内产品在国外的竞争力。"③

在 20 世纪 90 年代中期,出口企业及其主管机构的官员反对人民币升值,支持更多购买外汇。虽然高层技术官员也认同这一点,但是他们更看重的是中国的金融稳定。他们最关注的是潜在的汇率波动,面对不断加速的国际资本流动,他们通常认为这种关注是合理的。④ 他们认为,中国的当务之急,就是要千方百计避免给 1991 年的英国和意大利以及 1995 年的墨西哥带来打击的那种货币危机。⑤ 根据当时某位官员的观点,中国面临墨西哥的比索以及世界其他地区货币崩溃所带来的同样的风险。⑥

所以,为了人民币汇率保持稳定,减少金融危机的风险,中国将不得不增加外汇储备。时任中国人民银行副行长的陈元赞同这些观点并指出,"确保外汇储备的适当水平对于中国非常重要",因为这将"确保一个稳定的人民币汇率"。⑦ 国家计划委员会的一些官员也认同这个观点:"要想稳定汇率……就需要增加外汇储备。"⑧ 同时这也是维护预定于 1997 年回归中国的香港的金融稳定所必需的措施。⑨ 例如,《中国日报》上发表的一篇文章认为,"当两

---

① 请参阅:国家经济贸易委员会经济信息中心,《中国目前的出口环境分析》,《经济工作通讯》,第 10 期 5 月 31 日。
② 请参阅:孙,《人民币汇率管理调整和相关政策》。
③ 请参阅:刘,《人民币最新汇率制度和国内货币供应的相互关系》,第 31~33 页。
④ 请参阅:布拉姆(2002 年),第 31 页;陈元,《中国目前的金融改革与发展》,《管理世界》,第 4 期,1995 年 7 月 24 日;刘,《人民币最新汇率制度和国内货币供应的相互关系》。
⑤ 请参阅:刘,《人民币最新汇率制度和国内货币供应的相互关系》;杨,《关于人民币汇率的几个问题》。
⑥ 请参阅:布拉姆(2002 年),第 32 页。
⑦ 请参阅:陈宗翼,《中国目前的金融改革与发展》。
⑧ 请参阅:陈宗翼,《外汇储备的增长需要》。
⑨ 请参阅:陈宗翼,《外汇储备的增长需要》;布拉姆(2002 年),第 31 页;王(2003 年)。

年后中国对香港恢复行使主权时,一个庞大的外汇储备将有利于保持香港的金融稳定"。① 因此,自我认同的观点,对外汇储备的预防性需求,成为中国在 20 世纪 90 年代中期就外汇储备政策展开争论的显著特点。

如图 3.1 和 3.2 所示,在 1995～1997 年期间,中国外汇储备持续快速增长,而且到 1997 年年底,规模是 1993 年的 5 倍以上。

这一部分对于我们理解中国外汇储备政策的实施有两点重要意义:首先,大量的证据表明,外汇储备政策的出台充满了波折;其次,外汇储备政策的制定及其实施是不同利益集团博弈和平衡的结果。

中国外汇储备状况 (2003～2008 年)

始于 1997 年的亚洲金融危机,降低了中国的经济增长速度和出口额,也因此降低了其外汇储备额。然而,和亚洲其他国家相比,中国经济增速放缓的过程要温和得多。与其诸多邻国不同,在 20 世纪 90 年代后期,中国并没有发生外汇储备耗尽或者货币贬值的问题。在经过五年的外汇储备暂停增加之后,从 2002 年到 2003 年期间又开始快速增长,增长速度堪比 1994 年到 1997 年这一时期,而且规模达到了前所未有的水平。② 本部分将探讨其中的原因。

正如 20 世纪 90 年代中国人民银行一贯反对大规模外汇储备一样,在这一阶段,对于外汇储备增加最强烈的要求来自于商务部和沿海各省份,这反映出它们对于出口导向型经济发展的兴趣。然而,相比于 20 世纪 90 年代,这一时期对外汇储备的预防性需求要有限得多,并且由于政策制定者更关注金融的稳定,因此这导致他们在 21 世纪初期不支持进一步增加外汇储备。

自 2003 年以来,中国人民银行恢复了其作为外汇储备增加的反对者的角色。它认为,这一政策导致了国内经济的通货膨胀,同时也对央行的资产负债表产生了负面影响。③ 美国国债在中国外汇储备中占据了很大一部分,这对

---

① 请参阅:《强劲的人民币可能招致贸易赤字》,《中国日报》,1995 年 7 月 9 日。
② 请参阅:佩蒂斯(2007、2008 年)。
③ 请参阅:张(2012 年)。

于中国人民银行来说是一个问题，因为这些债券的收益率非常低。① 更糟的是，在这一阶段，美元相对于人民币正在贬值，这降低了中国人民银行以美元计价的外汇储备的本币价值。据斯蒂芬·格林估计，美元贬值导致中国的估值亏损，仅在2006年一年就高达190亿美元，它"足以让中国人民银行面临在技术上破产的威胁"。② 根据瑞典斯德哥尔摩经济学院的经济学博士柯睿思和他的同事们的估算，如果考虑到这些货币的估值亏损，实际上中国人民银行从2007起就开始出现负利润了。③ 这些亏损让央行的银行家们感到担忧，因为来自其他部委的官员开始严厉批评中国人民银行未能有效地管理国家外汇储备。④ 外汇储备的负面财务影响是中国人民银行推动中国外汇政策改革的主要原因之一。"中国人民银行的主要担忧之一……就是不断升值的中国人民币使其外汇资产相对于其负债发生贬值。"⑤

基于这些担忧，中国人民银行坚持认为，必须停止增加外汇储备。余永定曾经在一篇文章中指出，中国"必须停止会导致进一步增加外汇储备的政策……中国人民银行必须停止购买美元……中国在很久以前就应当这样做。在这件事情上，不能再有任何犹豫了"。⑥ 央行的银行家们敦促中国领导层改变汇率政策，以便减少外汇储备带来的破坏性影响。他们还主张采取一种更灵活的、以市场为基础的汇率制度，这将提高其控制货币流通的能力，并实现自己的反通胀目标。⑦ 需要快速增加外汇储备的硬性和固定的汇率制度，对于中国人民银行而言像是一种诅咒。

和早期的情况不同，对于外汇储备的预防性需求在21世纪初期几乎是不存在的。当中国的外汇储备额在2006年超过10 000亿美元时，中国的领导层

---

① 请参阅：格林（2007年）。
② 请参阅：格林（2007年）。
③ 请参阅：柯睿思等（2013年）。
④ 这些批评最终导致部分外汇储备的易主：从中国人民银行转移到并非由中国人民银行管理的一个主权财富基金那里。这是一次严重降低央行声望和影响力的转移，请参阅：赖特（2009年）、沃尔特和豪伊（2011年）。
⑤ 请参阅：格林（2007年）。
⑥ 请参阅：余永定，《中国可以摆脱美元陷阱》，《金融时报》，2011年8月4日。
⑦ 请参阅：访谈2；弗里曼和温（2011年）、赖特（2009年）、格林（2007年）。

不再会相信额外的外汇储备会促进中国的金融稳定。①

我认为，中国的官员为其自身利益起见，不希望在这一阶段增加外汇储备，这一观点和本书中提出的观点形成了某种对照。王的观点是，许多中国评论家认为，中国的大规模国有资产符合国家利益，因为它能够增强中国在世界政治舞台上的影响力。在某种意义上，王的观点与我相对狭窄的观点——中国的政策制定者们不再主张将外汇储备作为提高国家金融稳定性的一种手段——并不矛盾。然而，即便人们认同中国外汇储备增加具有增强国力和自主权的影响作用（在中国内外，一些观察家认为这一观点并没有说服力），但也并不意味着展示国家实力的愿望是最初采取这一政策的原因。② 事实上，当初采用这一政策时，"可能就连中国人自己也不相信这种大规模的外汇储备……会让他们享有更高的全球地位"。③ 在有关中国外汇储备政策的讨论中，以国家安全为基础的论点似乎并不占有突出地位。参与国际货币政策讨论的关键成员，是负责经济投资组合政策而不是外交政策的政治精英。简而言之，没有多少证据表明，自我保险或者国家安全方面的考虑，是中国在这段时期积累外汇储备的原因。

在这一时期，许多中国官员非但没有把外汇储备看成是一种自我保险的手段，反而认为进一步增加外汇储备会对中国金融稳定构成威胁。大规模的外汇储备给中国的金融业造成了损失，挤压了中国商业银行的利润。④ 作为减少资金流通和防止通胀努力的一部分，中国人民银行在 2008 年将法定准备金率——商业银行必须在央行储备待用的存款部分——提高了 17.5%，而在 2003 年，存款准备金率只有 6%。较高的存款准备金率对于中国的银行而言是极其痛苦的，因为它们从准备金中赚取的利率还不到 2%，这远远低于将这

---

① 请参阅：访谈 21、33；赖特（2009 年），第 256 页；鲍尔斯和王（2008 年），第 346 页。
② 请参阅：德雷兹内（2009 年）和王（2007 年），这两者质疑中国的外汇储备对其国际政治权力的影响。
③ 请参阅：尼克尔·路易斯，《中国的外汇储备：实现一种战略目标的无意识手段》，2010 年 1 月 12 日，http://www.huffingtonpost.com/nicole-e-lewis/chinas-foreign-exchange-r_b_420115.html。
④ 请参阅：格林（2007 年）、拉迪（2012 年）、柯睿思等（2013 年）、沃尔特和豪伊（2011 年）、赖特（2009 年）、张（2012 年）。

些资金借贷出去所能获得的 7%~8% 的利息。① 除法定准备金率以外，中国人民银行还迫使商业银行购买低利率的央行票据，这进一步降低了这些商业银行的收入。据中国社会科学院的张明估计，在 2003 年和 2010 年之间，这些政策减少了中国商业银行 13 000 亿人民币的利润，它甚至高于中国人民银行在那一阶段所获的利润。② 在 2003~2008 年期间，对于中国金融稳定状况的担忧，使一些官员不是支持而是反对进一步增加外汇储备。

出口导向型企业、商务部以及沿海发达地区的各省，是在这期间强烈支持增加外汇储备的团体。出口企业希望增加外汇储备，是因为这是达到其最终目标——通过低汇率保持其产品的国际竞争力——的手段。商务部是推动低估值汇率并由此推动进一步增加外汇储备的最积极的中央政府机构。③ 在 2008 年年初，商务部有条不紊地并最终成功地推动了有利于出口的政策，包括放缓汇率升值。④ 商务部认为，过高的汇率对于中国企业将是有害的。为了支持这一论点，商务部及其智库进行了一次压力测试，结果表明，人民币升值对中国出口企业有破坏性的影响。⑤

同时，自 2003 年以来，东南沿海各省政府也推动了出口型外汇政策的延续。各省的观点和商务部相同，即有利于出口的政策对于防止企业大规模破产和社会动荡是必要的。⑥ 例如，深圳市政府在 2010 年的一份报告中支持了低估值汇率，该报告指出，3% 的升值将使该市出口减少 90 亿美元。⑦ 据浙江省的一位海关官员说，由于希望确保地方出口行业保持盈利，一些地方官员心照不宣地允许出口企业虚报它们的出口收入，这样一来，这些企业就能够从中央政府那里获得高额的退税。⑧ 由于中国沿海地区是"创造巨大外汇储

---

① 请参阅：格林（2007 年）。
② 请参阅：张（2012 年）。
③ 请参阅：弗里曼和温（2011 年）、斯坦伯格和西恩（2012 年）、易（2007 年）。
④ 请参阅：陈宗翼，《中国商务部呼吁放缓人民币升值》，路透社，2008 年 7 月 14 日，ht-tp://in. reuters. com/article/2008/07/14/china – economy – policy – idINPEK15048620080714;格林（2008 年）。
⑤ 请参阅：拉迪（2012 年）、访谈 6。
⑥ 请参阅：斯坦伯格和西恩（2012 年）。
⑦ 请参阅：弗里曼和温（2011 年）。
⑧ 请参阅：访谈 12。

备的机器",因此,沿海省份的官员致力于确保有助于推动出口的外汇储备政策的延续,也就不足为奇了。①

中国前所未有的外汇储备额,主要使出口导向型企业获益,除此之外的其他许多群体却为这一政策付出了沉重的代价:消费者的购买力因为疲软的汇率而遭受重创;商业银行不得不忍受惩罚性的国内货币政策带来的影响;中央银行——最终是中国纳税人——因为这些外汇储备而遭受巨大的估值亏损。

在过去20年的大多数时间里,中国一直在大量购买外汇,使其拥有了创纪录的30 000亿美元的外汇储备。然而,在中国国内,对于如此巨额储备是否符合国家利益这一点,并没有达成任何共识。

在上述案例分析涉及的两个时期,中央银行都不支持增加外汇储备。在2003~2008年期间,几乎没有什么有影响力的实体和机构坚持认为中国需要更多的外汇储备,仅仅认为应该保持一个低估值的汇率。在1994~1997年期间,重商主义的动机对于外汇储备影响很关键,但也有预防性需求方面的原因。换句话说,增加外汇储备在第一个阶段是一个深思熟虑的政策目标,但在第二个阶段,它在很大程度上是其他政策目标的副产品。不过,事实上,官员推动外汇储备增加的重要性,远远不及另一个事实来得重要,那就是,这两个时期都见证了强大的组织推动这一政策实施的过程。

即使中国大规模持有外汇储备是非典型的或是不合规则的,本章的一个重要含义始终是:国际货币关系的传统理论有助于解释为什么中国的行为是如此不同寻常。围绕外汇政策而产生的政治上的分歧,与其他国家所出现的情况有很多相似之处。② 中国快速增加的外汇储备,反映出支持大量持有外汇储备的团体所具有的特殊政治力量,这反过来可能是中国独特的国内政治和经济的一个特征。尽管中国的外汇储备政策不同于大多数国家,但驱动这些政策制定和实施的政治驱动力并无本质的不同。一种非常流行的有关国际货

---

① 请参阅:沃尔特和豪伊(2011年),第8页。
② 请参阅:海宁(1994年)对美国、德国和日本的研究,以及凯斯勒(1998年)对墨西哥、佩宾斯基(2009年)对马来西亚和印度尼西亚的分析,还有沃尔特(2008年)对香港、韩国、泰国和菲律宾的研究。

币关系的国内政治理论——它强调国内组织偏好，以及国内机构为汇总这些偏好所采取的方式的重要性——非常适用于中国这一案例。①

本研究的最后一个含义是，中国的崛起对国际货币体系演变所带来的影响，将继续取决于中国的国内政治。乔纳森·柯什纳指出，"国际政治逻辑"将推动中国遵循类似于先前那些崛起大国所采取的国际货币政策。本章通过对比的方式做出了这样的暗示：中国国内政治的独特逻辑，可能会导致中国采取不同于之前那些国家所采取的国际货币政策。例如，中国的威权政治及其不完全开放的金融体系，使其不大可能实行像美国和日本那样的开放型货币政策——货币国际化。中国对于国际货币事务而言，是否将成为一个稳定性的力量——本杰明·科恩在本书所提及的"中国问题"的答案——主要取决于中国高层认为颠覆性的国际货币政策将会增强还是会威胁到中国的国际地位。中国很可能会继续影响国际货币体系，但它所采取的方式将主要视其国内发展而定。

（戴维·A. 斯坦伯格）

---

① 莱克于 2009 年就国际政治经济领域的这一"开放式经济政治学"的模式，提供了一个有价值的论述。

第4章　全球经济失衡和汇率武器的局限性①

在21世纪的第一个10年，在世界主要经济体当中，出现了越来越多和越来越大的经常项目账户失衡。虽然主要产油国以及德国、日本和中国积累了巨额的外汇盈余，但美国却看到了自己的赤字膨胀。许多经济学家担心，这样的失衡将不具有可持续性；在某一时刻所采取的某种矫正方式，可能会破坏国际金融体系并导致全球经济衰退。② 在2004年之后，因为中国的经常项目账户盈余大量增加，中国在致使全球经济失衡方面表现得尤为突出。曾经在20世纪90年代后期，中国的经常项目账户盈余是其国内生产总值的2%~5%，但到了2007年，这一数字已经达到惊人的10%。越来越多的分析人士和政治家认为，中国是其许多贸易伙伴赤字恶化的主要因素。这个问题在中美关系中变得格外尖锐。③

尽管2007~2008年金融危机实际上并非来自于经常项目账户失衡的无序循环，而是来自于美国糟糕的金融监管之下次级抵押贷款危机的蔓延和扩散，但批评中国的人士继续强调中国在这场危机中的作用。作为对美联储主席本·伯南克在2005年一次演讲的呼应，美国经济政策圈的一些最有影响力的声音认为，中国和其他发展中国家，通过将贸易顺差获得的外汇盈余投资于美国金融市场，进而导致了其"储蓄过剩"，这鼓励了美国过度的次级借贷，

---

① 我要感谢本书编辑埃里克·赫莱纳和乔纳森·柯什纳，以及2012年11月康奈尔大学研讨会的其他与会者，还有罗伯特·考克斯和J. 戴维·理查森就本章初稿提出的意见，同时还要感谢两位匿名审稿人给予的有价值的批评和建议。
② 可参阅：奥布斯特费尔德和罗戈夫（2005年）。
③ 有关在中美关系大背景下针对这一问题的讨论，请参阅利伯索尔和王（2011年）。

最终带来了美国次贷危机和全球金融危机。① 换句话说，即使经常项目账户失衡并没有直接导致全球金融危机，它们也的确间接导致了这种结果，而中国是一个主要的始作俑者。

一些中国官员和外交家努力缓解由于这一看法而导致的与他国的紧张关系。在2011年下半年，中国国务院信息办公室发表了有关中国对外贸易的第一个白皮书，试图解释中国贸易顺差的复杂性，并且向全世界表明，它并不追求不公平的贸易政策。

但是，类似这样的努力并不能缓解中国与他国关系紧张的问题。国际上一些政治家和有影响力的经济学家继续谴责中国的重商主义政策。② 而在美国和其他国家的政策制定者及民众都有一个共识，那就是，中国的巨额经常项目账户盈余——其中大部分是贸易顺差——主要是由其控制汇率制度所致的。他们认为，通过人为压低人民币价值，中国出口到世界市场上的商品获得了不公平的优势。言下之意就是，实行汇率机制自由化，就能够将中国的经常项目账户盈余降到一个正常的水平，并且有助于全球经济的再平衡。③

强调中国的汇率在全球经济失衡过程中的作用不足为奇。当前的全球经济失衡周期，是自第二次世界大战以来的几个失衡周期之一。前几个周期包括1971~1973年、1977~1978年、20世纪80年代中期到90年代中期。在每一个周期当中，美国都是主要的赤字国，而欧洲国家和日本都具有持续的经常项目账户盈余。在早期的那些经济失衡时期，汇率是美国实行再平衡政策的一个重要组成部分。正如埃里克·赫莱纳和乔纳森·柯什纳所指出的那样，针对欧洲和日本的外汇盈余，美国相当有效地使用了"美元武器"。

在本章，我将从其他角度分析中国在这一轮全球经济失衡中所扮演的角色和汇率武器的实用性。我认为，中国在全球经济失衡中的作用被夸大了。

---

① 除了参阅伯南克（2005年）和（2007年）以外，也可参阅伯格斯坦（2008年），以及保罗·克鲁格曼的《中国人的不合作》和《中国新年》，《纽约时报》，2009年10月23日、2010年1月1日。
② 可参阅：罗德里克（2013年）。
③ 彼得森国际经济研究所的一份报告预测，如果中国保持人民币汇率不变，则中国目前的经常项目账户盈余，到2007年将反弹到占国内生产总值的4%~5%。另一方面，如果人民币被允许按每年3%的幅度升值，则中国的经常项目账户到2017年将接近平衡状态。请参阅：克莱因（2012年）。

此外，鉴于中国在这个问题中所扮演的角色及其达到的程度，解决方案并不仅仅（甚至在很大程度上）限于汇率制度。中国的出口冲动源于其发展模式，这种模式的特点是高储蓄和低消费。中国政府近年来试图修正这一模式，但它对这一过程并不热衷，因此迄今为止所产生的作用非常有限。

我要批评有关中国在全球经济失衡中的作用的流行看法，以及要求中国汇率制度自由化这一解决方案。中国相对于欧洲和美国的贸易顺差，实质上是东亚经济的集体贸易顺差。要减少中国的贸易顺差，我们就不应当把关注点转向汇率，因为中国的出口导向型经济是其发展模式的内在组成部分。然后，我要考察中国政府最近几年在发展模式改革方面的努力，特别是有关增加民众家庭收入和减少家庭储蓄方面的举措。这些政策举措至今未能有效地扩大国内消费的原因在于，企业和政府储蓄利率越来越高。

中国在全球经济失衡中扮演的角色

要正确评估中国在全球经济失衡中扮演的角色，就有必要了解中国对外贸易的特殊结构，它是由普通贸易和加工贸易构成的。加工贸易涉及加工进口零部件和中间产品（被称为进口加工产品）和出口最终产品（被称为出口加工产品）。中国用来制造最终产品的进口加工产品，主要来自于其邻近的亚洲经济体，如日本、韩国、马来西亚、泰国和新加坡等，而出口加工产品的主要销售地则是美国、欧洲国家和日本。根据最近的一项研究，在2008年，东亚经济体的出口额占中国进口加工产品总额的77%，而进口额只占中国出口加工产品总额的29%。表面上看，似乎是中国导致了全球经济失衡，实际上却是亚洲经济体集体贡献的结果。这一常规模式也适用于解释中国在其与美国的贸易失衡当中所扮演的角色。例如，在2008年，美中之间多达2 850亿美元的贸易赤字发生在加工贸易领域。①

就像将中国描述为全球经济失衡的主要角色是不准确的一样，将关注点对准中国汇率政策也是不恰当的。虽然中国政府的确经常干预外汇市场以便影响人民币价值，但汇率对贸易的影响并不像许多人所认为的那样大。事实

---

① 邢探讨了这一例子及其他范例（2012年）。

上，自 2005 年以来，中国政府允许人民币相对于美元大约 25% 的名义价值升值（按名义价值计算），或者 30% 的实际价值升值（按扣除物价因素的实值计算），但人民币的这一大幅升值并没有产生相应的效果。从 2005 年到 2008 年，中国的经常项目账户盈余持续强劲增长（见下图 4.1）。尽管人民币升值无疑对中国出口产品的竞争力大打了折扣，但该国还是能够通过其他途径设法减轻这一汇率措施带来的实际影响，比如通过把生产地点迁移到劳动力成本较低的内陆地区，或者通过提高出口产品的技术含量。并且，如前所述，中国的出口加工产品严重依赖进口零部件和中间产品，当人民币变得更强劲时，其出口加工产品的成本就会减少，而这会降低人民币升值对中国最终出口产品的价格影响。

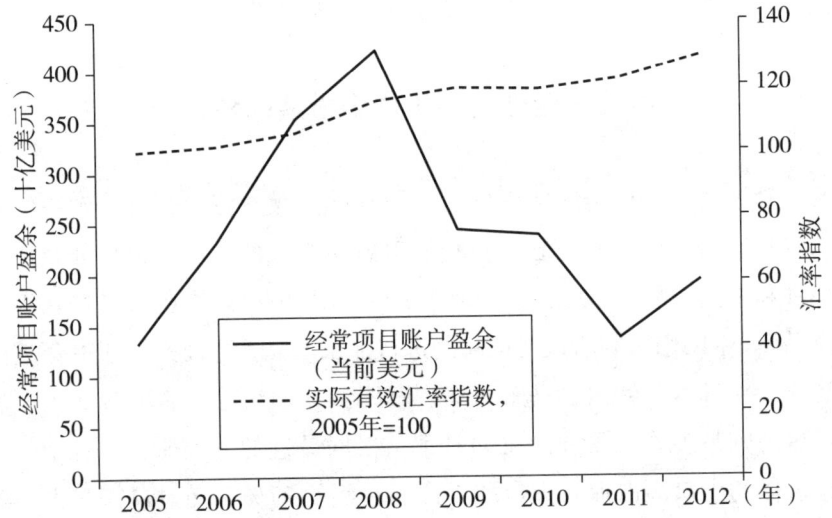

图 4.1　中国经常项目账户盈余和汇率（2005～2012 年）。数据来源：世界银行，http://databank.worldbank.org/。

在 2007～2011 年期间，中国的经常项目账户盈余占国内生产总值的比重从 10.1% 下降到了 1.9%。① 但这主要不是由于人民币升值的影响，而是其他两个因素所导致的，它们更为重要。首先，在应对全球金融危机的过程中，中国通过了一项涉及大规模投资的经济刺激计划，这一对固定资产的高投资，

---

① 请参阅：世界银行，http://data.worldbank.org/indicator/BN.CAB.XOKA.GD.ZS。

推动了国内对于大宗商品、机械和能源的进口需求。其次，欧洲和美国的经济衰退，大大减少了对其他各国的产品需求，而且一些国家的政府采取的贸易保护主义措施进一步收缩了对于中国出口产品的需求。据国际货币基金组织预测，在全球经济持续低迷之后，中国的经常项目账户盈余将再次上升，到2017年，将上升到占其国民生产总值的4.3%。① 至于中国和美国之间的双边贸易平衡，尽管人民币升值，但中国的外汇盈余在2010年和2011年就已反弹到2007年的水平之上了。②

事实上，就中国的贸易平衡对于汇率反应的大量研究，已经产生了不同的结果。最近的一项研究总结了以前的研究成果，并且利用有关中国从2005年到2009年与18个贸易合作伙伴之间的贸易数据，得出了这样的结论：人民币的一次真正的升值，会导致中国与一些合作伙伴之间的贸易失衡，但却会矫正它与其他另一些贸易伙伴之间的失衡，而且它对于中国贸易平衡并没有整体而长期的影响。③

尽管中国在全球经济失衡和全球金融危机中的角色作用经常被夸大，而且汇率固定化是不必要的，但毫无疑问，中国的贸易盈余增长迅速，致使它在全球金融危机的那些年里，加剧了其主要经济体之间的经常项目账户失衡，这也是事实。不过，我们该如何理解中国强烈的出口倾向呢？为了矫正中国的外部经济失衡，应当做些什么呢？要回答这些问题，我们就有必要了解中国发展模式的总体情况，它是中国经济外部和内部失衡的一个主要原因。④

---

① 请参阅：国际货币基金组织，http://www.imf.org/external/pubs/ft/weo/2012/01/pdf/tables.pdf。
② 请参阅：美国贸易代表处，http://www.ustr.gov/countries-regions/china-mongolia-taiwan/peoples-republic-china。
③ 请参阅：王等（2012年）。如前所述，在很大程度上，中国与欧美贸易顺差是东亚与欧美国家集体贸易顺差的一种体现。一些经济学家认为，对于减少中国出口而言，东亚货币的联合升值，将比人民币单独升值更加有效［托尔贝克和史密斯（2010年）］，这毫不奇怪。
④ 有趣的是，在过去几年，国际货币基金组织已将注意力从中国的汇率转向其内部经济失衡。在2012年和2013年第四条款的磋商报告中，它认为中国的货币被中度低估，这不同于它在2011年做出的"大幅低估"的报告。而且在这两年的报告中，国际货币基金组织代表团都敦促中国增加国内居民消费（http://www.imf.org/external/pubs/ft/scr/2012/cr12195.pdf，以及http://www.imf.org/external/pubs/ft/scr/2013/cr13211.pdf）。

随着中国在20世纪70年代后期和80年代初期开始实行改革开放政策，作为国内生产总值一个份额的国内储蓄逐渐上升，而消费急剧下降（见图4.2）。中国的投资一直很高，但其储蓄更高，这直接导致了其多年以来的强劲的出口。① 为了避免在推动其国内投资更高涨的前提下减少中国的对外贸易盈余，就必须降低其国内居民的储蓄、增加居民消费。

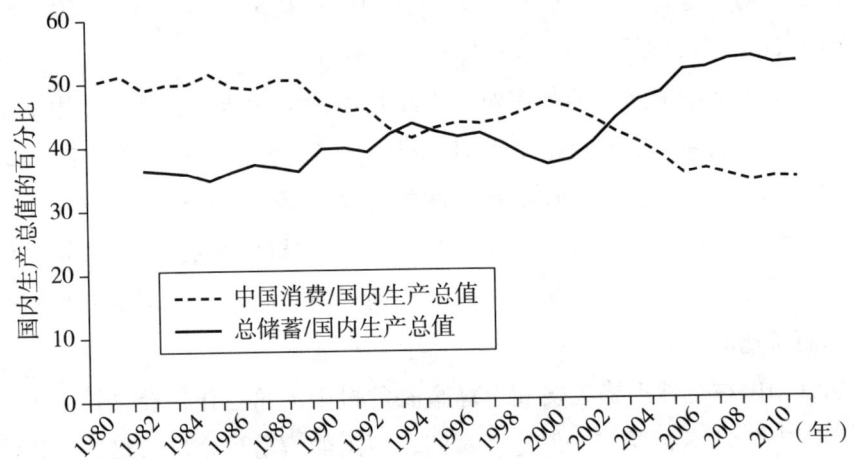

图4.2　中国家庭消费和总储蓄（1980~2010年）。 数据来源：世界银行，http://databank.worldbank.org/。

在发展中国家，储蓄往往很高而消费却很低，通常有许多原因，② 但中国在这方面已经走得太远了。下图4.3比较了其周边国家消费占国内生产总值的比重（在可比较的发展阶段上），它清楚地表明，即使在以高储蓄和低消费著称的东亚地区，中国的消费水平一直以来也都非常低。

高储蓄和低消费模式在扩大中国的国内生产总值方面运转正常，但这一模式在其他方面却存在问题。它不仅导致了中国与其贸易伙伴之间的外部经济失衡，而且也引发了中国内部经济的严重失衡。

---

① 根据$CA = S - I$这一恒等式，储蓄与投资之间的缺口是经常项目账户余额的额度。学者们认为，过度储蓄而不是投资不足，是亚洲经济体（包括中国）经常项目账户高度盈余的主要因素［摩根（2012年）］。

② 例如，有助于投资和出口（它们在工业化初始阶段都很重要）的储蓄。储蓄额度也往往很高，因为福利状况处于初级阶段，而且单个家庭具有很高的经济不稳定性。此外，高储蓄可能是欠发达的金融系统所导致的结果。

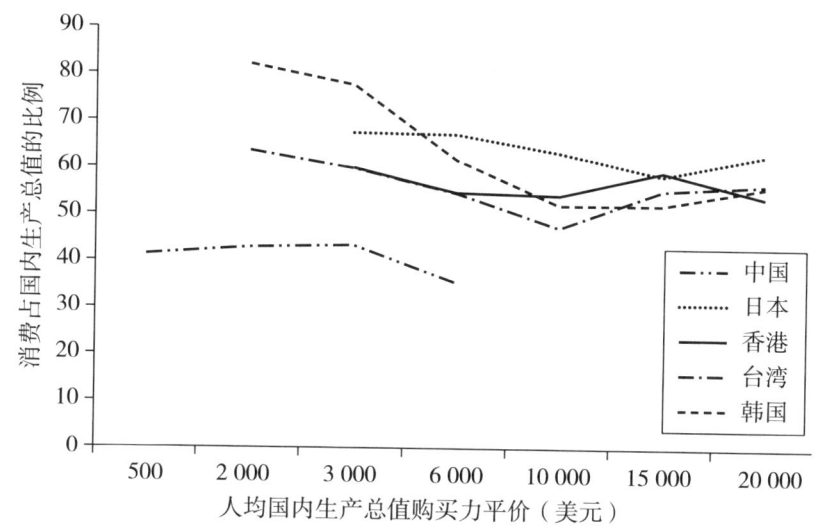

图4.3 已选定的东亚经济体中的消费与国民生产总值比率。数据来源：艾伦·赫斯顿、罗伯特·萨默斯和贝蒂娜·阿托恩，《佩恩表》7-1版，宾夕法尼亚大学生产、收入和价格国际比较中心，2012年7月，https://pwt.sas.upenn.edu/php_site/pwt71/pwt71_form.php。

首先，强劲的投资会导致资源错配和效率低下。中国的金融改革远远滞后于其真正的经济自由化。① 其银行通常青睐国有企业（SOE），并通过更低的利率和更随意的债务免除为其提供支持，而作为中国经济最具创新性和最具活力的非国有企业，却难以得到中国银行的资金支持。② 有研究表明，在国民生产总值中占的这个投资份额，已经上升到了一个不可持续的水平，而投入/产出比则增加到了一个异常值的程度，这意味着投资过度和效率下降。③ 其次，低消费模式并没有以和经济增长相适应的速度改善民众的生活水平。这种趋势在过去的10年中越来越显著。在2000年，中国居民单个家庭消费占国内生产总值的47%（相比于1990年的51%有所下降），但到2006年，它下降到了35%，且从那时起到现在基本保持这一水平。④

---

① 请参阅拉迪的详细讨论（1998年）。
② 这是黄的中心论点（2008年）。也可参阅提出类似观点的马丁（2012年）。
③ 请参阅：李等（2012年）。
④ 请参阅：世界银行，http://data.worldbank.org/indicator/NE.CON.PETC.ZS?page=2。根据同样的数据库，世界平均值超过60%。

简而言之，对于中国在全球经济失衡中的作用的流行观点，显然夸大了中国的影响，而且将重点放在汇率方面是不恰当的。就中国的贸易盈余作为全球经济失衡组成部分的程度而言，它是这个国家整体发展模式的结果，而且抑制居民个人消费的同时导致了其内部和外部经济的失衡。中国政府有一段时间已经意识到这种双重失衡了，只不过它所采取的应对措施仅产生了有限的影响。

政策实施及其局限性

20 世纪 90 年代，一些国外的政府一再批评中国的重商主义，这也一直让中国领导层感到头痛。然而，是 1997 年到 1998 年的亚洲金融危机，才使他们对于国际市场的不确定性真正变得警觉起来。在 1998 年上半年，中国政府开始强调扩大内需，包括开发中国西部地区。2003 年，新任政府继续对中国的外部经济失衡保持警觉。时任国家主席的胡锦涛指出："中国有很大的贸易顺差，并且过于依赖国际市场。这不仅将造成贸易摩擦，而且也会使中国经济发展很容易受到不利影响。"[①] 同时，新任政府也注意到了其国内经济发展的不平衡问题。

内部经济发展失衡，特别是居民生活标准提高过程的放缓，成为中国领导人的一个主要关注点，自 2007~2008 年全球金融危机以来，中国政府强化了其"改变发展模式"和扩大内需的政策。

为此，中国政府采取了一些增加居民家庭收入的举措。曾经在 2004 年，政府起草了一个旨在帮助低收入群体提高收入的分配计划。紧接着，在 2006 年，政府又取消了自 1958 年以来开征的农业税，这增加了中国农村家庭的收入。而在城镇，从 2004 年到 2011 年，政府将企业职工年养老金提高了 10%。在第十一个五年计划期间（2005~2010 年），各地方政府将城镇职工最低工资提高了 3 倍，平均增长 13%。政府还提高了个人所得税门槛，从每月 800 元提高到了 2005 年的 1 600 元和 2007 年的 2 000 元，并在 2001 年再次提高到

---

① 请参阅：戚义明，《改革开放以来扩大内需战略方针的形成和发展》，新华社，2009 年 7 月 14 日，http://news.xinhuanet.com/theory/2009-07/14/content_11706896.htm。

3 000 元。在 2012 年年末，中国政府承诺，到 2020 年将中国的城市和农村家庭收入翻一番（以 2010 年为基准年）。

中国政府还采取了减少居民家庭储蓄的政策措施。居民高储蓄的一个原因是糟糕的福利制度。改革开放变革了旧有的社会福利体系，但新体系的建立过程一直非常缓慢，中国家庭不得不为教育、失业、养老、住房以及医疗费用而储蓄。近十年来，中国政府逐步扩大了社会福利计划范围。一项新的社会保险法律在 2011 年生效。健康保险覆盖面已经显著扩大（包括在农村地区）。养老金计划也开始延伸到城镇失业人员和农村居民之中。政府还为收入较低的居民投资建设保障性住房。但是从总体上看，能够为中国居民带来普遍实惠的福利措施尚不完善，所以到目前为止，它并没有使预防性储蓄的倾向有显著改善。①

居民家庭高储蓄的另一个原因是中国社会贫富差距在拉大。到 21 世纪初，中国的基尼系数已经超过美国，可支配收入集中于富人手中的局面严重抑制了大众的消费，因为富人往往只有较低的边际消费倾向。②财富越集中于富人手里，居民储蓄倾向就越强。尽管在最近几年，政府一直加大力度采取措施来增加中低阶层的收入，中国的总体贫富差距并未加大，但贫富差距的现状也几乎没有任何改善。③

在过去的几年里，这些政策举措以及其他因素，诸如人口结构变化，似乎抑制了家庭储蓄率的上升，然而，国内储蓄总体仍然很高并继续攀升。这个源于国内储蓄结构不合理。居民储蓄只是中国高储蓄的一个较小的组成部分，企业储蓄（本质上是企业利润）和政府储蓄（政府用于企业投资和自身投资的转移资本）才是主体。不过，所有这三个储蓄主体的储蓄额都几乎在全球居首位。而且，在过去的 15 年时间里，后两种储蓄的增长是国内储蓄快速增长的主要原因，④ 正如图 4.4 所显示的那样。仅仅注重于居民家庭储蓄，

---

① 请参阅：克里斯塔多诺和马可尼（2012 年）。
② 实际上，正如研究者所指出的那样，中国富裕家庭的储蓄率高于贫困家庭［杨等（2011 年）］。
③ 经济合作与发展组织的一项研究提出了这一观点［赫德（2010 年）］。
④ 关于这方面的一项详细分析和比较，请参阅马和王（2010 年）。还可参阅普拉萨德（2011 年）。

因而并没有降低国内储蓄额，这不足为奇。要想有效地解决中国经济发展的不平衡问题，降低所有这三个主体——政府、企业和家庭——的高储蓄势在必行。

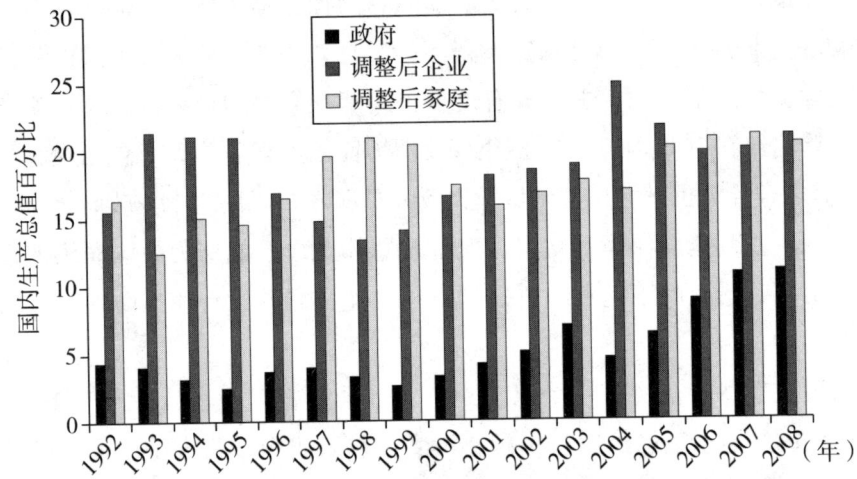

图 4.4 中国国民储蓄状况，1992～2008 年。数据来源：王、马 2010 年报告

改革的政治障碍

为什么改变中国经济增长模式的进程如此缓慢？可以确定的是，有一些经济因素使得中国政府很难对发展战略进行重大调整。① 但最关键的还是，意识形态、管理制度和利益分配体系阻碍了对中国发展模式的改革。

意识形态

除了保持经济增长之外，中国共产党还面临维护执政党地位的挑战。也许毫不夸张地说，民族主义已经成为这个国家占统治地位的意识形态。这种得到政府鼓励和支持同时被公众所认同的意识形态的特征，就是高度重视中

---

① 保罗·鲍尔斯认为，中国的经济结构使它成为追求利润增长而非工资增长的政体。将工资驱动型政策引入利润驱动型政体当中，经济增长势必受政体影响很大［鲍尔斯（2012 年）］。

国在世界上的国家权力和国家威望。① 公众普遍认为，国家权力和国家威望只能通过一个强大的政府来取得。这不仅在政治上是可行的策略，而且也是根植于中国民族主义历史的一个牢固信念。

在中国的大部分历史时期里，它都是东亚地区主导性的政治力量，它的周围多为弱小的国家，很少能够对中国构成威胁。国际政治和民族主义并不是中国传统世界秩序的组成部分。② 但是，这种情况在 19 世纪发生了彻底的改变。19 世纪 40 年代的鸦片战争，让中国第一次匆促地接触到了真正的现代国际体系，而在接下来的一百年左右的时间里，中国不断地面对外国势力的入侵和胁迫。随着中国经历的"百年耻辱"，其精英阶层始终无法摆脱有关国家生存和屹立于世界之林的问题。他们中的许多人相信，中华民族的命运和中国国家乃至政府的力量有着密切的关系。从国民党的孙中山到共产党的毛泽东，中国的领导者都主张建立一个强大的政府，以便实现中国的统一和现代化，以确保中国在激烈竞争的国际体系中拥有自己的地位。和西方的民族主义传统不同，中国民族主义从一开始就高度强调国家权力与国家主权。③

相对于提高普通民众的生活水平，这种民族主义优先考虑政府权力的建立。《中国日报》最近的一篇文章就很好地把握了这个角度，它用三组数字颂扬了中国政府这十年来所取得的成就。首先，中国国内生产总值已经上升到了世界第二位。其次，中国政府收入已经超过 100 000 亿元。第三，全部出口和进口额已在世界上高居第二位。"这种三线上升（附：配有一个曲线图）是我国经济在过去十年快速发展的轮廓，它们反映了我国综合国力的大幅度提升"。该文进一步指出，政府收入和外汇储备的增加，"为我们国家积累了大量真正的黄金和白银……提升了中国在面对危机时的整体能力、竞争力和弹性，而且它作为世界经济增长的一种新引擎的作用，已经获得了国际社会的认可和尊重"。④ 很显然，经济规模、政府收入和外汇储备的规模，这种意识

---

① 大多数中国民族主义学者都间接或直接地承认这一特征，可参阅赵（2004 年）和格里斯（2005 年）。
② 费正清对中国传统世界观进行了一个开创性的分析（1968 年）。
③ 关于这一点，请参阅：王赓武（1995 年）和郑（1999 年）。
④ 请参阅:《诉说十年：三组数据勾画出综合国力上升的轨迹》，《中国日报》，2012 年 6 月 4 日，http://www.chinadaily.com.cn/dfpd/18da/2012-06/04/content_15782287.htm。

对于塑造政府对中国的国际贸易政策、产业政策和财政政策的态度具有重要的作用。

首先，它塑造了中国政府对其国际收支平衡的态度。从 2001 年到 2012 年，中国的外汇储备从大约 2 000 亿美元快速增加到超过 30 000 亿美元。在这一时期的最初几年里，这一趋势受到了毫无保留的欢呼。在 2003 年有关中国国际收支平衡的一份报告中，国家外汇管理局（SAFE）声称，"这种良好的国际收支平衡状态，是健康的国民经济增长和卓有成效的对外经济关系的一个结果。与此同时，它对于确保国民经济和国家安全起到了积极的作用"。① 在 2006 年年底前，中国的外汇储备已经超过 10 000 亿美元的象征性阈值。在许多人看来，这是一个历史性的成就，他们认为，"外汇储备是一个国家财富和综合实力的体现。超过 10 000 亿美元的外汇储备，意味着我国具有强大的国际支付能力。这在某种程度上，充分体现了中国强大到足以影响世界的经济"。②

中国的决策层对于大规模的外汇储备对维护国家主权和安全的关键作用的信念，因国际环境的变化，尤其是亚洲金融危机对于中国邻国的影响，而被进一步强化。苏哈托政权在危机当中戏剧性地垮台，以及亚洲各国为求得国际货币基金组织的救援所做出的让步，让没有大量外汇储备的国家在国际金融风暴中遭受的严重损失变得一目了然。受亚洲金融危机的影响，"国家金融安全"成为中国话语中一个频繁出现的概念，因而"外汇储备规模"也成为这种安全的一个主要指标。③

然而，有必要注意的是，中国有关国家安全的话语并非铁板一块。虽然精英阶层通常对于本国的外汇储备感到自豪，但也有一部分人对此表示质疑。例如，在 2007 年，国家外汇管理局的相关人士注意到，持续的巨大贸易顺差让宏观经济管理变得复杂和困难，并增加了人民币升值的压力。他认为，中

---

① 请参阅：国家外汇管理局（2003 年）。
② 请参阅：《中国外汇储备余额突破万亿美元》，新华社，http://news.xinhuanet.com/fortune/2007-01/15/content_5609476.htm。
③ 也许东亚和南太平洋的其他国家都遵循同样的逻辑，它们自金融危机以来都增加了本国的外汇储备。请参阅艾泽曼和马里恩（2003 年）。

国应该逐步实现国际收支平衡。① 中国的高层也不止一次地表达了对于维持大多以美元资产计价的外汇储备的关注。②

可是，占主导地位的观念，仍是支持中国综合国力、国家竞争力和确保国际收支有效平衡的一个主要观念。2008 年全球金融危机进一步强化了中国保持国际收支平衡的决心。国家外汇管理局的年度报告经常强调高额外汇储备在保证国家管理对外债务能力方面的重要性。③ 面对外汇储备容易受到货币波动和美国国债资产回报率影响的情况，中国政府没有选择减少储备，反而通过鼓励相关企业和机构直接进行海外投资将其资产多元化。新政策简化和放宽了中国公司境外投资的程序，政府还建立了一批国家财富基金，以便寻找海外投资的机会。事实上，中国的海外直接投资自 2004 年以来就显著上升，同时，其贸易顺差也一路飙升。

其次，中国的民族主义对于政府的产业政策也会产生影响。20 世纪 90 年代初期，国有企业开始改革，政府采取"抓大放小"的策略，停止支持大量国有企业。与此同时，政府使用可支配的政治和经济资源，帮助少数大型国有企业成为高度盈利的国家经济支柱。④ 2012 年，在全球财富 500 强的中国 70 家企业当中，有多达 65 家是国有企业。⑤ 许多国有企业都是垄断或者寡头垄断企业，如能源、交通、通信和金融等领域的企业。近年来，一些经济学家和政策分析人士指出，随着国有企业大量收购非国有企业，国有企业向前发展，而民营企业却步步后退，由此出现了"国进民退"的局面。⑥

然而，这一政策受到高度吹捧，一个理由是，在一个全球化的经济体系中，它能够提升国家的竞争力，保卫国家的"经济安全"（包括对于本国自然资源、市场份额，对于主要工业的控制力，在经济决策方面的自主权，以及

---

① 请参阅国家外汇管理局负责人的讲话（胡，2007 年）。
② 可参阅：《温家宝：美国要信守承诺，保证中国资产安全》，http：//finance.qq.com/a/20090313/002599.htm。
③ 此外，一些评论家指出，中国的石油和其他资源的战略储备很低，这意味着它将需要大量外国货币，用于购买对于国家安全至关重要的材料（尹承德：《正确认识中国的经济实力》，2007 年 6 月 15 日，http：//theory.people.com.cn/GB/49154/49155/5869454.html）。
④ 关于国资委的工业政策，请参阅林和米尔霍普特（2011 年）。
⑤ 请参阅：《纽约时报》，2012 年 10 月 17 日。
⑥ 有关这一现象的各种观点和总结，请参阅冷（2013 年）。

保持经济稳定的能力)。中国的一些政策制定者和分析家,都把国有企业等同于国家利益和国家安全,他们坚称,不同于为民营企业主寻求利润的民营资本(国内和国外),国有资本能够服务于政府利益,从而能够服务于国家利益。它被认为通过使用其财富,能够为政府和人民提供支持,并在危急时刻为国家提供强有力的帮助。因此,中国的国家安全和繁荣要依靠强大的国有企业。①

最终,中央集权式的民族主义成为越来越多的政府收入的理由。20世纪80年代的财政分权是中国早期开始经济改革的一个标志,它通过为地方政府和企业家提供刺激诱因而带来经济的快速增长。② 然而,到90年代初期,中国政府的收入,尤其是中央政府的收入,下降到了一个惊人的低水平。于是,政策分析人士再次呼吁集中中央政府的财政权力,并全面增强政府的管理能力。③ 鉴于苏联的解体,因此强化国家职能变得尤为迫切。自那时以来,中国官方话语开始强调政府收入对于国家利益和国家安全的重要性。事实上,在过去的十几年里,中国政府收入快速增长,从1999年到2011年,政府收入从10 000亿元增加到超过100 000亿元,年平均增长率大约为20%。作为对于政府金库积累如此多的财富的广泛批评的回应,有官员声称,政府需要有足够的财政能力来实现宏观经济调控,并重新分配财富和建立稳固的国防。④

但中国式民族主义的意识形态成为改变现有发展模式的一个重大障碍。只要政府和中国的精英阶层仍然痴迷于国家安全、国家权力和国家威望,侧重于促进出口企业的竞争力、巩固国有企业和政府所掌控的财富的发展战略,那改革将只有接受外围的小修小补。

管理制度

改变目前发展模式的另一个障碍,是管理机构及其职能的严重僵化和滞

---

① 国资委网站的一篇文章明确强调了这一立场,见季晓南:《正确认识和分析当前国进民退的讨论》,网站 http://www.sasac.gov.cn/n1180/n6881559/n6987010/10317970.html。也可参阅江洋(2011年)。
② 一个被广泛引用的研究成果来自于蒙蒂诺拉等(1995年)。
③ 表达这一立场的一篇很有影响力的报告来自胡和王(1993年)。
④ 可参阅前财政部部长项怀诚的一项声明(2011年)。

后。超过 30 年的经济改革，并没有让中国建立起一个真正的市场经济体制，而是一个国家资本主义的混合经济体制。这种体制的特征是，有限地使用市场机制，同时结合政府对于大型国有企业的所有权，以及政府对于最具战略意义的支柱产业的控制权，以各级政府及其相关管理机构和企业之间的共生关系为主。"企业型政府"、"地方政府企业化"等，是一些学者在捕捉这种现象的本质过程中所使用的标签。①

国家资本主义的一个突出的制度特点是国有金融体系占主导。无可否认的是，中国政府逐步推行金融自由化措施，诸如增加大型国有银行的控股份额，创建本地银行和股份制商业银行，允许外资银行有限地进入中国市场，在利率和汇率上允许有一定的灵活性，但是，它并没有改变国家对金融体系的控制。截至 2010 年年底，国有银行或国家控股的银行，占银行业总资产的 57%。② 事实上，政府对于所有类型银行的经营管理拥有重要的影响力。在这方面，它同样以牺牲其他类型企业的利益为代价给予国有企业以特权。此外，银行还会通过保持低利率而侵占储户的利益。自 2003 年以来，利率一直低于通货膨胀率，这实际上是将财富从家庭转移到企业。③ 根据一项估计，每年通过这种形式转移的财富约占国内生产总值的 5%～7%。④ 这样一种体制让国有企业拥有一个巨大的竞争优势。这是它们的高投资和巨额利润的一个主要来源。只要国家控制金融机构而且不肯放开金融体系，就很难改变目前经济失衡的局面。

国家资本主义的另一个制度性特点是由政府主导的庞大的公共金融体系。如前所述，政府收入在近些年迅速增长，而且政府储蓄占了国内储蓄的很大的一部分。政府掌握了如此多的财富，这些财富如何分配和花费，是一个重要的问题。

公共财政制度在中国一直是由政府机构严格控制的。在国家层面，主要的参与者是国家发展和改革委员会以及财政部（MOF）。尽管全国人民代表大

---

① 达克特（1998 年）、奥伊（1999 年）和黄（2008 年）分别提出这些概念并加以概述。
② 请参阅：马丁（2012 年）。
③ 请参阅：拉迪（2012 年）。
④ 请参阅：佩蒂斯（2011 年）。

会（NPC）被授权批准年度预算，但由于政府提交的预算往往是模糊的，将不同类型的消费归为几个宽泛的类别，又没有任何详细的信息或解释，因而全国人民代表大会代表难以了解实际预算情况，更不用说去监督其执行过程了。而且，中国的公共财政是高度分散的，中央政府开支约占全部政府开支的30%，而其余70%的开支归属省级和地方政府。和中央政府相比，在大量"预算外"项目方面，大多数地方政府开支甚至更加不透明，诸如由政府机构征收并在预算外花费的费用和税款。①

政府主导的公共财政体制以及公众参与和监督的匮乏，使政府在公共财政开支方面具有强烈的投资基础设施的偏好。尽管按绝对价值计算，政府在公共产品上的支出逐年增加，但它往往更倾向于支持交通、通信和能源方面的项目，而真正能够提高人民生活质量的社会项目的开支，诸如环保、医疗、教育和社会援助，却相对滞后。这种趋势是这种体制所固有的，因为基础设施对于吸引投资和促进地方经济发展是必不可少的。鉴于国内生产总值增长率是官员仕途发展的一个主要标准，因而官员们都具有一种强烈的动机，即把钱花在各种基础设施项目上。此外，这些项目还提供了通过腐败获取个人经济收益的充足的机会。② 相比较而言，社会福利计划在短期内不可能带来许多政治和经济上的好处。在没有对公众福利所承担的强制性责任的情况下，政府官员便没有增加这类支出的动力。

在2008年全球金融危机之后，当任政府的400 000亿元经济刺激计划，就是一个很好的例子。正如图4.1所显示的那样，根据国家发展和改革委员会所制定的计划，绝大部分资金都用于基础设施项目投资。相比之下，社会福利方面的支出只占整个支出的8%。

---

① 关于中国公共财政体制的细节，请参阅翁（2007年）。
② 基础设施发展过程中腐败的状况，被国内外媒体广泛报道。例如，新华社的一篇报道援引的估测表明，受贿金额平均占一个项目总成本的5%~10%。从2009年9月到2010年3月，一个旨在揭露贪污的全国性运动，查出在基础设施建设项目中所涉案的金额超过29.9亿元。请参阅：《中国遏制基础设施项目中过分猖獗的贪腐现象》，http://news.xinhuanet.com/english2010/china/2011－10/18/c_131198485.htm。

表 4.1　4 万亿元人民币刺激方案拆分

类项	百分比（%）
铁路、公路、机场、电网	45
四川地震重建区域	25
农村基础设施	9
技术和结构调整	4
环境	9
经济适用房	7
医疗和教育	1

来源：《财经》杂志，2008 年 11 月 27 日，http://www.caijing.com.cn/2008-11-27/110032337.html。

中国的这些制度性特征，强力地支持了现有的发展模式。所以，这种模式的改革需要从体制上入手，它涉及去管制的金融制度和民主化的公共财政。然而，这些措施将大大弱化国家对经济的控制，削弱那些从当前金融和财政体系中获益甚多的人的利益。改革的速度和程度，被相关利益群体之间的权力平衡所制约。

利益分配

中国现有的发展模式导致相关机构或组织产生了赢家和输家之分。赢家包括强大的政府组织和企业，诸如国家发改委、财政部、国资委（SASAC）、大型国有企业和沿海省份的地方政府。国家发改委和财政部的权力，来自于政府通过规划、指导和预算安排而予以控制的资源分配，而这种资源分配反过来又取决于政府对金融体系和公共财政的控制。国资委和大型国有企业所拥有的资源和影响，得益于政府部门在中国经济中的主导地位。[①] 在沿海地区的地方政府，长期得益于以出口为导向的发展战略。出口企业的收益和经济

---

① 正如斯坦伯格和沃尔特所指出的那样，商务部是制定中国对外经济政策的一个主要机构。就像它的前任对外贸易和经济合作部一样，商务部代表中国出口公司的利益，它积极地为支持中国出口政策游说，包括货币政策和其他形式的补贴，但它在解决国内经济失衡方面的作用并不突出。

转型升级,给地方财政带来了收益,也给地方官员带来了政治上的晋升机会。因此,地方政府在延续出口导向型发展战略方面具有强烈的动机。作为更加富裕的省份,它们也强烈反对将资源分配在其他各个省区。① 所有这些赢家在中国都有强大的政治影响力。

国家发改委(它的前身是国家计划委员会)和财政部的主导地位,要追溯到中华人民共和国成立之初。作为社会主义经济的核心策划机构,它们的影响力都非常大。在改革开放初期,中国经济受计划和市场两种力量的共同影响,但政府在引导经济和分配关键资源方面继续发挥着重要作用。国家发改委和财政部在制定产业政策、分配财政资源,甚至在批准或拒绝一定规模以上的个体经济项目方面,都拥有权力。

相比于国家发改委和财政部,国资委是一个较新的政府组织。这个成立于2002年、在国务院直接领导下负责大型国有企业的机构的使命,是"充分发挥政府作为这些企业的投资者和所有者的角色",它具有监督和管理企业的政府资产、确保它们的安全和增长的功能。

沿海发达地区在国家政策制定方面的影响力,在改革开放以来不断上升。中央政府及其政策选择,会充分反映沿海地区的利益和偏好。而主要国有企业在决策方面的影响,在很多情况下是通过国资委来实现的。

当前的发展模式不仅产生了赢家,也产生了输家,比如,民营企业只有通过对现有体制进行进一步改革,才能获得资金,普通民众也才能获得更高的储蓄回报率。而更多的公共投入和财政监督将会对政府施加压力,以实现其增加社会开支从而提高普通民众生活水平的承诺。

如前所述,汇率武器在过去被用于解决全球经济失衡问题。兰德尔·海宁认为,美国政府使用美元武器实现了两个层面的影响:在一个层面,它试图利用美元贬值使美国出口产品更具竞争力,从而降低美国的贸易赤字;在另一个层面,美元的贬值或者贬值威胁可被来向其他国家施加压力,迫使

---

① 一个很好的例子是它们对于养老金政策的态度。中国的养老金制度是高度分散的,沿海地区许多省份和城市具有财政盈余,但内陆省份和城市却被赤字所困(弗雷泽,2010年)。中央政府近年来呼吁全国统筹养老金,以便解决这个不平衡问题,并提高内陆地区的消费能力。但是因为沿海地区省份的强烈反对,这一号召并未变为现实。

它们采用扩张型的宏观经济政策,以便对冲货币升值带来的压力。①

由于近年来人民币升值降低了中国劳动密集型产品的出口竞争力,美国便针对中国而使用汇率武器,这可能会在第一层面产生某种影响。但是,它在第二层面却没有任何实质性的影响。尽管美国政府官员经常敦促中国采取扩张性的宏观经济政策,但这并不是汇率谈判的一个不可分割的部分。也许美国谈判代表认识到,汇率武器的第二层面的影响,取决于能够让对方政府承受国内压力进而采取扩张性政策,但这种情形在中国是不可能发生的。

不过更重要的是,中国的外部经济失衡根植于这个国家的发展模式。短期宏观经济调整不可能从根本上解决这个问题。虽然中国的经常项目账户盈余在过去几年里由于多种因素而有所减少,从而缓解了外部经济失衡的状况,但内部经济失衡问题主要是因为政府大规模投资的经济刺激计划。扩大化的制造能力,正在生产出必须在国际或者国内市场上销售的产品,如果产品无法正常销售,就会出现严重的后果。② 如果中国国内消费继续保持在较低水平上,那么出口这些产品就会面临巨大压力,从而再次加剧外部经济失衡。

发展模式的改革对于实现中国经济在国内和国际方面的再平衡至关重要。什么是中国未来改革可能的轨迹?只要当前模式的政治基础——意识形态、管理制度和利益分配制度——保持不变,那么我们就可以理所当然地预期,改革只会是外围的小修小补,而不会出现根本性的变化。企业和政府的财富积累将继续抑制居民消费,这可能会波及外汇盈余。

(王宏英)

---

① 请参阅:海宁(2006年)。
② 国际货币基金组织在2013年第四条款年度磋商报告中指出过这个问题。也可参阅阿胡贾等(2012年)。

第5章　中国货币外交的界限

现在有一种普遍的预期，那就是中国将代表一种全球货币权力。这样的预期不仅来自于中国的经济实力，而且也来自于其积极的货币外交。后者在这里可以解释为通过一定的货币措施实现外交政策目标，或者通过外交途径——与各国政府进行会谈与磋商——实现货币政策的目标。中国典型的官方话语是它始终强调，中国的国际贡献在于它是一个"负责任的大国"，这呼应了世界银行行长罗伯特·佐利克对于中国成为一个"负责任的利益相关者"的期待。① 借助于一种全球货币而拥有一种全球货币权力的地位，似乎显然在中国政府的议程之内。然而，对于通过货币外交而履行作为一种全球货币权力这一角色而言，中国实际上准备到了什么样的程度呢？

对于人民币国际化的可能性和中国在国际货币关系中越来越强大的作用，陈宗翼和乔纳森·柯什纳持乐观态度。然而，在这里我却要提供一个不太乐观的观点。中国政府的首要任务是保持社会稳定，而中国的金融政策是由保守派所主导的，他们因看重首要任务而反对对金融体制作进一步的改革，也反对金融自由化。因为人民币国际化需要改革利率和汇率制度，而这反过来将损害中国的利益。没有政府的支持，在中国实施任何有意义的货币政策都无从谈起。然而，政府可能并不会这样做，因为它的首要任务是要保持社会稳定，而金融自由化有可能破坏政府的金融控制力，而这种控制力恰恰是中国以出口为导向的投资型增长模式的核心。

中国对于金融自由化有所保留的迹象，可从该国的货币外交当中找到。

---

① 请参阅：《中国入世十年：表现卓越非凡，为责任大国建信誉》，《中国日报》，2011年10月20日。罗伯特·佐利克：《关于中美第二次对话结论的声明》，华盛顿，2005年12月8日，http://2001-2009.state.gov/r/pa/prs/ps/2005/57822.htm。

相对于多边货币安排，中国更喜欢操作过程往往相对简单的双边安排——不需要进行重大的国内改革，并且更注重现实的经济和政治上的利益，而不是为承担其作为全球货币权力这一角色而做好准备（这意味着它需要拥有一种全球货币并参与多边货币事务）。因为这种双边安排的制约性与国际上其他机构的货币制度安排的制约性没有多少相似之处，因而中国的货币双边主义对于全球货币合作而言，更像是一种阻力，而不是一种推动力。

以下三个因素是中国在货币外交方面倾向于双边主义政策的驱动力量。首先，双边货币外交符合中国致力于以双边外交实现外交政策目标的传统倾向。中国可以作为一个援助国而加强与目标国家之间的关系，而不是迷失或者遁形于一个多边框架之下（比如国际货币基金组织和欧盟的救援机制）。双边货币外交还可以帮助中国建立一个"负责任的大国形象"，它能够产生一种"多米诺骨牌"效应，使其他非合作伙伴国要求中国给予其同样的待遇［双边货币互换安排（BSA）、离岸人民币中心以及持有人民币储备，就属于这种情况］，从而将中国置于一个被需求的位置。这样一来，中国就可以提出其他政治利益要求。中国还利用双边外交或者集团外交与其他国家结盟（例如通过联合"金砖四国"集团、东亚和发展中国家），在一些国际组织当中发出一种更强大的声音，从而挑战现有主导力量并捍卫其自身的货币政策。

其次，双边主义给中国在政策选择上提供了灵活性。中国的双边安排不需要它改革国内金融体制，也不需要它遵循国际金融机构规定的新自由主义模式，但却可以控制人民币国际化与资本项目账户开放的程度与速度。它还可以避免像一个区域货币联盟所要求的那样，将其汇率与其他国家进行协调。它可以将针对其金融机构和政策的国际监督减至最低程度。中国对于多边货币机构的信任度并不高，国际货币基金组织被其视为是一个未能监管好国际金融和货币秩序的管理机构，而欧洲货币合作组织也被认为具有一系列的制度、经济和政治问题。通过双边安排，中国可以决定合作的范围和深度，即决定双方谁能从达成意向的交易计划及其金额中受益。

第三，中国的双边货币安排能够满足其短期务实的需要。对于让人民币成为一种国际货币这一目标，中国并没有一个明确的指向或者国内共识。有选择性的人民币国际化，能够促进贸易和投资，降低中国与主要贸易伙伴国之间的汇率风险，尽管到目前为止，人民币在贸易中的使用被其他政策所限制。双边货币外交还为中国的市场经济地位得到认可建立了联动机制，它为中国提供了获取天然资源、建设基础设施项目和创造投资机会的渠道，尤其有助于其国有企业进行海外投资、项目建设，以及进口自然资源和获得融资机会。中国政府部门如财政部和各种主权财富基金，也可以通过海外人民币债券市场筹集资金。

上述政策偏好都是由中国国内的政情所决定的。尽管财政政策的制定者认识到人民币自由兑换在将来是不可避免的，但是近期人民币的国际化步骤，充其量只能代表改革派的一部分成功。对国有商业银行、国有企业及其监管机构做任何进一步的改革，开展起来都非常困难。出于政权稳固的目的，该国的首要任务仍然是发展国民经济，确保国内稳定与国家安全。这一首要任务反映出它对于国际金融机构缺乏进一步的信任，也反映出国内保守派势力比改革派更强大，因而其在外交政策中更倾向于选择象征性的姿态以及务实的措施，而不是富有理想主义的改革承诺。中国对于多边货币合作和全球货币权力的未来贡献，主要依赖于其对国内经济的持续改革，而改革反过来又取决于改革派能否获得更大的主动权。

国内政治的重要性

中国将双边主义作为货币外交途径的根本原因在于其国内政治，这是改革派和保守派妥协的结果。虽然在名义上这两派都以维护国家稳定大局为前提，但它们在金融领域改革的步伐和内容方面却分歧较大，争论非常激烈，因为政府对于金融和货币政策的掌控是中国政治经济模式的一个基石。低利率能够有效地转移中国公众的储蓄，用于补贴国有银行和国有企业，也能鼓励劳动密集型商品的出口，而财政政策和货币政策的任何变化，都会对中国的政治和经济产生广泛的影响。改革派之所以会推动改革，是因为这一派的人认为当前的经济发展模式是不可持续的，而且对于中国的未来很危险；他们中的一部分人还因为当前政策遭受经济损失。保守派抵制改革，是因为他们不想失去对某些政策及其产生的租金的控制。

自中国在2001年底加入世界贸易组织以来，实行进一步的改革已经越来越困难。正如周小川在 2010 年的一次讲话中所说的那样，中国在之前以及在刚刚加入世界贸易组织之后的许多改革，都是以自上而下的模式进行的，而现在，自下而上的改革变得至关重要，因为很难找到一种自上而下的金融改革的统一模式。① 对于改革派而言，双边货币安排可能有助于让中国按照国际标准做事，与此同时，保守派则主张增强中国在世界上的政治影响力，以便对抗西方和日本，从而为改变游戏规则提供一个机会。

改革派希望货币互换、人民币离岸中心，以及人民币贸易和投资结算会产生一种"溢出效应"，从而为人民币国际化以及资本项目账户和汇率自由化铺平道路。"实验"这个词常见于目前中国的官方语言当中，用来描述这些政策的性质，以此表示它们的试探性和灵活性。在地方一级进行实验，是让改革在全国逐步铺开的一种典型方式，包括在 20 世纪 70 年代末启动的家庭承包责任制，以及在 20 世纪 80 年代初的改革开放过程中试行的经济特区。改革派希望的是，通过外部市场的拓展和经济国际化程度的提高，促进国内经济的改革。正如周小川所说的那样，"政府有意识地鼓励企业和地方政府提高改革的积极性，以便让它们推进改革"。② 他指出，地方政府对于获得许可并开展金融改革实验普遍具有热情。他还强调"实验性错误"的目的（确认哪些措施是错误的，哪些是正确的）是证明"自下而上的改革"的合法性，并且防止由于局部失败而导致整体改革的失败。然而，对于这些实验，国际社会占主导性的看法是，它们可能具有不可控的负面溢出效应，因此只能以自上而下的方式审慎地进行改革。③

民营企业一般都支持改革派对于金融改革的呼吁，因为它们从国有银行要融到资的难度极大，而后者更愿意贷款给国有企业。然而，由于国有银行和国有企业与政府的关系极为密切，涉及国有商业银行和国有企业的核心利

---

① 请参阅：周小川，《周小川谈整体改革论：自上而下和自下而上相结合》，在中国经济学家年度论坛上的演讲，2010 年 12 月 1 日，http：//www.rmlt.com.cn/News/201012/201012010948579619.html。
② 请参阅：周小川，《自下而上式改革是我国金融改革的重要组成部分》，2012 年 11 月 11 日，http：//news.xinhuanet.com/fortune/2012 - 11/17/c_113711667.htm。
③ 请参阅：周小川，《我国金融改革中自上而下的组成部分》，在 2012 年国际金融论坛上的演讲，2012 年 12 月 3 日，http：//www.pbc.gov.cn/publish/goutongjiaoliu/524/2012/2012120309 2006577585996/20121203092006577585996_html。

益。因此民营企业对于在不久的将来进行的利率改革持悲观态度。①

对于保守派而言，中国最近的货币外交举措，包括双边货币安排，是服务于国有经济的实际需要的，这体现在融资、进口商品以及海外业务领域。值得一提的是，在 2003 年，中国人民银行重新核定中国银行和中国建设银行的资本额，而财政部则分别在 2005 年和 2007 年对中国工商银行和中国农业银行的资本额进行重新核定。不过，中国银行似乎并不像中国人民银行那样热衷于金融改革。中国银行首席经济学家曹远征说，中国当前的货币政策是富有针对性的，没必要去改变它的主要成分。② 国有银行不愿意放弃自己的垄断地位，即使中国政府也意识到，国有银行赚取利润太过容易。事实上，无论是国有银行还是它们的大客户（国有企业），以及它们的监管机构，都不愿意放弃自己的利润或在国民经济中的主导地位。正如拉迪以及沃尔特和豪伊所强调的那样，以政府对银行和金融系统的控制为基础的金融抑制，一直是中国发展模式的基石。③

自中国加入世界贸易组织以来，相对于改革派，保守派在国内决策方面拥有更大的权力。近期人民币的国际化步骤与地方金融改革实验，虽然似乎是改革派的成功，然而实际上是，保守派具有在关键问题上的更大的决策权力。中国外汇储备和汇率政策的决策权原本只属于中央银行，但现在财政部也在货币政策中拥有发言权。④ 尽管中国国内广泛呼吁包括金融、抑制投资和通货膨胀的改革，但在 2013 年 2 月于莫斯科举行的二十国财长和央行行长会议上，财政部的官员却声称，中国应当在 2013 年采取扩张性的财政政策。⑤

金融改革特别是利率市场化改革的呼声，来自许多学术讨论与公共讨论。中国人民银行也建立起了一个存款保险计划，以便为利率化改革铺平道路。

---

① 请参阅：《利率管制的悲剧》，2012 年 11 月 2 日，http://opinion.hexun.com/2012-11-02/147521411.html；陈功，《留给中国经济改革的时间只剩十年》，2012 年 1 月 17 日，http://finance.ifeng.com/news/people/20120117/5466699.shtml。

② 请参阅：曹远征，《全年经济将增 8%，没必要出台特别的刺激措施》，2012 年 6 月 9 日，http://news.hexun.com/2012-06-09/142290033.html。

③ 请参阅：拉迪（2012 年）、沃尔特和豪伊（2011 年）。

④ 作者在北京的采访（2007 年）。

⑤ 请参阅：谢旭人，《减少量化宽松货币政策的负面外溢效应》，2013 年 2 月 18 日，http://finance.ifeng.com/stock/roll/20130218/7671382.shtml。

然而，2012年4月，周小川说存款利率将不会改变，这意味着有意义的利率改革在短期内是不可能实现的。除了担心短期流动资金带来的套利交易风险之外，周援引了在硬性预算约束下的银行（指国有银行）不想提高存款利率的理由。①

总体来说，对于中国政府而言，金融安全是国家安全的重要组成部分，它包括抵御国内外攻击和国际金融危机的能力，以及维护金融主权的能力。它主要是依据稳定性而不是灵活性而定义，特别是汇率和金融市场的稳定性。② 中国政府为金融开放制定了写在第十二个五年计划中的全面指导方针："以我为主，循序渐进，安全可靠，竞争合作，互利共赢。"因此，保持控制是任何改革的前提。上海证券交易所副总经理刘啸东承认，中国政府始终担心资本市场就像"一匹脱缰的野马"。③

保守派相对于改革派在国内金融政治中的更大的力量，以及政府控制权力的优先选择，决定了中国的货币安排只是象征性的，是以政治利益为出发点的，或者是为了务实的商业利益而具有浅层次的、短期导向的特征。在双边安排方面，我们也能够看到中国货币外交政策的这一重要特征。

中国货币外交的双边主义

上述所描述的特征，是中国货币外交的特色，其中双边主义一直是核心战略。我们可以从中国向欧元区提供的危机救援、人民币援助和货币互换安排、人民币在多边货币合作中的作用，以及其人民币的国际化途径中，看到这一点。

欧元区危机救助

随着欧元区的经济和金融稳定性在2011年年初受到威胁，欧洲国家希望中国提供金融支持。当日本通过欧洲金融稳定基金购买了1 000亿日元（12亿美元）的债券时，中国选择与个别国家做交易，利用双边会谈获得商业和政治利益。它向整个欧洲派出了商业代表团——每个代表团通常都由一个带

---

① 请参阅：苏培科，《市场化改革需破存款利率管制》，《每日经济新闻》，2012年4月27日，http://opinion.hexun.com/2012-04-27/140850491.html。
② 请参阅：中国人民银行（2009年）、杨（2008年）。
③ 请参阅：《人民币自由兑换的长征之路》，《金融时报》，2010年8月25日。

着一支业务团队的高级官员率领。① 据报道，一些欧洲国家要求中国提供金融援助，以便应对债务危机，包括希腊、瑞典和德国。我们无法知晓中国实际上购买了多少欧洲主权债务，但从市场方面的情况看，它占了中国整个外汇储备的25%,② 其中包括德国、法国、希腊、匈牙利和西班牙的债务。中国利用这种不透明性与个别欧洲国家做双边交易。希腊、匈牙利、葡萄牙和西班牙等国，对一些敏感之类的问题均保持沉默，并承诺为中国在欧盟方面的各种问题提供政治支持。③ 在中国公开承诺帮助上述国家恢复经济之后，西班牙和葡萄牙开始赞成解除对中国的武器禁运。④

中国对收购商业项目和购买公司股票表现出特别的兴趣。商务部部长陈德铭在评论欧元危机时指出，中国公司愿意收购欧洲出售的资产。中国在这方面做得很好，中国在欧洲的投资金额飙升，欧洲也成为2011年中国对外直接投资增长最快的地方。⑤

在2008年金融危机期间，中国公司分别收购了匈牙利最大的化学品制造企业以及葡萄牙的国有能源公司，并且赢得了希腊和英国基础设施的合同。甚至在中国撤出一个主要的公路项目之后，波兰仍继续向中国推荐它能够投资的项目。由于中国代表团的疯狂"购物"，德国、英国、意大利、保加利亚和西班牙等国均承诺支持和接纳中国在欧盟的市场经济地位。⑥

---

① 2009年8月，习近平访问比利时、德国、罗马尼亚、保加利亚和匈牙利。2011年6月，温家宝访问匈牙利、英国和德国。2011年10月，贾庆林访问希腊、德国和荷兰。2012年4月，温家宝访问冰岛、德国、瑞典和波兰，李长春访问英国，李克强访问俄罗斯。2012年6月，胡锦涛访问丹麦。
② 请参阅：帕雷洛·普莱斯纳（2012年）。
③ 请参阅：欧洲对外关系委员会（2012年）。
④ 请参阅：帕雷洛·普莱斯纳（2012年）。
⑤ 同④，第42页。
⑥ 请参阅：《德国愿意推动欧盟承认中国的市场经济地位》，2010年10月6日，http://www.bbc.co.uk/zhongwen/simp/中国/2010/10/101006_germany_china.shtml；《英国支持中国尽早获取市场经济地位》，2011年9月28日,http://www.chenese.rfi.fr/content/20110928.shtml；《意大利外长：支持给予中国市场经济地位》，2011年7月19日，http://world.people.com.cn/GB/15194122.html；《保加利亚驻华大使谈中保建交60周年及中保关系》，2009年9月24日，http://www.people.com.cn/GB/32306/143124/147550/10112136.html；《西班牙将促使欧盟尽早承认中国市场经济地位》，2009年5月26日，http://www.china.com.cn/news/txt/2009-05/26/content_17833896.htm。

2011年10月,中国最终同意购买欧洲金融稳定基金的债券,但同时中国政府也向欧盟提出了三项要求:一承认中国的市场经济地位;二取消武器禁运;三支持中国在国际货币基金组织中更多投票权的诉求。① 中国的欧洲救援政策体现了它规避风险的优先选择,以及灵活运用双边货币外交政策赢得商业交易和政治支持的战略。由于2008年金融危机的影响,在对抗中国政策的问题上,欧盟已经无法达成一致意见。正如欧洲对外关系委员会在2012年所表述的那样,"欧洲委员会大多各自为政,而成员国却都在讨好中国"。②

人民币援助和"货币互换外交"

中国加大人民币在援助中的使用程度,与其说是为了人民币国际化,还不如说是为了政治战略目的和能源需求。中国承诺向埃及和也门提供人民币援助,以便帮助这两个国家恢复重建秩序。③ 中国政府担心"阿拉伯之春"会蔓延到中国,也担心由于其与即将换届的政府的良好关系,这两个国家的新政府会伤害当地的中国企业。中国也承诺为阿富汗提供1.5亿元人民币的援助,并且支持后者在上海合作组织(SCO)中的观察员地位。除了看重其能源和资源以外,阿富汗也是中国打击恐怖组织的一个关键邻国。作为与菲律宾围绕黄岩岛领土争端、在南中国海的其他领土的争议,以及中国人民解放军(PLA)赢得东盟国家支持的一个外交战略的一部分,2012年5月,中国人民解放军与柬埔寨军方签署协议,向后者提供1 200万元人民币的援助。④

---

① 请参阅:《中国将帮助欧元区解决欧元危机》,《金融时报》,2010年12月21日。也可参阅欧洲对外关系委员会(2012年):《王岐山:希望欧盟尽快承认中国市场经济地位》,2010年12月21日,http://news.sina.com.cn/c/2010 - 12 - 21/112721680357.shtml。
② 请参阅:欧洲对外关系委员会(2012年),第28页。
③ 2012年4月,中国承诺援助埃及9 000万元人民币,以支持后者的经济项目。2012年5月,在"也门之友"会议(由也门、沙特阿拉伯和英国组织召开)上,中国宣布向也门提供1亿元人民币的无偿援助。
④ 请参阅:《中国将出资1.2亿元人民币援助柬埔寨的军事需求》,2012年5月30日,http://news.dayoo.com/world/201205/30/53871_24098012.htm。

到目前为止，双边货币互换安排是中国货币外交的最有效的方式。然而，它们也是浅层次的和富有灵活性的，并在很大程度上是象征性的。在 2008 年到 2013 年 10 月之间，中国已经与 23 个国家和地区签署了价值约为 250 000 亿元人民币的双边货币互换协议（见下表 5.1），它们通常都是为期 3 年，并且可以延期。

从表 5.1 可以看出，中国的许多互换安排合作伙伴，也是中国当前或潜在的自由贸易协定（FTA）伙伴。这是因为，中国是出于同样的原因而选择货币互换和自由贸易协定的伙伴的：它将邻国、能源丰富的国家以及战略上重要的国家置于优先地位，它们包括"东盟十加三"*、上海合作组织和"金砖"国家。出于安全和经济原因，"东盟十加三"是中国"好邻居外交"的一个重要目标，而且相比于"东盟十加六"**或者亚太国家，前者也是中国首选的目标区域。

2013 年 3 月中国和巴西之间所签署的约 300 亿美元的货币互换协议，是这一年在"金砖"国家之间执行的第一份货币互换协议。尽管有观察家将"金砖"国家的货币互换安排看作是中国对美元和七国集团主导的全球货币体系的一种挑战，以及是人民币国际化的一种手段，但中国的首要目标其实是为了避免美元的汇率波动，因为中国寻求在巴西购买能源和原材料，并减弱巴西针对其廉价商品的贸易保护主义倾向。自 2009 年以来，中国一直是巴西最大的贸易伙伴，双边贸易额在 2012 年超过 755 亿美元。[①]在签订货币互换协议的同时，两国还同意将它们的关系提升到"全球战略伙伴关系"的层次上。[②]

中国还利用双边货币互换安排，加强其与其他上海合作组织成员国（包

---

* 指东盟的印尼、马来西亚、泰国、新加坡、文莱、菲律宾、越南、老挝、柬埔寨和缅甸，加上东亚的中国、韩国和日本三国。——中译者

** 指东盟十国加上中、日、韩、印、新、澳六国。——中译者

[①] 请参阅：《中巴签署 300 亿美元的货币互换协议以加强"金砖"国家的地位》，彭博社，2013 年 3 月 26 日，http://www.bloomberg.com/news/2013－03－26/china－brazil－sign－currency－swap－agreement－for－30－billion.html。

[②] 请参阅：《巴中同意达成货币互换协议》，《金融时报》，2012 年 6 月 22 日；《签署巨额货币互换协议，中巴绕开美元搞贸易》，2013 年 3 月 28 日，http://news.xinhuanet.com/world/2013－03/28/c_124514601.htm。

表 5.1　中国的双边互换安排

签署日期	中央银行价值	（单位：十亿美元）	FTA Partner
2013 年 10 月 9 日	欧洲央行	350	否
2013 年 10 月 2 日	印度尼西亚（更新）	100	是 东盟
2013 年 9 月 30 日	冰岛（更新）	3.5	是
2013 年 9 月 12 日	阿尔巴尼亚	2	否
2013 年 9 月 9 日	匈牙利	10	否
2013 年 6 月 22 日	英国	200	否
2013 年 3 月 26 日	巴西	190	提名
2013 年 3 月 7 日	新加坡（扩充）	300	是
2012 年 6 月 26 日	乌克兰	15	否
2012 年 3 月 22 日	澳大利亚	200	在谈判中
2012 年 3 月 20 日	蒙古（扩充）	10	在研究中
2012 年 2 月 21 日	土耳其	10	否
2012 年 2 月 8 日	马来西亚（扩充）	180	是 东盟
2012 年 1 月 18 日	阿联酋	35	在谈判中 海湾合作委员会
2011 年 12 月 23 日	巴基斯坦	10	是
2011 年 12 月 22 日	泰国	70	是 东盟
2011 年 11 月 22 日	香港（扩充）	400	是
2011 年 10 月 26 日	韩国（扩充）	360	在谈判中
2011 年 6 月 13 日	哈萨克斯坦	7	提名 上合组织
2011 年 5 月 6 日	蒙古	5	在研究中
2011 年 4 月 19 日	乌兹别克斯坦	0.7	提名 上合组织
2011 年 4 月 19 日	新西兰	25	是
2010 年 7 月 24 日	新加坡	150	是
2010 年 6 月 9 日	冰岛	3.5	是
2009 年 3 月 29 日	阿根廷	70	否
2009 年 3 月 23 日	印度尼西亚	100	是 东盟
2009 年 3 月 11 日	白俄罗斯	20	否
2009 年 2 月 8 日	马来西亚	80	是 东盟
2009 年 1 月 20 日	香港	200	是
2008 年 12 月 12 日	韩国	180	在谈判中

括哈萨克斯坦和乌兹别克斯坦)、观察员国家(阿富汗、巴基斯坦和蒙古人民共和国),以及对话伙伴(白俄罗斯和土耳其)的战略合作关系,因为上海合作组织是中国所主导和推动的另一个组织,用以抗衡西方国家在全球政治中的影响。新疆维吾尔自治区在 2009 年成为中国第一个与其他上合组织国家进行人民币跨境贸易和投资结算试验的地方。① 对于中国而言,上海合作组织和其他一些国家——拉美国家、澳大利亚和海湾国家——的战略合作意义,还在于这些国家的能源和自然资源。当中国和哈萨克斯坦签署 10 亿美元的货币互换协议时,它们同时还宣布两国关系升级为战略合作伙伴关系,而且哈萨克斯坦决定从 2013 年起向中国供应核燃料芯块。②

上述双边货币互换安排的外交,都是务实的和短期导向的,它旨在降低与中国从事广泛贸易的国家(特别是与拥有丰富能源和自然资源的国家)之间的汇率风险,并在较低程度上促进边境贸易以及与双边自由贸易协定伙伴之间的贸易。货币互换安排可能有利于中国公司的商品贸易结算,或者使贸易伙伴国进口中国产品,或者促进双方国家的企业在与资源相关的经济活动中获得人民币融资。此举并不是为了让中国企业达到市场经济的标准。

中国也和并非重要贸易伙伴但却具有重要战略意义的小国签署货币互换协议。在冰岛于 2008 年爆发主权债务危机以后,中国政府就如何帮助冰岛全面恢复经济与其政府举行会谈,这和对英国以及其他欧洲国家围绕各自债务问题的态度形成了鲜明的对比。③ 中国在 2010 年 6 月与冰岛签署了一份货币互换协议。该国对于中国的意义是它处于亚北极的位置——一个拥有能源储备和重要航线的区域。冰岛也是可能支持中国永久观察员地位的北极理事会的成员。中国在北欧国家积极的外交努力得到了回报,它最终在 2013 年 5 月获得了这一资格,尽管加拿大对此提出了警告。④ 在 2011 年年底,中国还与巴基斯坦签署了货币互换协议。因其毗邻中国和印度两个国家的战略位置,使其和

---

① 请参阅:周小川,《我国金融改革中自下而上的组成部分》,2012 年 11 月 11 日,http://news.xinhuanet.com/fortune/2012-11/17/c_113711667.htm。
② 请参阅:《北京与哈萨克斯坦就货币交易达成一致意见》,《金融时报》,2011 年 6 月 13 日。
③ 请参阅:《冰岛与中国达成货币互换协议》,出处同②,2010 年 6 月 9 日。
④ 请参阅:《六国赢得北极理事会席位》,《华尔街日报》,2013 年 5 月 15 日。

中国具有特殊的友谊,而且在经济援助和双边贸易贸易安排方面,中国为巴基斯坦提供了许多优先条件。中国的中央银行还提出与智利进行货币互换安排,这被视为获取拉美市场、资源和基础设施项目的一条路径。①

不过,中国为预防短期危机而签署的货币互换协议,在很大程度上是象征性的。中国从其与清迈倡议打交道的过程中得到了这样的教训:货币互换安排是一个可以产生政治和商业利益的低成本安排,它具有可控性和灵活性,因为激活条件、利率和期限都可以进行双边协商。清迈倡议只有20%的当前规定不依附于国际货币基金组织的约束条件(它从2005年的10%增加到了现在的20%)。中国实际上更喜欢严格的激活过程——清迈倡议的资金与国际货币基金组织的约束条件之间有百分之百的联动性。② 不过,在其最近的双边货币互换安排方面,中国已从坚持严格的约束条件转向采取一个更宽松的态度,因为它现在拥有更多的外汇储备,而且目前的货币互换安排很少被激活并进入正式启动阶段。然而,对于白俄罗斯和冰岛这样的较小的经济体而言,双边货币互换安排感觉就像是一条生命线,尤其当国际货币基金组织或者欧盟的条件限制它们获得贷款的时候。

清迈倡议并没有建立中央决策机制或信息强制共享计划,当发生危机时,各国可以选择退出双边安排。同样,中国支持清迈倡议互换安排多边合作,但对于清迈倡议多边化框架下的独立监督更加审慎。货币互换安排不要求汇率协调和进行国内改革。以防止短期流动性危机为唯一目标的货币互换安排,对于人民币的国际化也不会起到多大的作用,因为它采用的是临时贷款的形式。"金砖"国家之间的外汇储备库和货币互换安排考虑,看上去像是中国在多边货币合作方面有活动增强的迹象,然而,如果它采取类似于清迈倡议多边化合作的形式,那么它在很大程度上仍将是浅层次的和象征性的。

中国在多边金融机构中的角色

中国在多边金融机构中的外交也主要是象征性的。这可以从其不愿意给这些机构提供资金、不愿意"交出"权力,以及使用双边或集团外交向其发

---

① 请参阅:《中国与智利建立战略合作伙伴关系,以推动两国贸易》,http://news.xinhuanet.com/english/china/2012-06/27/c_123334167.htm。
② 请参阅:阿米克斯(2008年)、格莱姆斯(2006年)。

出挑战并保护自己的经济模式看出来。

首先，中国不愿意向多边货币机构贡献资源，除非相比于替代方案，这样的贡献具有最低风险并可带来明确的收益。它还在国际货币基金组织中通过双边或者集团外交，为其不愿做出更多捐助和要求更多的投票权进行辩护。在2008年金融危机爆发时，中国声称它已经完成了自己在国际货币基金组织中的定额任务，如果其他国家想要它做出更多的贡献，那么就应该允许它增加在该组织中的投票权。① 在2008年11月华盛顿二十国集团的会议上，无论是中国还是海湾国家，都不打算提供追加资金，之后因为日本宣布它将在2009年2月向国际货币基金组织提供1 000亿美元的资金，这促使中国、美国和欧盟国家做出了新的承诺。② 在2009年4月二十国集团的伦敦峰会上，作为国际货币基金组织5 000亿美元追加资金的组成部分，中国承诺提供其中的500亿美元。

中国最终试图与日本合作，共同寻求在国际货币基金组织中更大的投票份额，它们采取的方式是通过减少拥有过多投票权的国家（特别是一些欧洲国家）的份额，从而让它们自己成为"东方集团"的代表。2012年2月，中国和日本罕见地显示出了一种一致性，它们共同声称，如果欧元区方面希望说服二十国集团的非欧洲国家增加对于国际货币基金组织的资金提供，那它就需要放宽其5 000亿美元救助基金的上限。③ 2012年3月下旬，在国际货币基金组织、经济合作与发展组织和二十国集团的压力下，欧盟财政部部长批准将该集团贷款的总额增加到7 000亿美元。4月7日，中国和日本财政部部长同时重申，他们愿意就国际货币基金组织提供资金方面予以合作。然而，到4月17日，日本又单方面将给国际货币基金组织的资金额度增加到了600

---

① 请参阅：《中国驻英大使傅莹访谈》，英国广播公司安德鲁·马尔电视访谈节目，2009年3月29日，http://news.bbc.co.uk/2/hi/programmes/andrew_marr_show/7970581.stm。也可参阅巴曙松（国务院发展研究中心），《全球经济调整中的中国挑战和机遇》，2009年2月18日，http://www.cei.gov.cn/LoadPage.aspx?Page=ShowDoc&Category-Alias=zonghe/jjfx&ProductAlias=50lt&PAlias=50lt&BlockAlias=50sjjj&filename=/doc/50sjjj/200902202296.xml。

② 请参阅：格莱姆斯（2009年）。

③ 请参阅：《中日就国际货币基金组织的资源拥有共同立场》，《金融时报》，2012年2月19日。

亿美元。这是日本针对中国的一个外交行动，并且声明，日本希望借此鼓励其他国家效仿。在中国官方媒体上，日本此举被视为旨在巩固它在国际货币基金组织中的地位并遏制中国。①

中国也尝试使用"金砖四国"作为一个方便的探测板，表明它在国际货币基金组织中的偏好。2009年，"金砖四国"一致拒绝向国际货币基金组织直接贡献资金，因为它们担心这种借贷将通过对其相对投票权份额不会起任何作用的新借款安排实施。事实上，"金砖四国"和韩国都同意，通过一个新的特别提款权债券系统（该系统包括临时购买以特别提款权计价的证券）向国际货币基金组织注入资金。这些国际货币基金组织债权可以流通和交易，并且限于一年期——这是新兴市场经济体为其资金安全所要求的一个关键条件。

2012年4月，当日本单方面增加对国际货币基金组织的资金捐助之后，中国在2012年6月墨西哥二十国集团会议上宣布了它的决定：将其对国际货币基金组织提供的资金额度增加到430亿美元。作为"金砖国家"（现在包括南非）的行动（该行动声称，其最新捐助将基于这一前提：在国际货币基金组织中的主导性国家，将推动给予新兴经济体更大权力的改革）的一部分，中国履行了自己的承诺，至于具体金额，中国解释说，它是基于自己在国际货币基金组织中的配额[二十国集团在上届首脑会议上（4月21日）所承诺的4 300亿美元总额的10%]，以及它作为一个发展中国家的能力。这暗示出，来自中国的一笔更大的捐助，应该对应一个更大的配额，而且即便是中国的贡献低于日本或其他发达国家，那也是可以理解的。在发表公告的同时，中国国家主席胡锦涛也敦促国际货币基金组织实施配额改革，他提到国际货币基金组织在2010年12月曾做出决定，将超过6%的配额转移到充满活力的新兴市场和发展中国家（EMDCs），其中中国的配额将从4%增加到6.39%。胡主席的提醒代表了中国的意见，那就是，将国际货币基金组织在2010年决定增加新兴市场和发展中国家的配额视为一个外交上的成功，但迄今未增加中国的配额，未免令人感到失望。②

---

① 请参阅：《日本率先出资给国际货币基金组织以牵制中国》，《参考消息》，2012年4月22日。
② 请参阅：《我国增资国际货币基金组织的背后：中方贡献大话语权》，《中国日报》，2012年6月23日。

中国通过多边货币外交所追求的象征性价值，的确展示了一个负责任的大国的形象。中国领导人多次重申这样的立场：他们的国家将不会缺席基于国际共识所达成的旨在增加国际货币基金组织资源的国际行动。① 同时，中国小心地避免因（国际社会）"过高甚至不切实际的期望"导致"中国的责任"这一话语给自己带来过多的负担。② 中国驻国际货币基金组织执行董事何建雄强调，"中国应当侧重于做好本国的事情"。③ 有观察家认为，中国决定增加在国际货币基金组织中的贡献额度，是基于国际货币基金组织的贷款安全程度和盈利情况考虑。

其次，在全球和区域性金融机构当中，中国并不愿意移交经济政策方面的主权，因而其参与货币多边安排在很大程度上是象征性的。众所周知，中国批评国际货币基金组织的贷款限制条件，并且拒绝接受更灵活的汇率制度作为其国内金融改革的目标。即使中国支持在清迈倡议框架下的双边互换转化为多边化，但它仍拒绝给予清迈倡议多边化的超国家权力。安德鲁·沃尔特指出，中国与一些国际金融组织的国际监督制度之间的分歧越来越大。中国对要求其公开国内金融体系方面的详细信息感到不适，对要求其国内政策接受国际监督更难以接受。与这里所涉及的国内政治学分析相一致，沃尔特强调，这种不适主要来自于其国内利益小群体，即与政府有密切关联的商业精英。

中国也反对在亚洲范围内协调其汇率，尽管许多中国学者都认为，参与区域性货币外交是推动人民币国际化的最好方式。中国政府不屑于日本提出的亚洲货币单位（ACU），不仅是因为与日本的区域领导权之争以及围绕其所产生的分歧，④ 也因为亚洲货币单位不能同时满足中国目前的经济战略的三个重要目标：保持出口竞争力和稳定进口成本，恢复外部和内部经济平衡，以

---

① 请参阅：《新兴市场国家承诺资助国际货币基金组织》，《华尔街日报》，2012年6月19日；《中国将增加国际货币基金组织的资源》，《中国日报》，2012年7月18日，http://usa.chinadaily.com.cn/china/2012-06/18/content_15509206.htm。
② 请参阅：《不负责任的"中国经济责任论"》，《中国日报》，2010年7月30日，http://www.chinadaily.com.cn/zgrbjx/2010-07/30/content_11069733.htm。
③ 请参阅：《新兴市场国家承诺资助国际货币基金组织》，《华尔街日报》，2012年6月19日。
④ 请参阅：江洋（2010年）。

及减少汇率过度波动。① 关于亚洲货币单位，在 2009 年"东盟十加三"的财政部部长会议上甚至都不是一个讨论的话题。

第三，中国采取双边和集团货币外交，挑战全球金融体系方面的现有权力格局和自由主义思想体系。在没有提供可行的替代方案的情况下，中国只是做出象征性的姿态，实际上是在寻求保护其自身的经济模式。如前所述，中国将自己视为发展中国家的代表，并且呼吁全球货币体系改革。在全球经济治理以及在国际货币基金组织给予新兴市场和发展中国家更大份额的决策方面，中国以二十国集团相对于七国集团的崛起而自豪。中国还要求加强对发达经济体的监管，它试图借此把注意力从对其自身的政策转向关注发达国家的政策。

全球货币体系改革的一个关键问题是国际储备货币。中国人民银行行长周小川在 2009 年发表的有关呼吁国际货币体系改革的强硬言论，以及建立一种全球储备货币的建议，让世界为之震惊。② 由于周小川将特别提款权作为储备货币的诉求，使得在学术界和政策界都对此产生了新的兴趣，包括国际货币基金组织及其执行委员会。这篇含蓄地表达个人观点的文章，反映出了中国中央银行希望在全球金融体系改革方面有更大的发言权，这是中国几十年来所追求的一个目标，无论是在布雷顿森林会议机构创建之际，还是自 1980 年恢复其成员地位以来。中国还要求将人民币纳入国际货币基金组织特别提款权篮子所包含的货币当中。中央银行货币政策委员会成员李稻葵认为，特别提款权如果没有人民币，那将是"荒谬的"和"缺乏合法性的"，而且将人民币纳入国际货币基金组织的提款权篮子，不应当与货币的自由兑换挂钩。③

不过，周小川和中国的中央银行并不代表整个中国相关人士的意见，而只是代表主张改革的相关人士的意见。许多中国政策精英，并不认为在可预

---

① 请参阅：何和张（2007 年）。
② 请参阅：周（2009 年）。
③ 请参阅：《中国人民银行顾问称，特别提款权体系没有人民币是"可笑的"》，彭博社，2011 年 3 月 31 日，http://www.bloomberg.com/news/2011-03-31/pboc-adviser-says-sdr-system-without-yuan-is-ridiculous-1-.html。

见的未来，将人民币纳入一种超国家储备的货币系统是可行的。① 他们援引的理由是人民币的不可兑换性。如果人民币成为国际储备货币，那么中国就将失去对其货币政策的控制，这是现有体系的受益者不愿看到的。果不其然，中国政府在 2009 年 7 月公开表明，中国期待美元"在未来多年内"继续保持它的地位。② 2011 年 9 月，周小川本人也发表了一份声明，他说中国并不急于让人民币加入特别提款权篮子。③ 中国的国际货币体系改革的呼声很大程度上是象征性的。中国银行分析师李建军说："发行一种超主权货币的关键是确定谁说了算。不论是发行还是分配，都涉及很多政治妥协。如果看不到巨大的利益，国家将没有承担相关责任的动力。"④

人民币国际化

许多中国学者和政策制定者，都将拥有一种国际货币看作是大国地位的象征。中国社会科学院世界经济与政治研究所所长张宇燕认为，人民币国际化是中国崛起的必要支撑，并且指出，在近代史上的霸权国家——英国和美国——都拥有在国际上居于主导地位的货币。⑤ 然而，相比于美元国际化的市场引导过程，中国的政策精英认为，人民币国际化一直是且也应当是由政府以渐进的方式引导的。从 2009 年 6 月开始，中国政府颁布了一系列通过贸易和投资、双边本币结算协定、离岸人民币中心以及人民币援助而扩大人民币结算范围的政策。这些似乎都是人民币国际化、中国金融和货币制度自由化

---

① 请参阅：聂庆平，《超主权货币很难找到货币锚》，《第一财经新闻》，2009 年 4 月 1 日，http://bond.hexun.com/2009 - 04 - 01/116251849.html。也可参阅鲍尔斯和王（2008 年）。
② 请参阅：马克·迪恩和西蒙·肯尼迪，《俄罗斯、印度在峰会之前质疑对美元的依赖》，彭博社，2009 年 7 月 6 日，http://www.bloomberg.com/apps/news?pid = 20601087&sid = aaPXSTHmf02I。
③ 请参阅：《中国的周小川称，不必急于将人民币纳入特别提款权篮子》，德国交易所集团国际市场新闻社，2011 年 9 月 8 日，https://mninews.deutsche - boerse.com/content/chinas - zhou - says - no - hurry - include - yuan - sdr - xinhua。
④ 请参阅：《不论人民币是否加入特别提款权，全球货币体系都应改革》，2011 年 11 月 3 日，http://news.xinhuanet.com/english2010/indepth/2011 - 11/03/c_131228404.htm。
⑤ 请参阅：张宇燕，《人民币国际化是中国崛起的必要支撑》，2011 年 5 月 31 日，http://www.cnr.cn/gundong/201105/t20110531_508052770.shtml。

的步骤。而中国人民银行开展的人民币国际化试验之所以曾被允许，也是因为它们符合政府的战略考虑。不过，事实上，人民币国际化继续受到保守派以及政府的优先议程所坚持的其他关键政策的约束。

中国已经和13个经济体签署了双边本币结算协定。① 这些经济体的名单及其协定清晰地表明了中国政府的三个目的。首先，支持促进边境贸易。要么将人民币作为非正式货币在正规渠道使用，比如在老挝、蒙古国、缅甸、尼泊尔、朝鲜和越南；要么在人民币未被大量使用的地区建立渠道，以便推广该货币的使用，比如在哈萨克斯坦、吉尔吉斯斯坦和俄罗斯。② 其次，支持用人民币支付能源和原材料费用，比如在中国和巴西、哈萨克斯坦、吉尔吉斯斯坦、俄罗斯以及南非的双边贸易中。第三，体现政治象征价值，例如在"金砖四国"之间。在上海合作组织成员当中，也提出建立这样的协定。然而，正如我们稍后将要探讨的那样，人民币的使用仍会受到其他彼此冲突的政策的限制，所以美元仍很重要。例如，俄罗斯就要求用美元进行商品贸易结算。

2012年6月，中国和日本在外汇市场上开始直接用本币结算，这使得不使用美元的双边贸易结算成为可能。而且，自2009年以来，中国已将其部分美元储备转化为日本债务，并且从2010年欧元危机爆发以后，中国又加速购买日本债务。一些中国分析人士赞誉人民币和日元兑换是中国汇率改革和人民币国际化的重要的一步，③ 但其实这对于人民币的影响是有限的。中国外汇投资研究院院长谭雅玲指出，因为日元在国际经济中的衰退状况，以及在外汇市场上美元相对于日元价值的重要性，商业银行在其交易时间以外，都会将日元换成美元以避免汇率风险。实际上，中国投资者要进入日本市场是很困难的。④ 而且，因为中国金融市场有限的开放程度，使得日元对中国的证券市场将不会产生多少影响。

---

① 这些国家包括白俄罗斯、巴西、印度、哈萨克斯坦、吉尔吉斯斯坦、老挝、蒙古、缅甸、尼泊尔、朝鲜、俄罗斯、南非和越南。
② 请参阅：吕和王（2012年）。
③ 请参阅：《人民币对日元直接交易6月启动，汇改再迈一步》，《第一财经新闻》，2011年5月30日，http://finance.sina.com.cn/china/jrxw/20120530/014612175687.shtml。
④ 请参阅：《专家称中日货币直兑仅前进一小步，更利于日本》，2012年5月29日，http://finance.sina.com.cn/roll/20120529/145812172107.shtml。

中国针对日本的各种举措，都与政治有关。在改善双边关系的背景下，2011年12月，中国总理温家宝与日本首相野田佳彦之间举行的会晤，成为双边合作的一种兴奋剂。受到两国共同领导东亚金融合作这一目标的推动，两国早在2009年5月就签署协议，一致同意将为清迈倡议的多边储备库提供等量资金。然而，当2012年两国围绕钓鱼岛的领土争端升级时，两国之间的金融关系也开始紧张。中国的官方报纸《中国日报》发表了隶属于中国商务部的一个智库专家宋金白的文章，呼吁对日本进行制裁，他强调，"鉴于日本的国家债务危如累卵，能够拯救日本经济的那根稻草似乎就在中国的手中，中国可以利用它，以最有效的方式制裁日本"。① 东京证券交易所驻北京的代表也说，由于与中国政府官员的会议取消以及与中国企业交流存在困难，他们在中国的业务几乎陷入停顿。②

不顾将那根"著名的稻草"交给中国所带来的风险，其他国家（包括澳大利亚）也一直在寻求与中国类似的兑换安排。而且，一些国家的中央银行（包括奥地利、印度尼西亚和巴基斯坦的中央银行）和世界银行，也通过与中国央行（它在2010年8月推出其试点计划）签署双边协议，获准进入中国在岸人民币计价的银行间债券市场。中国央行希望这些范例会启动一个"多米诺骨牌效应"，以吸引其他外国机构也申请进入中国银行间证券市场，虽然这些安排基本上都是象征性的。③ 随着各国竞相争取成为人民币的离岸中心，一种政治多米诺骨牌效应也开始产生。

除了双边货币自由兑换安排以外，中国的中行也想利用离岸中心推进人民币的国际化并建立在岸人民币市场，但前提是它们符合国有企业、国有银行及其监管机构的商业逻辑并具有可控性。中国香港也被作为内地企业和公司的一个融资平台。到2012年8月底，财政部已经和一系列大型国有企业、政策性银行（进出口银行和开发银行）以及国有银行一道发行了510亿元的

---

① 请参阅：《应考虑制裁日本》，《中国日报》，2012年9月17日，http://www.chinadai-lyapac.com/article/consider-sanctions-japan。
② 请参阅：《钓鱼岛争端致中日韩自由贸易区横生变数》，《21世纪经济报道》，2012年9月19日，http://stock.cjzg.cn/caijing/1348012320812281.html。
③ 请参阅：桑顿（2012年）。

债券。①

考虑离岸人民币中心选择的条件，也符合中国的某些政治利益。随着中国给予第一个人民币离岸中心的香港，以及现在寻求同等待遇的全球其他国家或地区主要城市，如新加坡、伦敦、东京、中国台北、悉尼和巴黎，另一种政治多米诺骨牌效应也随之形成。中国大陆希望与其台湾省台北市的联系将推进两岸的政治一体化。由于做了大量的外交工作，英国伦敦赢得了中国银行的支持，成为另一个人民币离岸中心。然而，如前所述，中国银行不希望实行国内金融体制改革。离岸中心被中国银行视为支持中国公司"走出去"的融资商号，同时，中国从其与英国的交易中也获得了某种政治影响力：英国承诺支持中国的市场经济地位，欧盟也决定承认中国对西藏拥有完整的主权。

人民币不可自由兑换和中国在很大程度上封闭的资本项目账户，极大地限制了离岸人民币中心的发展。在世界上的其他地方，人民币的不可自由兑换使得它在国际市场上的吸引力大打折扣。2012 年的一项调查显示，42% 的美国公司和 23% 的欧洲公司不愿意使用人民币进行贸易结算。即使在中国国内企业当中，因其不可兑换性和不方便的交易程序，也有超过 40% 的公司不愿意使用人民币进行贸易结算，美元仍是用于支付全球商品贸易的事实上的定价货币。② 因此，即使离岸人民币中心在伦敦或者纽约建立，它们在很大程度上仍将是象征性的。

尽管有上面提到的自 2004 年以来的各国政府间的双边安排，以及自 2009 年 6 月以来的一系列政策，③ 但是人民币在国际贸易中的吸引力还是被其他政

---

① 请参阅：《人民币债券在香港发行情况概览》，2013 年 10 月 31 日，http：//cn. reuters. com/article/currenciesNews/idCNL3S0II0ME20131031?sp = true。
② 请参阅：《从跨境结算到跨境贷款，人民币国际化在争议中前行》，《21 世纪经济报道》，2012 年 7 月 7 日，http://www. 21cbh. com/HTML/2012 - 7 - 7/4NMzY5XzQ2OTY4NQ. html。
③ 2009 年 6 月，中国在一些内地城市和香港推出人民币跨境贸易结算试点，随后扩大到全中国和其他贸易伙伴国。2011 年 1 月，中央银行启动了外商直接投资以人民币结算的试点，随后进一步放宽了外商直接投资以人民币结算的规章条例。2012 年 6 月，（深圳）前海金融特区成立，为人民币在中国香港和内陆之间资本流动开辟了一条通道。

策约束所限制。根据国务院发展研究中心的调查，人民币在国际贸易和投资方面的使用，在很大程度上局限于边境贸易。美元仍是中国对外贸易的主要币种，而以人民币进行对外投资的接受程度较低，[1] 其原因包括：人民币不可自由兑换、资本项目账户被严格控制，以及在中国及其大多数贸易伙伴之间缺乏双边货币结算协议。

中国的政治战略意图也约束了人民币有可能成为区域性主导货币。该地区的一些国家试图保护传统经济体贸易结算币种——美元和日元——的现状。[2] 很明显，最近的邻国海域领土冲突增加了中国在其邻国造成的恐惧感，尽管自1998年亚洲金融危机以来，中国方面通过自由贸易协定、援助和投资开展了外交攻势。

最后，在中国政府机构当中，似乎还存在着需要协调的问题。财政部和国家税务总局颁布的法规，使得许多公司因使用人民币而被取消了进口税的减免资格。国家外汇管理局和中国海关规定了可过境人民币现金金额的上限。此外，对于通过商业银行进行贸易结算的资金净流入量和净流出量也有上限，这意味着这些银行只能开展同样额度的进出口业务。[3] 中国银行业监督管理委员会主席刘明康强调指出，保持控制和谨慎实施，是人民币自由兑换试验的首要任务。[4]

总之，中国近期的货币外交活动并未预示出，中国在可预见的未来将会进行更快的金融体制改革或者实行金融自由化。中国通过货币外交所做出的安排，常常是为了政治利益而具有象征意义，或者是为了务实的商业利益而具有浅层次的和短期驱动的特征。

中国的货币外交政策表明，它迄今并未准备好去承担人民币作为国际货币的权力角色的重任，也表明它对于多边货币合作没有更大的兴趣。中国不

---

[1] 请参阅：国务院发展研究中心（2011年），第45页。
[2] 同①，第45~48页。
[3] 请参阅：中信银行副行长曹彤，《人民币国际化制度建设六解》，2010年1月8日，http://forex.stockstar.com/JL2010010800002012_3.shtml。
[4] 请参阅：刘明康，《前海人民币资本项目账户开放试验须审慎》，http://finance.sina.com.cn/stock/hkstock/hkstocknews/20120703/154412467257.shtml。

愿为多边资源分摊做出贡献,除非能够得到明确的好处。它的双边安排几乎不需要为可能产生的全球贸易伙伴间的合作进行货币政策协调,并且这些安排的制约条件,与当前全球其他机构之间并没有多少相似之处。此外,中国的双边主义可能会鼓励其他国家效仿,正如我们在日本和印度之间的双边货币互换之中,以及在伊朗和印度、伊朗和俄罗斯之间的当地货币结算中所看到的那样。①

(江洋)

---

① 请参阅:《伊朗法尔斯新闻社称,伊朗、俄罗斯分别用里亚尔和卢布取代美元交易》,彭博社,2012年1月7日,http://www.bloomberg.com/news/2012-01-07/iran-russia-replace-dollar-with-rial-ruble-in-trade-fars-says.html。《印度、伊朗用卢比结算一些石油贸易》,路透社,2012年1月20日,http://www.reuters.com/article/2012/01/20/india-iran-idUSL3E8CK3C120120120。

第6章　中国崛起的货币权力①

对于中国在国际货币关系中的权力研究，目前处于一个初期阶段。我们更容易理解直接的权力形式。"直接权力"可以定义为一个国家通过劝说或强迫，让另一个国家去做后者原本不会做的事。一些学者都侧重于中国影响美国政策行为的能力或能力缺乏的研究。例如，赛斯特和德雷兹内都考察了中国能否将其持有的大宗美国债务转化为对于美国决策的影响。他们各自进行了不同的测试，而且得出了不同的结论：赛斯特认为，中国的影响力与日俱增，而德雷兹内则更多的是怀疑。② 最近几年，科恩探究了中国人民银行与其他中央银行签署的货币互换协议是否是中国获取直接货币权力的潜在工具，或者它是否是用来抗衡西方国家权力的货币工具。③

直接权力的另一面是，一个国家的政府避免另一个国家的政府要求其去做自己原本不会去做的事情而施加的直接压力。科恩的研究表明，在避免汇率外部压力这个问题上，中国已经增强了自身的"自主性权力"，中国政府可以根据自己的需要，凭借其大量增加的外汇储备而推迟某国所要求的政策调整。正如科恩所认为的那样，"推迟行动的力量明显增强"。④ 然而，科恩的研究也发现，中国扭转外源性压力的能力增强，也缘于某种程度上有些被动的货币权力模式，它并不会自动转化为更大的影响力，或者转化为针对国际

---

① 我要感谢本杰明·科恩、安德鲁·沃尔特以及康奈尔大学研讨会与会者和两位匿名审稿人提供的意见，尤其要感谢埃里克·赫莱纳和乔纳森·柯什纳给予的编辑指导和建议。我还要感谢加拿大人文社会科学研究理事会对于本部分研究课题的支持。
② 请参阅：赛斯特（2008年）、德雷兹内（2009年）。
③ 请参阅：科恩（2012年）。
④ 请参阅：科恩（2008年），第461页。

权力的一种更加积极的和有目的的运行模式。

上述有关中国直接权力的研究虽具有重要的参考价值，但直接权力也只是权力体系中的极小的一部分。这种研究未能考察中国在国际社会上运用货币权力所采取的更广泛的、更间接的结构性手段。结构性权力有它的两面性：① 一面是，它具有约束效应。斯特里奇的解读是，它是一种能够塑造或者决定其他国家和市场参与者更广泛的力量，这种力量能够塑造有关国家的决策框架，以及政府和百姓彼此互动的语境，还能有助于划定各种选择的范围。② 另一面是，结构性权力的拥有者有能力扩大面向其他人的选择范围，其所采取的方式就是给予后者原本并不拥有的机会，以及开放选择或者扩大后者的选择范围。③

本章的主要观点是，中国正在国际货币领域使用结构性权力的第二面：扩大其他国家的政府和市场参与者在国际货币体系中所拥有的储备货币的选择范围。它正在通过促进国际货币体系的储备多元化去做到这一点，它也正在重塑其政府、市场参与者和百姓赖以互动的货币框架和国际货币市场。中国政府的行动旨在以一种"公平、有序和稳定的"国际货币体系的名义，通过开放和扩大国际货币的选择范围而引导其他国家的货币体系与其相适应。同时，中国政府的国际货币干预可能对间接制约美国的"过度特权"具有一种中期的影响——结构性权力的第一面。简单地说，中国通过推进外汇储备多元化，也许会在中期水平上对美国经济政策产生一种约束效果，如果美国继续选择追求一种宽松的货币和财政政策的话，中国就可能会对美国收取更高的借贷成本。本章所论及的有关中国主要货币和金融精英的声明，突出了这一层面的思考，并且表明它是指导中国进行全球货币干预的战略文化和中期目标的核心要素。

本章内容的分析突出了三个主要的实证结果。第一，中国通过一些渠道促进国际货币储备多元化，这当中包括："金砖国家"共同努力扩大特别提款权（SDR）——国际货币基金组织发行的一种多边资产——的作用，并支持将其发展成一种多边储备选项；中国通过和"金砖国家"之间正式签署协议并

---

① 我要感谢本杰明·科恩强调指出了这一概念要点。
② 请参阅：斯特兰奇（1988 年），第 24~25 页。
③ 同②，第 31 页。

开展货币互换合作，增加在它们之间用以结算贸易和投资的人民币的使用程度，以及为"金砖国家"发展货币金融市场；采取协调一致的步骤，加大人民币的跨境使用范围，以便将其作为贸易和投资结算的国际货币———一种价值储存系统，并最终作为国际货币的一个主要储备选项。①

第二，美元价值波动对中国外汇储备的负面影响，成为自2007年以来中国政府非常关注的一个问题，它涉及2007年到2009年全球金融危机期间影响中国对外贸易的美元流动性冻结问题。不过，总体而言，中国政府采取了更为灵活的货币外交政策。

第三，本章所研究的中国货币改革的战略，要追溯到十多年以前，它缘于亚洲区域对于美国和国际货币基金组织对1997~1998年亚洲金融危机的处理方式的批评。中国的中央银行呼吁改革国际货币体系（它在全球金融危机的关键时期得到过国际社会的广泛关注），实际上是基于中国对美国事实上管理全球储备货币的方式越来越感到失望的结果。自1999年以来，中国中央银行和金融系统的高级官员在国际货币基金组织和世界银行的一系列会议上，都表达了对于主要储备发行国家应采取更为负责任的态度这一问题的关注，而且他们都强调国际货币基金组织应该更加注重监督发达经济体的货币政策，发展多边储备选项，以及建立多边储备货币系统的重要性。但这些警告未被理会。我们从相关历史开始阐述。

起源

2009年3月，当国际社会的各方人士焦虑地看着各国政府出手阻止金融危机的蔓延并逐渐恢复世界经济秩序时，中国人民银行发布了周小川行长撰写的一篇具有里程碑意义的文章，题目是"改革国际货币体系"。这篇文章对国际观察家产生了巨大的震动，它读起来就像是中国的一篇有关全球货币体系改革的文章，它间接地阐述了逐步采取多元化储备体系的技术和管理的方案。由于它发表的特殊时机，再加上中国在国际金融和货币市场上的分量，这篇文章吸引了全球各界人士的广泛关注。但是，正如我们所知道的那样，

---

① 本章因篇幅所限未阐述的中国对当前国际货币体系干预的其他两个要件，是中国为确保欧元生存提供的支持，以及其在区域层面（尤其是在亚洲地区）的货币国际化的努力。

中国批判现有国际货币体系的历史已经有十多年了。

周小川行长侧重于依赖"作为主要国际储备货币并以信贷为基础的特定国家货币"的问题，提出"目前的危机及其在世界的影响"，以及国际社会面临这样一个"仍然悬而未决的问题"："我们需要什么样的国际储备货币来保持全球金融的稳定和促进世界经济的发展？"[①] 观察者注意到，中国人民银行行长对于"特里芬难题"*的理解，一方面基于其优先对待其国内政策的目标，另一方面也基于其试图解决将中国国内政策目标置于优先地位的储备货币发行国之上所带来的利益冲突问题。简而言之，储备货币发行国不可能在保持储备货币价值的同时，也能够为世界提供稳定的流动性。

根据周小川的说法，解决方案就是建立一种"与特定国家脱钩并保持长期稳定，从而会消除因使用以信贷为基础的特定国家货币所导致的固有缺陷"的储备货币。他认为，国际储备资产应满足三个条件：首先，"从理论上说，一种国际储备货币应该……具有一个稳定的基准，并且根据一种明确的规则而发行……以便确保有序供应"；其次，"它的供应应该足够灵活，从而可以针对变化的需求作出及时调整"；第三，"这样的调整，应当与任何一个国家的经济条件和主权利益脱钩"。也许最重要的是，他认为特别提款权作为一种"超主权"的储备货币，有可能成为国际货币体系改革"隧道中的亮光"。周回顾了国际货币基金组织在1969年初创建特别提款权的理由（即为了减轻美元—黄金体系因承受严重压力而依赖主权储备货币所带来的风险），他提出，

---

① 请参阅：周小川（2009年），第1页。

* 美国著名国际金融专家、耶鲁大学教授罗伯特·特里芬认为，任何一个国家的货币作为国际储备资产，都不会适应国际清偿能力的客观需要，因而将最终导致国际货币体系的崩溃。1957年，他曾对布雷顿森林体系规定的美元兑换黄金的情况表示过质疑，并且指出，20世纪50年代下半期各国储备情况发生了巨大的变化，导致美国的黄金储备流向其他国家，如果这种情况持续下去，最终将削弱世界对美元的信心。在政府加强干预的情况下，各个独立主权国家的政策目标并不一致，各国货币政策也难以协调，从而不能保证美元的可持续兑换性；即便美国矫正其国际收支逆差，黄金生产也不可能在黄金官价的基础上充分满足世界各国不断要求储备增长的需要；如果美国继续保持国际收支逆差，则它的对外债务将迅猛增加，并远远超出美元兑换黄金的能力，从而产生黄金与美元危机。这个著名的"特里芬难题"，揭示了布雷顿森林体系内在的、不可调和的矛盾。——中译者

一种超主权的国际储备货币"能够消除以信贷为基础的主权货币的固有风险",并且使得通过全球多边谈判方式"管理全球流动性成为可能"。关于货币外交,周小川的文章显示了一种灵活的指向性,因为文章并没有明确提及美元。①

周小川文章中提及的有关中国方面的战略性思考,实际上要追溯到十多年以前的20世纪90年代后期。在1997~1998年亚洲金融危机发生之后,基本上从1998年到2007年大约每两年一次的国际货币基金组织和世界银行的碰头会议上,中国人民银行和财政部的代表数次提出现有货币国际体系在汇率波动和汇率不稳定方面的不利影响,呼吁国际货币基金组织更严格地监督主要储备货币发行国的货币政策。他们警告说,过于依赖任何特定国家的货币"是非理性的",并且建议采取多极储备系统。自1997~1998年亚洲金融危机以来,中国对以美元为中心的国际货币体系越来越感到失望。

因为亚洲国家对于国际货币基金组织化解危机方案的负面影响的抱怨加深,2000年4月,中国人民银行副行长肖钢在国际货币金融委员会②会议上发言说:"我们认为,主要工业经济体具有系统性的意义,因此,国际货币基金组织应当把更多的精力用于通过双边和多边监督措施来监督这些成员,特别是要分析它们的政策对于区域和全球经济可能产生的影响或者溢出效应。"③ 随着国际货币基金组织在当前国际货币体系中的负面作用越来越明显,因此在2002年4月国际货币金融委员会的会议上,前中国人民银行行长戴相龙也提出了类似的警告。④

早在2002年,中国货币的政策精英就提出过现行国际货币体系的"非理性"特性,这表明他们对于国际储备货币"多极化"的偏好,并首次提出将

---

① 请参阅:周小川(2009年),第1~2页。
② 国际货币与金融委员会(IMFC)就国际货币和金融体系管理问题向国际货币基金组织理事会提交报告,并就国际货币基金组织的工作程序提出建议。这个建议包括24个成员国的委员会,负责监督全球的流动性和向发展中国家转移资源,执行委员会修改协议条款并且评估可能会扰乱全球货币和金融秩序的当前事件。它通常每年两次召开会议,即世界银行和国际货币基金组织的年度会议及春季会议。请参阅国际货币基金组织(2013年)。
③ 请参阅:肖刚(2000年)。
④ 请参阅:戴相龙(2002年)。

特别提款权作为一种国际储备资产的选项。在国际货币基金组织和世界银行的春季会议上，戴相龙提醒注意这样的事实：

> 国际货币体系固有的不合法性，会导致全球资源的分配不均和主要货币的大幅度波动……
>
> 我们支持世界经济的"多极化"，这将有助于促进全球经济的协调和平衡发展，以及建立一个公平合理的国际政治经济新秩序。就这一点而言，将特别提款权作为一种国际储备货币而扩大其使用范围，明显是有益的。国际货币基金组织应当为鼓励这样一种努力而创造条件。作为国际金融系统的中心，国际货币基金组织应当更加重视国际货币体系的改革，更加注重世界经济的平衡发展，以便寻求可行的解决方案。①

从 2002 年到 2004 年国际货币基金组织和世界银行的连续几次会议上，中国官员再次强调有关这一体系的"非理性"特性，并且呼吁建立一个"新的、合理的和公正的国际经济秩序"，以及一种"新型的国际货币体系"。② 这种批评性建议是建立在中国政府的外交政策之上的，早在 2002 年 11 月第十六届全国人民代表大会上，中国国家领导人就在讲话中提到"多极化和经济全球化"的趋势，"为世界经济发展创造了机遇和提供了有利条件"。③ "要从根本上改变旧有的不公平和不合理的国际政治经济秩序……我们支持建立一个新的、公平的和合理的国际政治经济秩序。我们反对一切形式的霸权主义和强权政治。中国将永远不称霸，也不追求扩张"。④

在 2003 年国际货币金融委员会的会议上，中国政府的批评性建议又进一步升级，当时的中国人民银行副行长的李若谷就宏观经济和货币管理不善对美国明确提出了批评：

> 目前，美元贬值对于欧元区的经济复苏带来了压力。如果汇率波动和国际资本流动互相影响，那么对于金融业尚不稳健的新兴市场经济体

---

① 请参阅：戴相龙（2002 年）。
② 请参阅：戴相龙（2002 年）、李若谷（2003 年）、周小川（2004 年）。
③④ 请参阅：江泽民（2002 年），第 56 页。

会有更大的影响。

……美国应当更加关注其当前的宏观经济弱点，与其他国家加强政策协调，防止汇率大幅波动对脆弱的世界经济的负面影响。①

在2004年4月的国际货币金融委员会会议上，周小川还特别提到了美国经济的管理不善问题，并就美国经济提出了警告："首先，这种恢复过程所依赖的财富效应可能难以维持。其次，美国财政赤字的扩大，对于私营部门的投资与资本市场的稳定是不利的。第三，美国经常项目账户赤字持续扩大，将不可避免地导致美元汇率调整，从而可能扰乱全球经济秩序。"② 在2004年10月3日国际货币基金组织和世界银行的联合讨论中，周小川再次强调美国经济的宏观管理不善和全球金融不稳定之间的关系问题："主要发达国家的经济结构问题，对于全球经济发展、汇率甚至金融市场的稳定都具有一种潜在的消极影响。"③在2005年4月国际货币金融委员会的会议上，李若谷再次提到美国给全球金融市场带来的不稳定影响这一主题："自去年9月以来，美元汇率一路下跌，这不仅给其他一些经济体的出口增长带来了很大压力，而且也威胁到了美国国内金融市场的稳定。如果美国的财政和经常项目账户赤字持续扩大，美元将进一步贬值，这可能会导致全球金融市场和实体经济的动荡。"④

中国人民银行的官员将国际货币基金组织的监督重点再次转向具有更大债务脆弱性的主要工业国家和经济体。他们敦促国际货币基金组织鼓励这些发行储备货币的国家更好地协调各自的经济政策，并维持主要货币的汇率稳定。⑤ 从2005年到2008年期间，在国际货币基金组织和世界银行的每两年一次的会议上，中国政府官员都会重申这一要求。他们的理由是，这些经济体及其金融市场，对于全球和区域经济发展都具有重大影响。这同时也是美国财政部、国会以及国际货币基金组织开始就汇率"失调"向中国施压的时期。⑥

---

① 请参阅：李若谷（2003年）。
②③ 请参阅：周小川（2004年）。
④ 请参阅：李若谷（2005年）。
⑤ 请参阅：周小川（2006年）。
⑥ 请参阅：布卢斯坦（2012年），第12~23页。

2006年4月在华盛顿，中国人民银行行长周小川就特别提款权作出以下评论（这也预示了他将在2009年3月那篇文章中强化的主题）：

> 国际货币基金组织有必要提高其监督的有效性，因为全球贸易、贸易结算和储备资产严重依赖一种单一货币。一方面，国际货币基金组织应当优先考虑对主要货币储备国家建立监督和制衡机制；另一方面，也要考虑改革国际货币体系。为此，持续加强特别提款权在国际货币体系中的作用，始终是一个重要的问题。①

周小川在2009年9月新加坡的国际货币基金组织和世界银行会议上，同样提出了这一主题。② 然而，中国连续的警告，以及对于国际货币体系改革的呼吁，始终未被理睬，而且它们在很大程度上被七国集团政府的央行和财政部代表所忽视。不过，随着2008年金融危机英、美经济的一路下滑，有关国际货币金融机构的确做出了很大的改变。

协调的压力

在2008年全球金融危机之前的10年，中国的货币治国之道和外交主张，主要由中国人民银行的高级技术专家所提出和倡导，并且在较低的程度上得到财政部专家的支持。③ 然而，当世界经济随着美国雷曼兄弟公司在2008年9月倒闭而陷入危机，以及当美国总统小布什在2008年11月15日二十国集团领导人首次峰会上召集世界上最强大的经济体的领导人时，中国领导人开始将财政政策、货币政策以及货币外交提升到了议程优先的地位。随着金融危机的蔓延，一些国家的政府，包括主要经济体的政府，都期待中国在帮助恢复和稳定世界经济方面发挥关键作用。作为主要经济体的中央银行为试图阻止危机蔓延所采取的一系列措施的一部分，中国政府支持其中央银行分别在2008年10月8日、31日先后两次降低银行贷款利率。在11月8日巴西圣

---

①② 请参阅：周小川（2006年）。

③ 关于中国人民银行及其金融官员在中国国际货币关系中的作用，请参阅：雅各布森和奥森伯格（1990年）、拉迪（1999年）和皮尔森（1999年）。

保罗的二十国集团财政部部长和中央银行行长会议上,周小川向与会者保证,中国将会通过维持其经济增长和扩大国内需求来帮助稳定国际金融市场;中国人民银行将会密切观察监督金融市场的状况,并且做好在必要时进一步调整其政策和利率的准备;中国人民银行愿意与国际货币基金组织进一步加强合作,以稳定国际金融市场。① 在圣保罗会议的第二天,中国官员告诉其他国家的同行,中国政府刚刚宣布了 40 000 亿元人民币(约合 5 700 亿美元)的两年期一揽子经济刺激计划,用来促进国内经济增长并抵消全球金融危机的负面影响。②

全球金融危机给中国的货币外交带来了三个重要变化:一主要决策者及其政策的改变;二对外金融援助规模的大幅增加;三与"金砖国家"开展协作行动。在主要决策者方面,中国共产党总书记和国家主席胡锦涛成为中国的全球货币思想的主要发言人,他在二十国集团领导人第一次峰会上呼吁优先保持国际金融稳定,"提高国际货币体系的稳定性,促进国际货币体系的多样性"。③ 在这一时期,国务院总理温家宝成为中国政府对美国的美元管理(这会直接影响中国的外汇储备)感到担忧的关键信使。④ 在 2009 年 4 月 2 日伦敦二十国集团峰会之前,温家宝总理在接受美国媒体采访时这样说:"我们把很多钱借给了美国……说实话,我确实有点儿担心。"⑤

周小川在伦敦二十国集团峰会之前发表的那篇文章,以及国务院副总理王岐山发表于《伦敦时报》上的有关"发展中国家需要有更多声音"的新型货币秩序的观点,为中国领导层在二十国集团峰会上确定了基调。⑥ 然而,事实上,是胡锦涛主席在会议上扮演了关键角色,他呼吁二十国集团领导人敦

---

① 请参阅:江宇夏,《中国通过保持经济增长,稳定全球金融市场》,2008 年 11 月 9 日,http://news.xinhuanet.com/english/2008-11/09/content_10330101.htm。
② 一揽子经济刺激计划旨在为低收入家庭住房保障、农村基础设施、水电、交通、环境、技术创新和灾后重建等提供融资。
③ 请参阅:胡锦涛(2008 年)。
④ 关于中国持有外汇资产固有的脆弱性,请参阅王宏英(2007 年)。
⑤ 请参阅:迈克尔·韦恩斯、凯斯·布拉德舍尔和马克·兰德勒,《中国领导人说,他对美国国债感到"担忧"》,《纽约时报》,2009 年 3 月 13 日,http://www.nytimes.com/2009/03/14/world/asia/14china.html?_r=0。
⑥ 请参阅:王岐山,《G20 应超越二十国本身的视野》,《时代》杂志,2009 年 3 月 29 日,http://www.thetimes.co.uk/tto/law/columnists/article2048640.ece。

促国际货币基金组织"加强和完善对于相关各方的宏观经济政策的监督,特别是对于发行储备货币的主要经济体。应当将重点放在货币发行政策的监督方面"。① 胡锦涛主席呼应了中国人民银行此前的观点:"我们应该改进国际货币体系和储备货币发行的监督机制,保持主要储备货币汇率的相对稳定性,并促进国际货币体系的多样化与合法性。"② 在全球金融危机的关键时期,这一号召作为主要新兴经济体和七十七国集团的一个口号而被提了出来,它很难被忽视。

中国货币外交的第二个新特征是,中国政府通过运用大量的金融资源,尤其是按照过往的历史标准,以有形的捐助方式支持其对全球金融危机的干预。中国有关国际货币体系改革的言论和建议,都涉及对国际货币基金组织在资金方面的支持。例如,在伦敦二十国集团峰会上,中国是第一个同意将向国际货币基金组织提供资金援助的国家。中国政府强调,它希望中国的500亿美元捐助将有助于从总体上稳定世界经济,并且尤其慷慨地向经济最脆弱的发展中国家提供支持,帮助它们部分抵消并非由它们带来的全球金融危机的不利影响。③

在全球金融危机之后的货币外交方面,中国实现新突破的第三个途径,是与其他主要新兴国家,即巴西、俄罗斯、印度和南非(以及其他东亚国家的政府)之间的密切配合,共同促进国际货币体系的改革。④ 中国政府通过与巴西和俄罗斯政府的合作,将巴西、俄罗斯各自的100亿美元连同中国的500亿美元援助一道,专门用于从国际货币基金组织购买新发行的以特别提款权计价的资产。

特别提款权的政治障碍

2009年6月,中国在通过特别提款权向国际货币基金组织提供了广为人知的援助之后,又继续和其他新兴市场国家于当年7月9日在意大利

---

①② 请参阅:胡锦涛(2009年)。

③ 请参阅:《深度分析:二十国集团让中国找到了提高自己在世界金融中的地位的方式》,2009年4月4日,http://news.xinhuanet.com/english/2009-04/04/content_11129289.htm。

④ 请参阅:陈宗翼(2010年)。

拉奎拉举行的八国集团暨五国集团全球领袖峰会上，继续倡导国际储备多元化。① 根据可靠的消息，在拉奎拉峰会的准备阶段，中国政府就要求将国际储备货币的建议提上议事日程。② 并且，在预备会谈的过程中，中国官员就要求在峰会召开的第二天，代表八国集团暨五国集团以及埃及，发布一份有关国际货币体系改革的联合声明。③ 在峰会开始之前，八国集团暨五国集团兼二十国集团的中方代表、外交部副部长何亚非就告诉西方媒体说，如果峰会讨论的范围扩大到包括货币问题，这将是"十分正常的"事情。④

但中国的倡议遭到七国集团的反对，特别是日本、加拿大和英国政府。这些经济发达的国家试图阻止新崛起的大国将国际储备货币问题安排到历来属于它们的俱乐部会议日程当中。日本代表很不屑地将国际储备货币问题视为仅可在五国集团新兴经济体的"次要会议"上讨论的"次要问题"。⑤ 加拿大财政部部长詹姆斯·弗莱厄蒂捍卫美元作为国际主导货币的地位，称它在金融危机延续期间是一种稳定性的力量。⑥ 英国首相戈登·布朗则质疑中国提出国际储备货币问题的恰当性，认为眼下大家应当重点关注如何阻止全球金融危机的蔓延并恢复经济稳定。

不过尽管有七国集团的阻挠，但中国还是在巴西总统伊纳西奥·卢拉·达席尔瓦的大力支持下，继续推动其扩大特别提款权作用的设想。在7月9日上午八国集团暨五国集团的会议上，中国国务委员戴秉国代表胡锦涛出席会议并发表官方声明，⑦ 其中包括建议"我们应该有一个更好的国际储备货币发行和管理体系，这样一来，我们就可以保持主要国际储备货币汇率

---

① 在八国集团领导人邀请下参加本次峰会的"新兴五国"，包括巴西、印度、中国、南非和墨西哥。
②③ 请参阅：《有关美元地位问题不可能出现在八国集团的公报中》（资料来源：八国集团），路透社，2009年7月3日，http://www.reuters.com/article/2009/07/03/us-g8-summit-currency-idUSL325178220090703。
④⑤ 请参阅：西川洋子，《日本：主要国家应支持美元作为关键货币》，路透社，2009年7月3日，http://www.reuters.com/article/2009/07/03/us-g8-summit-japan-sb-idUSTRE5621DR20090703。
⑥ 请参阅：卡里姆·巴蒂希，《取代美元货币地位的呼声渐高》，《环球邮报》，2009年7月5日，http://www.theglobeandmail.com/report-on-business/economy/calls-grow-to-supplant-dollar-as-global-currency/article4278221/。
⑦ 胡锦涛在八国集团暨五国集团会议的前一天晚上返回国内，处理中国西部地区的问题。

的相对稳定性,并促进国际储备货币体系的多样化和合理化"。① 尽管美国对此不满,并且七国集团同盟也设法阻止讨论该问题,但这一提议还是最终被提交。

不过,对于中国和其他"金砖国家"而言,特别提款权问题变成了一场艰苦的战斗,尽管国际货币基金组织常务董事站在它们这一边。2009 年 9 月 29 日,在匹兹堡举办下届二十国集团会议的东道国——美国——逆转了"金砖国家"将国际货币体系改革提上议程的呼吁。2010 年 6 月,在加拿大多伦多举行的二十国集团峰会上,东道国在提议讨论特别提款权的作用方面,没有得到任何额外的支持,而是将讨论议题侧重于国际货币基金组织的规则评审过程等方面。② 这两次峰会对于"金砖国家"倡议的国际货币体系改革而言是一种失败。③ 七国集团有效地草草处理了新兴国家要求侧重于国际货币体系改革的呼声,在匹兹堡和多伦多会议上,以及在 2010 年 11 月首尔举行的二十国峰会上,都将主要讨论议题放在了建立各国的"相互评估的程序"上,该议题被认为有助于矫正全球贸易和金融失衡,这也是贸易赤字国家的主要关注点。

尽管七国集团并不接受进一步扩大国际储备资产的选择范围(它们只是在 2009 年 4 月同意支持新的特别提款权分配方案)④,但周小川并不气馁,在 2010 年 10 月国际货币基金组织和世界银行会议上,他再次阐明中国政府的立场:

> 我们希望国际货币基金组织和世界银行总结这次全球金融危机的经

---

① 西蒙·拉宾诺维奇和马特·法伦:《中国在八国集团首脑会议上要求货币体系改革,英国提出质疑》,路透社,2009 年 7 月 9 日,http://www.reuters.com/article/2009/07/09/us-china-economy-currencies-idUSTRE56840F20090709。
② 巴西总统卢拉选择不出席多伦多二十国集团峰会。
③ 中国官员引用胡锦涛的演讲内容强调:国际社会需要强化国际货币基金组织的职能,加强对各国宏观经济政策的监督,尤其是对主要储备货币发行经济体的监督。请参阅《二十国集团第四次峰会在多伦多举行,国家主席胡锦涛出席峰会并发表重要讲话》,中华人民共和国外交部,2010 年 6 月 27 日,http://www.fmprc.gov.cn/eng/topics/hjtf-wjnd4thG20/t712730.htm。
④ 2009 年 4 月新的特别提款权分配方案,是自 20 世纪 80 年代初以来的第一次修正。我要感谢埃里克·赫莱纳特别提出这一细节。

验和教训，并且具有创造性思维和现代化意识，重建能够容纳新发展和新特征的全球经济和金融体系。国际货币基金组织应当调整其监督重点，更加关注主要储备货币发行经济体的宏观经济政策、金融业的稳定和跨境资本的流动；而且应当细化国际货币体系，保持主要储备货币汇率的相对稳定，同时实现储备货币体系的多样化和合理化。①

第二天（10月9日），在向国际货币金融委员会提交的声明中，周小川强调了美元的作用，但同时也特别指出摆脱过分依赖将单一国家货币作为世界储备货币的必要性：

> 四十一年前，作为对于一次严重的美元危机的回应，国际货币基金组织建立了特别提款权，以帮助维护国际货币稳定。然而，随着发达国家相继采取浮动汇率制度，特别提款权的作用一直被忽视。目前的全球金融危机和经济衰退，是自第二次世界大战以来的最严重的经济危机，它提醒我们必须关注加速国际货币体系改革的必要性。要创造条件强化特别提款权的作用。国际货币基金组织即将对特别提款权进行审查。我们希望在一个更广泛的领域内取得积极进展，包括改进一揽子货币和强化特别提款权的作用。②

尽管中国人民银行十多年来在国际货币基金组织和世界银行的会议上，一直倡导加大特别提款权的使用，而且七国集团在2009年4月伦敦二十国峰会上第一次同意重新分配特别提款权，但中国方面还是发现，它同其他"金砖国家"大力推动特别提款权的使用方面的努力还是遇到了不小的障碍。经济发达国家仍然侧重于以美元和欧元为主要选项的国际货币体系，与此同时，英镑和日元也属于全球交易量领先的货币之列。通过"世界级经济组织委员会"进行国际货币体系改革和扩展特别提款权的使用范围的政治限制因素，对于中国而言越来越明显。

2012年，在法国成为二十国集团轮值主席国的这一年，中国推动特别提

---

①② 请参阅：周小川（2010年）。

款权的实际意愿也经受了考验。法国长期以来一直批评美国的"过度特权"。法国总统萨科齐以及财政部部长克里斯汀·拉加德经常在新闻发布会上质疑美元秩序。在接替二十国集团轮值主席国之前的这一年，萨科齐继续巩固其前任与中国建立的独特的外交关系，希望与中国走得更近，以便共同推动国际货币体系的改革。萨科齐认为，在推动国际货币体系改革议程方面能够得到中国方面的前所未有的支持，使他作为全球领导人之一能够获得某种戏剧性的突破。萨科齐专注于抑制美国的"过度特权"，建立限制商品价格波动的机制，同时也努力在汇率管理方面与各方达成新的共识。不过就汇率管理而言，法国的意图与中国的利益存在着某种冲突。

最初，中国政府做出过积极的回应。2010年11月初，中国国家主席胡锦涛专门乘专机到法国南部的地中海沿岸城市尼斯与萨科齐总统会晤，然后他们一同出席首尔的二十国峰会。在对媒体发表的评论中，萨科齐说，"法方愿意在国际事务方面与中国加强协调与合作"，特别是"在二十国集团框架内与中国密切合作，增强沟通和协调……努力推动国际货币体系的改革"。[①] 在2011年1月成为二十国集团轮值主席国之后，萨科齐宣布，国际货币体系改革将是11月在戛纳举行的二十国峰会的优先考虑议题。

然而，萨科齐的提议并不是通过以共同举办一次活动或者召开一系列会议的形式来讨论的，而是要专门举办一个有关国际货币体系改革的研讨会。法国试图说服中国，它这样做的目的是为长达一年的有关建立一个更加稳定和可靠的国际货币体系的活动定下基调和方向，从而在国际货币体系和汇率改革、贸易失衡以及扩大特别提款权使用等方面达成新的共识。此外，萨科齐试图让中国加入七国集团的财政分组，但中国方面没有回应。中国保持"接触但不加入七国集团/八国集团"的战略立场，这毫不奇怪。[②] 中国决策人士称，七国集团/八国集团是"富国的论坛"。[③] 中国政府高层选择避免出风头，因此中国人民银行并没有和法国方面牵头组织相关的活动。最终，准

[①] 请参阅：《胡锦涛主席与法国总统萨科齐举行会谈》，中华人民共和国外交部，2010年11月5日，http://www.fmprc.gov.cn/eng/topics/hujintaofangwenfaguoheputaoya/t767230.htm。
[②] 关于中国"接触但不加入七国集团/八国集团"的细节，请参阅陈宗翼（2008年）。
[③] 请参阅：俞（2005年），第194页。

备过程和层次被转向第二通道——中国国际经济交流中心（一个中国智库），该智库被赋予主持在南京举行会议的任务。萨科齐出席了在 2011 年 3 月 13 日举行的活动，但同样作为国家元首的中国国家主席胡锦涛却并没有出席会议，国务院总理温家宝也没有出席，仅有国务院副总理王岐山参会。

怀疑论者可能会说，当真正面临发挥更大作用的机会时，中国却选择止步不前（见江洋在本书中有关中国货币外交范围的论述）。他们质疑中国政府推动国际货币体系改革的严肃性和真实性。[1] 这样的解读，其实是忽略或者误读了中国政府如何看待萨科齐的更深层次上的意图。中国政府官员显然关注到了法国总统提议并主持的二十国集团筹备会议的另一个议程：美国、英国和加拿大所提出的七国财政议程，该议程旨在推动对于中国人民币更高程度的再次评估，以及继续敦促中国采取更灵活的汇率制度。2011 年 2 月 18 日和 19 日在巴黎举行的由法国担任二十国集团轮值主席的二十国集团第一届财长和中央银行行长会议期间，中国人民银行的官员们已经感觉到，美国与其七国集团的盟友在法国作为二十国轮值主席国的支持下，将利用 3 月份在中国举行的会议就"汇率弹性"向中国施压。[2] 这一策略将使中国被置于东道国身份的聚光灯之下，从而很难抵挡美国和整个七国集团在汇率政策方面施加的压力。另外，由于奥巴马政府在南京会议前夕越来越明确地显示它将阻止将人民币纳入特别提款权篮子，并威胁将在国际货币基金组织中行使否决权，因而中国承担相关角色的动力也被进一步减弱。美国财政部部长盖纳声称，要想让美国支持将人民币纳入特别提款权篮子，中国就必须同意履行三个条件：一确保人民币完全自由兑换；二中国人民银行完全独立；三资本账户完全开放。[3] 但美国人都知道，中方是不会接受这些条件的。

中国对于法国提议的反应，也许可以被看成是其失去了一次推进特别提

---

[1] 我要感谢一位匿名审稿人强调了这一点。
[2] 作者与中国社会科学院相关研究人员的讨论，北京，2011 年 7 月、2012 年 9 月。
[3] 请参阅：贾米尔和厄里尼：《二十国集团努力缓解货币体系改革的紧张局势》，《金融时报》，2011 年 3 月 31 日，http://www.ft.com/intl/cms/s/0/cb9ee2d8-5b6a-11e0-b965-00144feab49a.html#axzz2h6kxsmCh。

款权事业的机会，事实可能也如此，不过这在很大程度上取决于一个人如何解读任何旨在通过"世界级经济组织委员会"推动一种储备货币选择在政治上的可行性。一种细致入微的解读方式是：中国的反应是中国"事务外交"的一个例子，换句话说，它意味着中国政府仔细权衡了相对于援助所谓的"全球公共产品"的国内成本和收益，同时它也意味着对于中国价值观的态度以及西方国家本身的利益，将继续抑制有关这类"共同目标"的集体行动。① 事实证明，南京会议被与会者认为是自 2008 年金融危机以来最缺乏建设性成就的二十国集团峰会之一。《金融时报》报道称，与会代表们发现，他们很难在评估全球经济失衡的方面达成一致意见，这使得他们无法讨论有关失衡解决方案的具体措施。另外，萨科齐鼓动扩大特别提款权篮子中的货币种类，尤其是纳入人民币的努力，没有得到积极的回应。② 周小川在 2009 年的那篇文章中有这样的暗示：中国货币战略家充分意识到，任何旨在推进多边储备选项或任何非美元储备选项的努力，都存在不小的政治障碍。"选中某种具有稳定估值并被国际社会广泛接受的新的储备货币，可能需要很长的时间。建立一个基于凯恩斯方案的国际货币单位，是一个需要非凡政治远见和勇气的大胆计划"。③

在南京二十国集团峰会期间，中国国务院副总理王岐山表达了这样的观点（这也是中国金融精英界中广泛存在的一种看法）：全球货币体系改革是一个只能逐步探索的"长期而复杂的过程"。④ 李若谷同样认为，尽管当前以美元为中心的国际货币体系具有"不合法性"，但"在短期内很难找到一个可行的替代性方案，所以国际货币体系的改革之路仍然相对较长"。⑤ 对于中国的战略视角，中国《证券时报》主编黄小鹏在讨论中加入了政治因素，他认为美国不大可能希望看到其货币权力被稀释的情况，而且它可能会抵制强化特

---

① 请参阅：谢姆博（2013 年），第 127、154 页。
② 请参阅：贾米尔和厄里尼，《二十国集团努力缓解货币体系改革的紧张局势》，《金融时报》，2011 年 3 月 31 日。
③④ 请参阅：周（2009 年），第 2 页。
⑤ 请参阅：西蒙·拉宾诺维奇，《中国官员呼吁以其他货币及时取代美元》，路透社，2009 年 7 月 6 日，http://www.reuters.com/article/2009/07/06/us-china-economy-currencies-sb-idUSTRE5650WO20090706。

别提款权的作用。① 对于这样的观点，以及考虑到中国官员和他们的"金砖国家"的同行在试图为支持特别提款权发声时所遇到的有意推迟或者回避的情况，中国并没有迅速回应法国的提议，不足为怪。

然而，中国政府代表的确在国际货币基金组织和世界银行会议上，以及通过与"金砖国家"之间举行的新的多边对话，继续推动扩大特别提款权的作用以及对于国际货币体系的改革。2011年4月14日，在中国海南省三亚市第三届"金砖国家"的峰会上，"金砖国家"政府发布了措辞强硬的评估声明："我们认识到，国际金融危机已经暴露出现有国际货币和金融体系的不足，因此我们支持对现有国际货币体系进行改革，旨在确保目前具有广泛基础的国际储备货币体系具有稳定性和确定性。"②《三亚宣言》还进一步指出，"我们支持目前关于特别提款权在现有国际货币体系中的作用（包括特别提款权货币篮子的组成部分）的讨论"。③两天后，在华盛顿国际货币金融委员会会议上，中国人民银行副行长易纲强调了中国的立场："公认的看法是，当前的国际货币体系有缺陷，因此需要改革……令人鼓舞的是，国际货币基金组织已经进行了大量研究……尤其是在特别提款权货币篮子以及特别提款权的作用延伸方面，提出了一些建设性的意见。"④

替代性的多边主义方案

除了对特别提款权干预以外，中国和其他"金砖国家"政府也从2009年开始，致力于加大"金砖国家"之间的货币流通，并通过集体行动，加大本国货币在国际上的使用程度，尤其是使用本国货币进行彼此间的贸易和投资结算。巴西似乎是这一方案的最初的倡导者和拥护者。在2008年全球金融危机的危急时期，巴西总统卢拉强调了美元作为国际储备货币的不稳定性，并且大胆地宣布："金砖国家"应该共同致力于"改变这个世界的政治格局和贸

---

① 请参阅：黄小鹏，《改革国际货币和金融体系，中国应该务实》，《证券时报》，2009年10月31日，http://ifb.cass.cn/show_news.asp?id=20074）。
②③ 请参阅：《"金砖四国"领导人公报》（2011年）。
④ 请参阅：易纲（2011年）。

易地理版图"。① 2009 年 5 月，即在伦敦二十国峰会一个月之后，巴西总统乘专机飞往北京，就中国和巴西的中央银行如何合作与中国方面展开讨论，以便让两国双边贸易的一部分能够通过巴西的雷亚尔和中国的人民币加以结算。②

之后，6 月 19 日，在俄罗斯叶卡捷琳娜堡举行的"金砖四国"领导人首次峰会上所发布的联合公告，并未提到特别提款权或者使用"金砖四国"的货币的问题。但是，在峰会前夕，俄罗斯国家领导人表示，世界需要更多的国际储备货币，包括扩大使用特别提款权，而且克里姆林宫还透露，"金砖四国"领导人将讨论投资彼此的储备货币、用本国货币结算双边贸易的问题，并制定了货币互换协议。③ 据路透社报道，在这些观点发表之后，美元价值相对于一篮子记账货币下跌了 0.9%。④ 巴西总统也说："我们承认美元的重要性，我们也承认美国的重要性，但我们也知道，在没有人知道接下来会发生什么的这一变化时期，开始讨论在五年前几乎是被禁止的事情，肯定是有意义的。"⑤ 中国国家主席胡锦涛敦促"'金砖四国'促进国际货币体系多元化"。⑥ 最后的公报作出这样的结论："我们也认为，国际社会极其需要一个稳定的、可掌控的和更加多元化的国际货币体系。"⑦ 峰会结束后，俄罗斯总统德米特里·梅德韦杰夫评论说："就超国家货币而言，各方都强调了一个明显的事

---

①② 请参阅：托德·本森和雷蒙德·科利特，《巴西在"金砖四国"首脑峰会之前向国际货币基金组织提供贷款》，路透社，2009 年 6 月 11 日，http：//in. reuters. com/article/2009/06/10/idINIndia－40228820090610。

③ 请参阅：格列布·伯莱恩斯基和盖伊·弗肯布里奇，《"金砖四国"要求更多影响力，以摆脱美元控制》，路透社，2009 年 6 月 16 日，http：//www. reuters. com/article/2009/06/16/us－bric－sb－idUSTRE55F1HY20090616。

④⑤ 请参阅：内奥米·田实，《美元外汇受俄罗斯立场的刺激，欧元区 ZEW 经济景气指数（ZEW 指数是指位于德国曼海姆的欧洲经济研究中心通过每月向 350 位金融专家进行调查得出的经济情况中期预期指数）上升》，路透社，2009 年 6 月 16 日，http：//in. reuters. com/article/2009/06/16/markets－forex－idINLG43302920090616；周万峰：《"金砖四国"峰会期间，俄罗斯的表态让美元估值下降》，路透社，2009 年 6 月 16 日，http：//www. reuters. com/article/2009/06/16/us－markets－forex－idUSTRE5530NQ20090616。

⑥ 请参阅：克里斯·巴克利，《被大肆宣扬的"金砖四国"峰会悄然结束》，路透社，2009 年 6 月 17 日，http：//www. reuters. com/article/2009/06/17/us－bric－summit－idUSTRE55G20B20090617。

⑦ 请参阅：《"金砖四国"领导人公报》（2009 年）。

实,即现有的储备货币篮子和主要储备货币——美元——无法满足要求。"①俄罗斯总统还建议将"金砖四国"的国家货币用于它们之间的贸易结算。

在巴西帮助启动货币合作以及俄罗斯在"金砖四国"首次峰会上提供支持之后,中国发挥着越来越重要的作用,特别是从 2010 年起。在这些新兴国家紧接着的下一次会议上(继"金砖四国"第一次会议之后不到一个月),在拉奎拉举行的八国集团会议暨五国集团会议上,它们支持卢拉关于探讨在五国集团之间进行货币合作的建议。在为第二天与八国集团举行会议而进行的预备性磋商当中,卢拉引领了在五国集团国家之间有关使用各自国家货币、以便促进相互之间进行贸易的讨论。② 尽管据说印度对此不大热情,但中国却支持巴西的倡议。③ 作为 2010 年 4 月 16 日在巴西利亚举行的下一次"金砖四国"领导人峰会的东道主,卢拉毫不动摇地继续推行他的倡议。巴西总统取得了两项特别引人注目的成就:首先,"金砖四国"的国家开发银行(以及印度的国家进出口银行)之间签署了一项推动双边经济合作与贸易的协议,包括在基础设施、能源、工业、高科技和出口项目方面的融资合作;其次,"金砖四国"领导人在他们的联合公报中,承诺支持探讨在区域货币安排和本国货币贸易结算安排方面的可能性。④

这些新兴国家就国际货币协作方面的初步讨论,为 2011 年(特别是从 2012 年开始)"金砖国家"(2010 年 12 月中国三亚峰会,"金砖四国"因加入南非扩员成为"金砖五国",也改称为"金砖国家"。——编者)之间签署更进一步的货币合作协议提供了基础。在 2011 年 4 月"金砖国家"领导人中国三亚峰会上,"金砖国家"开发银行和印度国家进出口银行的负责人,共同

---

① 请参阅:《梅德韦杰夫呼吁使用本国货币进行贸易结算》,俄罗斯电视台,2009 年 6 月 17 日,http://rt.com/news/medvedev–calls–for–use–of–national–currencies–in–trade/。
② 请参阅:五国集团(2009 年)。
③ 五国集团会议之后,印度外交秘书长希夫尚卡尔·梅农承认,五国集团提议使用本国货币进行彼此间的贸易结算,但他预测这一目标不可能取得较大进展,因为对于美国资产价值风险保持警觉的金融市场,对于这方面的议题高度敏感。请参阅菲尔·斯图尔特和马特·法伦:《八国集团欢迎发展中国家关注气候和贸易》,路透社,2010 年 7 月 8 日,http://mobile.reuters.com/article/topNews/idUSTRE5662VJ20090708? i=27。
④ 请参阅:《"金砖四国"领导人公告》(2010 年)。

推动签署了一份使用本国货币进行贸易和投资结算的协议，而且在一天后，在"金砖国家"领导人都在场的背景下，又签署了金融合作框架协议。① 中国国家开发银行为这一举措提供了动力和资源。中国国家开发银行（CDB）前副行长和董事长陈元，与"金砖国家"一道为追求外汇储备多元化提供了支持："它符合使用地方（本国）货币进行借贷和结算的所有各方的利益。"而且，他敦促"金砖国家"使用一种"实用而有效的方式"，增加多币种的贸易结算和贷款。② 陈元还将中国的承诺落到了实处，他指出，虽然在框架协议中没有列出任何具体细节，但有一点是可以预期的，那就是，到今年年底，中国国家开发银行将为其他四个"金砖国家"成员提供约 100 亿元人民币（约合 15.3 亿美元）的贷款。在 2011 年之前，中国国家开发银行并没有对"金砖国家"中的其他任何成员提供过人民币贷款，因此，这是一个相当大胆的声明。③

在中国三亚的"金砖国家"主要银行负责人彼此间的讨论尤为重要，因为它有助于"金砖国家"政府之间探讨如下一系列的问题："金砖国家"应当如何行动，使得通过本国货币开放信用和金融市场成为可能，是否有可能用"金砖国家"的货币进行债券合作，以及如何为以"金砖国家"货币计价的资产建立新的市场。④ 在中国三亚的讨论，为 2012 年 3 月 29 日在印度新德里举行的"金砖国家"领导人的峰会上再次采取积极行动奠定了基础。当时，"金砖国家"的国家开发银行负责人签署了两个涉及更多具体承诺的协议。依据第一个协议，在"金砖国家"之间的信贷将可延期，并基于各自的国家货币计价。根据官方声明，该协议"旨在降低对于'金砖国家'交易所涉及的完全可兑换货币的需求，从而有助于减少'金砖国家'的贸易交易成本"。⑤ 第二个协议的目的，是应"金砖国家"出口商或出口国银行的要求、贸易补

---

① 请参阅：王晓天，《"金砖国家"剑指全球经济改革》，《中国日报》，2011 年 4 月 15 日，http://www.chinadaily.com.cn/cndy/2011-04/15/content_12329794.htm。

②③ 陈元的声明，引自王晓天、李晓昆和马莉瑶：《"金砖国家"银行间有望就本国货币结算达成协议》，《中国日报》，2011 年 4 月 14 日，http://www.chinadaily.com.cn/china/brics2011/2011-04/14/content_12323493.htm。

④ 巴西国家开发银行行长卢西亚诺·科蒂尼奥和俄罗斯国营开发银行董事长弗拉基米尔·德米特里耶夫的声明，引自王晓天等：《"金砖国家"银行间有望就本国货币结算达成协议》。

⑤ 请参阅："金砖国家"开发银行（2012 年）。

偿方或进口国银行的要求,延长信用证的确认时间。该协议旨在"帮助减少'金砖国家'的交易成本,并且促进贸易"。① 中国官员及其"金砖国家"的合作伙伴的设想是,这些渐进的步骤将能够逐步推进"金砖国家"开发银行之间的合作并促进相互之间的贸易,而且最终,国际上对于"金砖国家"货币的使用将会增加,对于第三方货币的依赖将可以减少,"金砖国家"的外汇和收支平衡压力也可实现最小化。

今后,随着时间的推移,这一货币治国之道和外交要素对于中国和其他新兴国家而言,可能会逐步变得更加重要,而且相比于特别提款权的途径,这似乎是它们致力于积极推进国际外汇储备多元化的一个更直接的方式。不过,鉴于二十国集团对于特别提款权越来越不关心或者有意忽视,这些举措只是朝着这个方向努力的一系列试验的开始。截至目前,在"金砖国家"的货币当中,中国的人民币属于十大主要交易货币之一。② 而来自国际清算银行的数据(2013年中期)显示,和过去相比,墨西哥比索、俄罗斯卢布、土耳其里拉、南非兰特和巴西雷亚尔在全球流通货币中,也占据了较大的份额,这意味着新兴国家货币具有冲进主要交易货币排行榜的潜力。③ 外汇储备多元化的一个试金石是,"金砖国家"的货币最终能否取代目前"十强"当中的"中低端"成员,比如澳元、瑞士法郎和加元。

务实的选择

在经过与其他新兴国家的努力之后,有一个事实对于中国来说变得越来越明确,那就是,扩大特别提款权的作用并使之成为一个多边储备的选项,存在现实的障碍。作为大中华区的关键性政策企业家之一,前香港金融管理局总裁任志刚,强调了有可能对一切严肃的、旨在促进非美元替代性储备选项的目标构成阻力的地域政治障碍。他说:"毫无疑问,国际货币体系需要修正。和过去一样,真正的难点就在于如何修正。"④ 任志刚认为一个不可回避的政治现实是,本国货币目前正在发挥一种国际储备货币作用的国家,"不可能同意任何启动特别提款权的建议"。这样的举动将意味着要求主要储备发行

---

① 请参阅:"金砖国家"开发银行(2012年)。
②③ 请参阅:国际清算银行(2013年)。
④ 请参阅:任志刚(2010年),第6页。

国自愿放弃一定程度的铸币税,接受更严格的财政和货币政策约束,部分削弱其金融机构的国际竞争力,减少对于以本国货币计价的资产的国际需求,并且增加本国货币借贷的成本。他认为,鉴于这些政治现实,"从实用主义的角度来说",实现国际储备货币多样化的最佳方式,就是鼓励更广泛地使用替代性储备资产,而不能只注重特别提款权。任志刚强调说:"因此,最需要鼓励的是人民币的使用。"①

事实上,在国家和市场主体共同推进的过程中(参见乔纳森·柯什纳在本书中的章节),人民币的跨境使用迅速增加。国家干预对于建立相关的政策、法规和制度支持至关重要。自 2008 年 12 月以来,中国已和 23 个国家或地区签署了货币互换协议,包括日本和韩国这样的贸易大国,以及巴西和土耳其等新兴经济体,再有资源丰富的澳大利亚(根据 2013 年 10 月中旬《中国日报》引用的中国人民银行提供的数据,金额达 2 480 000 亿元人民币)。②马来西亚、智利、尼日利亚、肯尼亚和其他国家,现在都将人民币纳入它们的外国货币储备篮子当中。

就市场主体而言,中国高级官员陈元认为,"许多国家有越来越多的贸易和投资主体愿意将人民币作为结算货币"。③ 来自国际清算银行的最新数据也支持这一观点,即人民币国际化的途径似乎是阻力最小的,也是中国促进外汇储备多元化最直接的方式。

根据国际清算银行的数据,早在 2013 年 9 月初,人民币就攀升到交易最活跃的国际货币之列,当时,它超过了瑞典克朗和新西兰元,上升到全球交易最活跃货币的第 9 位。④ 国际清算银行引用 2013 年 4 月的调查数据报告说,中国货币的交易量在过去三年时间里增加了 2 倍,在 2013 年年初相当于每天 1 200 亿美元的交易量(相比之下,在 2013 年,美元日平均交易额是 4 650 000 亿),占全球外汇总交易额的 2.2%。当年的 2 月,环球银行间金融电信协会

---

① 请参阅:任志刚(2010 年),第 6 页。
② 请参阅:李翔和张春燕,《与欧盟签署货币互换协议:一个"里程碑"》,2013 年 10 月 11 日,http://www.chinadaily.com.cn/china/2013-10/11/content_17022147.htm。
③ 陈元的声明,引自王益的《陈元:坚持国际储备货币多元化》一文,《财经》杂志,2011 年 11 月 10 日。
④ 请参阅:国际清算银行(2013 年)。

（SWIFT）的报告称，人民币超过了俄罗斯卢布和丹麦克朗，上升到支付货币排行榜的第 13 位，相对于 2012 年 1 月份的排名第 20 位是一个大幅度的变化（当时人民币占全球交易总额的 0.25%）。① 人民币跨境使用的支持者强调指出，用于全球交易结算的人民币额度增长 0.63%，虽然仍旧相对较小，但根据交易价值来衡量，与上月相比增长 24%，年度同比增长 171%。② 然而，我们应该注意，不要夸大最近的趋势，在美元失去其特有的优势之前，还有很长的路要走。根据国际货币基金组织的统计，截至 2013 年年初，将近 62% 的世界货币储备仍以美元计价（也即占世界各国央行的 60 000 亿美元外汇储备当中的 370 000 亿美元）。③

美元持续优势的支持者会认为，美元一直保持其作为在全球经济最困难时期（包括 2008 年全球金融危机）的常规避风港地位。对人民币持怀疑态度的人会理所当然地强调，在 2013 年，人民币仅占全球交易总额的 0.63% 这一较小份额，而作为世界领先的支付货币，欧元占全球总交易额的 40.17%，美元则占 33.48%（根据环球银行间金融电信协会的数据，相对于 2012 年 1 月的 29.73%，这是一种增长）。④

人民币在国际交易结算中额度的增加反映了一个最新的现实，即中国和其他国家的市场参与者，可以通过使用人民币而获得好处，比如支付灵活和底线收益。对于与中国有贸易往来的外国公司来说，使用人民币结算可以降低外汇交易的成本和风险。中国的一些公司也会为使用人民币结算提供折扣，而且作为对于外汇波动的一种缓冲，中国出口商倾向于提高外汇交易价格。一个估计是，通过使用人民币结算，国外进口商可以节省 2%~3% 以上的发票使用量。⑤ 这些因素导致在过去三年时间里人民币贸易结算额增加了 6 倍，在亚洲区域，以及在英国、法国和德国的金融机构，也越来越多地支持采用人民币为它们的企业客户进行贸易结算。尽管这些好处令人印象深刻，不过

---

①② 请参阅：迈克尔·巴里斯，《人民币作为支付货币，上升到全球第 13 位》，《中国日报》，2013 年 2 月 28 日，http://europe.chinadaily.com.cn/business/2013-02/28/content_16264385.htm。

③④ 请参阅：国际货币基金组织（2013 年）。

⑤ 请参阅：奈森·赖，《为什么人民币国际化仍然任重而道远?》，亚洲银行和金融杂志在线，2013 年 9 月 18 日，http://asianbankingandfinance.net/custody-clearing/commentary/why-rmb-globalization-still-long-way-off。

环球银行间金融电信协会的一位高级业务经理警告说,人民币仍然是"很年轻的货币",在国际交易市场上"需要很多年才能立住脚"。①

中国政府目前的设想是:人民币进入世界贸易交易额最大的两三种货币之列并成为主要储备货币之一。有趣的是,当使用欧元的全球贸易结算比例从 2012 年 1 月的 44.04% 下降到 2013 年 1 月的 40.7% 时,全球使用人民币进行贸易结算的比例在同期却增长到了 171%。②据一些观察家估计,美国联邦储备委员会减少其货币刺激的计划,也可以促进人民币的更广泛的使用。③ 也许最有趣同时也是最有意义的是,全球贸易结算服务公司 WUBS 的一项调查显示,相比于 2012 年,在 2013 年上半年,美国使用人民币进行结算的公司在同期几乎上升了 90%。调查还进一步显示,相对于 2012 年上半年的 8.5%,现在人民币交易结算额占美国向中国交易结算额的 12%。④

在 2008 年全球金融危机之后,中国与其"金砖国家"的合作伙伴为共同推进国际货币体系改革,特别是外汇储备多元化,专门尝试推进一种多边资产——特别提款权,以及它们本国货币的国际化。有分析表明,当中国和其他"金砖国家"在二十国伦敦峰会之后共同推动实现特别提款权的最新分配时,这些国家的政府推动了特别提款权作用的温和上升,但将特别提款权进一步发展成一个可靠的多边后备选项也面临着一些政治障碍。也许更重要的事实是:就中期而言,中国与其"金砖国家"的合作伙伴还建立了货币合作的第二个途径,即侧重于它们本国的货币在彼此间贸易和投资方面的结算,以及通过为本国货币发展货币市场而加速开放、扩大和重塑全球货币市场。但在现阶段,这些举措仍然更多地停留于承诺而非现实层面之上。而且,巴西、印度和南非当前的经济衰退,可能会影响国际社会对于它们的货币的需求。不过尽管如此,中国和其他"金砖国家"努力在每一届峰会上推进它们的共同举措、安排更具体的细节、实现具有指向性的承诺,以及建立正式协

---

①② 詹姆斯·威尔斯(环球银行间金融电信协会的高级业务经理)引自巴里斯《人民币作为支付货币,排名上升到全球第 13 位》。

③④ 请参阅:尼克尔·孔、克莱尔·康诺翰和汤姆·奥尔利克,《标志中国崛起的人民币里程碑》,《华尔街日报》,2013 年 9 月 5 日,http://online.wsj.com/article/SB10001424127887323623304579056704113253902.html。

议所需的所有保障。

最重要的是，中国正在采取协调一致的步骤，增加人民币的跨境使用。不过，截至2013年9月，人民币仅排在世界交易量最大的国际货币"十强"的第九位。对此，一些评论家（包括乔纳森·柯什纳）强调，要想将人民币提升到全球支付和交易最活跃货币的顶级位置，就必须克服一些来自国内的限制和障碍。当然，就总体趋势而言，一些国家及其市场主体对于将人民币作为一种国际货币都有真实的需求。国际社会对人民币作为国际货币的需求结构趋势，以及中国政府及其货币合作伙伴所推动的政策和监督的创新措施表明，世界第二大经济体的货币将注定在国际货币体系中发挥更大的作用。

中国所支持或者推动的人民币的国际化，目前仍处于早期阶段。如果中国成功地推动了人民币在国际范围内的更多使用，使人民币具有作为国际储备货币的属性，并且如果"金砖国家"在促进增加本国货币（包括人民币）的国际使用方面取得递进性的成功，那么，从中期来看，对于一些国家及其市场参与者而言的净效应，将是国际储备货币选项范围的扩大，以及重塑和开放全球货币市场，并且"金砖国家"的货币将在国际货币体系中发挥更为突出的作用。这样一来，中国就将在其国际货币关系中有效地行使一种结构性权力——为自己以及其他国家扩大选择范围。

也许一个不是特别显著的影响是，通过扩大人民币的国际使用范围并将其变为国际储备货币的选项，中国将有望影响美元和美国的政策，即对美国的政策空间构成约束。尤其通过结构性约束，中国可能会间接地敦促美国去做它在最近二十年来一直不愿去做的事：实行更大范围的财政紧缩和货币紧缩政策。这也许是在陈元具有相当外交色彩的言论（只要按照一种"平稳有序的方式"向前推进，人民币国际化将"对于促进一个科学、理性、稳定和有序的国际货币秩序的建立施加相应的影响"。）的背后更深层次的意义。①李若谷更加明确地探讨了国际主导货币多元化（包括人民币国际化）将如何对美国的经济政策空间产生一定的约束性影响。在2012年4月上海陆家嘴金融论坛上，中国进出口银行总裁强硬地指出："如果美国不愿探讨这个问题（美国金融债务和美元储备货币管理），也就是像中国有句老话说的那样'不

---

① 请参阅：王，《陈元的主张》。

到黄河心不死',那么到时候美国就必须表明它的态度,因为美元的使用量终究会降低。随着其他货币的使用量在增加,这个问题就会得到解决。"[①] 在现阶段,虽然这些陈述更多的只是主观愿望而不是一种现实,然而,这些言论也的确表明了一种更大的"野心",以及对于国际货币体系做出根本性调整的可能性。中国对于以美元为中心的国际储备体系的批判,要追溯到十多年以前,最早是在1999年。这一事实足以显示,中国的这种"野心"具有深刻的战略性根源。

(陈宗翼)

[①] 李若谷的声明,引自《戴相龙:人民币国际化取决于市场而非盟友》,《南都都市报》,2012年4月4日,http://sina.com.cn。

第7章 地区霸权和人民币的崛起[①]

除非中国经济出现十分严重的问题（这是一种不可轻视的可能性，即便它是最不可能发生的一种情况），否则中国将努力增加人民币在国际范围内的使用量，并最终寻求人民币成为东亚区域的主导货币。在未来几年甚至几十年的时间里，人民币将逐步成为这一角色，其速度将由多种因素决定：中国金融机构的举措，人民币的总体经济性能，以及金融自由化的步伐和方式。尽管这些因素也将影响人民币崛起的前景，但其日益增长的作用和影响是一个板上钉钉的事。本文所支持的观点是："两个核心动机"将促进人民币成为区域主导货币的政策——中国寻求更大的经济自主权和更大的国际政治影响力。这也是在近代史上传统大国常规性地寻求扩大其货币在国际上使用范围的两个核心动机。就当代中国而言，每个动机都相当突出。尽管加大国际政治影响力的愿望（往往是心照不宣的）通常是各国为鼓励本国货币国际化的原发性动机，但对于中国来说，在2008年全球金融危机之后获得更大经济自主权的愿望，显著加速了这种冲动。[②] 根据仅在十年前发生的亚洲金融危机这一背景来理解2008年金融危机，危机削弱了美国所支持的、以美元为中心的缺乏监管的金融秩序的合法性。在2008年金融危机之后，中国刻意和美元保持某种距离，并且探索一些独特的金融模式，以便为缺乏监管的国际货币体

[①] 我要感谢埃里克·赫莱纳、陈宗翼、本杰明·科恩、萨拉·伊顿、两位匿名审稿人，以及关于"中国在国际货币体系中的政治作用"研讨会的与会者，他们就本文初稿提出了意见。同时我还要感谢温迪·鲁特给予的研究协助（和所有的翻译），以及从2012年到2013年期间，让我在那里任世界政治客座研究员的普林斯顿国际和区域研究学院。本文借鉴了柯什纳2014年的相关研究成果。

[②] 中国一直期望经济自主性，这一点甚至超过对于国际政治影响力的期望。在这种情况下，提高人民币的国际地位将可同时满足这两个目标。

系提供替代性的解决方案。对于国际政治影响力而言，中国作为一个正在崛起的大国（具有实现区域霸权的远大抱负），尤其其处于一个相对拥挤、邻国都倾向于追求本国货币国际化且警惕赤裸裸权力游戏的地缘政治区域，因此适时地推进人民币的区域主导，以便提高其区域政治影响力，是一种特别有吸引力的策略。

本文将首先回顾为什么在近代史上，推进本国货币国际化对于强大的国家而言，会具有如此独特的吸引力。其次，会解释中国对于人民币变得更具影响力（它正在谨慎地崛起）的"野心"，会因为2008年全球金融危机而变得更加强烈。这里的关键主题，包括本文将其称之为"买方的懊悔"的心理反应，即一种追求宏观经济绝缘性的更大的欲望，以及推动人民币成为国际货币的基本趋势，都在进一步强化。最后，本文会探讨推动人民币发挥更大作用的一个额外的关键因素——美国资本主义模式合法性的丧失（这种模式自冷战结束以来具有明显的优势，而且在21世纪之初越来越被看成是唯一的选择）。本文将通过回顾旨在促进人民币国际作用的一些措施（以及这些措施的某些潜在的局限性）得出一个简短的结论，即它对国际货币秩序的某些政治方面的影响。

本文的观点是，中国推进人民币国际化的意愿强烈，并试图挑战美元的国际主导地位，由此提升它对于其他国家（尤其是东亚诸国）的影响力和自主权。但本文并不认为人民币将会取代美元成为主导性的国际货币，它只是将削弱仍居主导地位的美元地位，而最终会成为东亚地区的主导货币。据此，本文认为中国将不再是一个"规则的接受者"、一个接受国际货币秩序基本安排的崛起的大国，而是一个"规则的制定者"（推动国际货币体系改革）和"规则的破坏者"（即它会创建自己的安排）的某种组合，虽然"破坏者"对于这里的预期结果而言，也许是一个过于夸张的词汇，因为它暗含着中国"对于全方位改变的需求"，并且具有敢于适时地退出当前机构的意味。也就是说，中国更有可能在现有国际货币金融机构范围内致力于国际货币体系的改革，同时在一个平行但并不交叉的轨道上追求自己的国际安排。① 虽然各种

---

① 中国是当前美元主导的、稳定的国际货币体系的主要利益相关者。在这个意义上，它尤其不愿打破现有体系，即使它在国际上寻求更大的声音、影响、权威和经济自主权，即使它预计人民币将蚕食美元的国际影响力也如此。

因素会影响中国的政策和经济运行轨迹，但本文主要强调其动机的外部驱动因素。尤其值得一提的是，2008年全球金融危机（它是改变当前国际货币关系的一个关键点）和中国的地缘战略背景（它作为一个大国的持续崛起），是这里所强调的政策选择趋势的主要动力引擎。

货币权力与政治经济

追求地域（或者全球）货币秩序的国家，几乎总是受到政治方面因素的影响（特别是对于他国施加更大影响力的愿望，以及在更广泛意义上获得经济更大自主权的愿望），显而易见，这类国家是想要在外部压力和约束之外获得更大的行动自由。但事实上，这类国家的追求通常并不能如愿，因为区域内的其他国家都会有意识地（或者愿意）提供必要的补贴来实现各自国家的区域影响力，如果不这样做，那它们就需要花现金购买区域话语权和影响力。然而，这样的努力却具有不被承认的风险，因此，虽然一个货币区域的强国领导集团的确会使用强有力的新工具，但正如我之前所认为的那样，结构性力量的价值和吸引力是如此之强和不能忽视，以至于它会抑制这些强国在货币区域内公开或强制性地行使货币权力。[1] 根据赫希曼第一次明确提出的有关国际贸易的逻辑，小国可能会受制于大国伙伴战略的制约，并在不对称性的贸易关系中受到经济利益的损失。赫希曼强调了大国和小国这一关系的脆弱性，即大国如果单方面终止和小国的贸易合作关系，则会对小国造成更大的影响。不过实际上，大小国之间的相互制约性而非脆弱性更加被各国所看重，同时它也会在政治上带来更大的影响。从合作中受益的小国往往会在经济上得到发展，在政治上享有特权。而且，总体说来，尽管各小国可能会担心冒犯它们的"大主顾"，不过从更深层次的意义上看，随着时间的推移，它们会完全自主地重新定义自己国家的利益。鉴于小国对外贸易和国内政治力量平衡的变化因素，它们可能会逐步地追求与其贸易最密切的合作伙伴之间的一

---

[1] 获取结构性力量的那种压倒一切的愿望，会成为货币区域内的一种强大的遏制因素，但这并不排除有些强国可能公然行使强制力新手段。关于这一点，请参阅柯什纳（1995年）。

致性。①

在具有显著一致的背景下，大多数追求扩大本国货币影响力的小国都会试图这么做。② 早在20世纪60年代，法国建立拉丁货币联盟的努力，就体现了法国的一种"明确的愿望，那就是，整个欧洲大陆都将在一个排斥和孤立东、西两德的法郎区范围内建立联盟"。法国领导人竭力促成这一联盟并保持其活力，但后来是早在30年代定义的"金本位集团"这一恰如其分的概念，将这一努力画上了句号。法国最初也在其殖民地范围内推动法郎或者以法郎为基础的货币的使用，后来又以相当大的代价在前殖民地的法郎区持续这一努力（其至就连参与法郎区建立的批评者也承认，从经济角度看，这种联盟对其成员是有益的）。纳粹德国和日本帝国也曾经推动过本国货币的影响力，以便支持它们在两次世界大战期间的大战略。这一野心后来虽在第二次世界大战后受到国际制裁的最初几十年里有所中断，但到80年代，又都再次恢复。今天，德国马克是欧洲货币体系的立足点，日元（其经验为研究当代中国的动机、选择和行为提供了重要参照）曾经在一段时期内，似乎构成了对美元的挑战。

英镑，作为一个多世纪以来的世界性货币，在失去其国际货币主导地位并降格为一个范围更小的防御性组织的英镑区之前，在第二次世界大战期间为其自身提供了一种重要的融资来源。至于美国，即便它具有一个不成熟的、框架性的国内金融体系，但在20世纪最初的三十多年时间里，它在西半球也充分行使了本国货币的统治力（即便是在一种具有特设性质的基础之上），并

---

① 请参阅：柯什纳（1995年）、赫希曼（1980年）、艾伯德拉尔和柯什纳（1999年），第119～156页。
② 本杰明·科恩在这里强调"不需要这样"，他认为，对于20世纪80年代的德国马克的国际化，德国是不情愿的，而日本则具有一种矛盾心理。埃里克·赫莱纳对于美元国际化必然性的高调吁求也持怀疑态度，并将美国在战后并不鼓励拉丁美洲区美元化作为另一个例子。这些观点都很有说服力，但我认为，对于具有越来越大国际政治野心的国家而言，一种不可避免的基本情况是，它们将寻求扩大本国货币的国际影响力，而且事实上在这方面很少有例外的情况。例如，如果自20世纪80年代以来的全球经济趋势得以延续，那么日元就很有可能发挥比现在大得多的全球性作用。战后德国的外交政策，在很大程度上受到了彼得·卡岑施泰因所说的那种"半主权国家"状态的影响。另外，由于起初美国并不鼓励拉美区域美元化，因此围绕美元作为世界货币而建立起全球货币秩序，付出了极大的努力。

将纽约发展成了一个国际金融中心。到 20 世纪后半叶，美国促成了布雷顿森林体系以美元计价的黄金交易标准的建立，并用了 10 年的时间容忍各种例外情况的发生，等待其冷战盟友接受其游戏规则。① 英国和美国的经验，也使我们关注国际货币秩序主导国的潜在付出性和被利用性，以及其最终背负繁重负担的属性。在第二次世界大战期间，英国甚至在未经盟国要求的前提下就动用了英镑体系的财政资源，之后却为此背负了管理战后 "英镑余额" 的负担——一个在之后几十年时间里一直妨碍其经济决策的重大债务威胁。而美国则强迫其他国家接受其调整后的负担（它数次这样做），它所采取的方式是突然终结美元与黄金挂钩的布雷顿森林体系。② 不过，上述对于全面理解国际货币使用的政治经济学的非常重要的要素和结论，对于中国现今的货币抱负而言，只具有有限的甚或乃至于具有讽刺意味的关联性。无论是在过往历史上还是在现今，当一些大国启动扩大其货币影响力的举措时，均如当代中国一样，它们的国力通常都处于上升阶段，而且总是寻求增强它们的结构性权力。经济剥削行为将只会削弱而非增强这样的意图，因此，不同阶段的崛起大国对于既有的国际货币秩序和安排都会构成潜在的挑战。但是具有讽刺意味的是，国际货币（它可能过了其吸引力的鼎盛阶段）主导国实施经济剥削行为所造成的即时反应是，刺激其他各国寻求本国货币成为一种更具野心的货币。此外，与金融全球化时代相关的不稳定性，为各国增加区域货币安排的机会带来了一个额外的诱因，这也促使一些小国尽可能规避全球金融风暴的冲击。③ 这些因素曾经导致欧洲区域货币的不断整合，并促使日本和现在的中国更多地考虑其在东亚的货币领导地位。

20 世纪 80 年代以来日本的发展历程，为我们解读当代中国提供了一些启示。日本和中国二者之间具有一些惊人的相似之处。随着日本发展成为世界第二大经济体（根据当时许多性急者的描述，它看似将坐上 "头把交椅"——

---

① 请参阅：柯什纳（1995 年），第 244、246、261、268 页；德科（1984 年），第 44 页；威利斯（1901）；罗森伯格（1985）。
② 请参阅：斯特兰奇（1971 年）和沃尔特（1991 年）。
③ 关于国际货币事务中的权力结构，请参阅赫莱纳（2006 年），第 84 页。关于日本不断强化国际绝缘性的情况，请参阅：库珀（2006）；柯什纳（2006），第 156、171、174 页。

似乎没有任何力量能够阻挡这一趋势),很多日本官员都将国际化的日元想象成用来进一步增强日本国际影响力的主要货币。但是,随着日本经济在20世纪90年代陷入停滞(以及美国经济再度复苏),这样的情况所有减轻,不过在亚洲金融危机之后,它又以另一种非同寻常的伪装形式再次出现。亚洲金融危机之后,对于日元发挥更大作用的强烈愿望的恢复,根植于日本的防御性动机——寻求更大的绝缘性和自主性,以及更加不同于美国的看待全球金融秩序的视角。就像威廉·格莱姆斯所解释的那样,复苏的争论现在"基本上集中于绝缘性方面",这种绝缘性发端于一种对全球经济形势的清醒的判断,涉及的范围包括:对(美国倡导的)不受抑制的金融全球化和金融放松管制带来的不稳定性绝缘,对美国向外传导的经济负担(和对外施加的长期压力)绝缘,以及对美国与日本就亚洲金融危机的不同反应和意识形态分歧所产生的后果绝缘。亚洲各国对美国对于金融危机的反应都有一种"深深的怨恨",这为支持和接受与美国模式更大不同的区域合作带来了新的诱因。这部分也是缘于对遵循安德鲁·沃尔特所描述的美国管理模式的反应,即当建立一种新的国际货币秩序时,新秩序的领导者最初都会表现出相当程度的自我约束;但当这些国家的权力达到顶峰时,它们就会尽最大可能利用自己的特权优势;而当权力相对下降时,这种不断积累的违规行为就会推动新的"竞争性的货币及其金融机构的领导者的出现"。[①]

  日本过往推动的内涵丰富、国际化程度更高的日元的努力的失败,为中国在未来几年可能付诸的行动提供了至关重要的经验教训。这样的努力表明,要实现一个雄心勃勃的计划,就必须在国际货币游戏中站稳脚跟,并且从本国的经济崛起中获得更多的动力和信心。这种努力具有这样一种提醒作用,即类似的计划都包含重要的防御性要件,这也是当时的日本和现在的中国都具有的要件:与金融全球化带来的不稳定性绝缘的愿望;对于美国通过美元转嫁其国内负担的不满;以及在意识形态方面,对美国所倡导的一种完全不受控制和约束的全球金融秩序保持距离。因此,就中国的崛起而言,日本的经验教训是有助于提醒分析家们的:如果随意地将当前的基本趋势投射到未来的不确定上,那他们就很有可能犯下错误。这种告诫不应当被忽视,因为或

---

① 请参阅:格莱姆斯(2003年),第177、180、181、183~184、193~194页;海宁(2006年),第133、138页;沃尔特(2006年),第69页;柯什纳(2006年),第151页;卡塔达(2002年),第86页;赫莱纳(1992年),第434~437页。

许某些意想不到的情况,很可能会导致中国几十年持续的经济增长过程被中断。

中国的货币权力雄心及其提速过程

在2008年全球金融危机之前,人民币国际化的前景让中国的精英们感到振奋。不过显而易见的是,人民币距离成为一种重要的国际货币还有很长的路要走。美元的主导地位、欧元的出现,以及受到庇护且让人看不透的中国国内金融业的脆弱性(这与西方国家那些成熟而稳健的金融行业及其机构形成鲜明的对比),稀释了人们对于人民币可能会成长为一种广泛用于国际交易的货币——更不要说被视为一种储备资产——的期待。不过,不管这样的目标如何遥远,它显然一直都是存在的,而且随着中国的崛起并拥有大国地位,人们会很自然地认为,一种成熟的人民币将发挥更大的国际作用,这将成为中国经济发展过程的一部分。

一方面,在2008年全球金融危机之前,英美金融模式是各国唯一的选择,而向这一模式靠拢也是中国所选择的路径。这一点是很容易理解的。另一方面,中国对于亮相国际资本市场一直很谨慎,并且明白它的控制措施如何使它避免了1998年亚洲金融危机的冲击,以及自此以后的一系列全球金融危机所导致的其他混乱局面。从21世纪初开始,中国就在控制人民币升值的同时出台了一系列适度的、审慎的金融自由化举措,并且密切关注美国向外转嫁国内负担的倾向性。日元当初受到美国的压力而升值,从而导致日本经济持续低迷的情况,经常被作为教训而加以引用。十多年来,中国经济的持续增长以及不断膨胀的美元资产规模,至少确保了国际社会将会就该国作为一种潜在的国际经济动力源的角色而加以关注。在2008年金融危机之前,我们还很难质疑一些观察者的评估,他们认为,中国的国际债权人地位增加了其经济的自主性和国际影响力,它会从美国那里寻求更大的金融独立性,并且谨慎地致力于提升其区域作用。不过尽管如此,它在这条道路上还是面临着相当大的挑战。总之,他们的结论是:"中国在国际金融体系中的权力肯定会越来越大,但也不应被高估。"①

---

① 请参阅:赫莱纳和陈宗翼(2008年),第87、92、97~99页;沃尔特和豪伊(2011年),第3页;富特和沃尔特(2011年),第117、120、123、265~270页。

不过，2008年全球金融危机改变了这一点，它加速了人民币的国际化过程，并终结了中国向美国模式靠拢的方案。全球金融危机对于人民币地位的提升提供了一个新的动力，同时也提出了紧迫的要求，并且在更大程度上改变了其经济运行轨迹（陈宗翼也注意到，在这次危机之后，中国在更大范围内的货币改革及其"重大变化"）。2008年这场暴露美国模式深层次问题的危机，在中国方面引发了可被称为"买方的懊悔"的讨论和思考，因为其发展模式（比人们以前所认为的更加脆弱）如此紧密地与美国经济联系在一起，使它成为美元的一个如此重要的利益相关者，因此其也比以前更容易受到美国经济的负面影响。金融危机让那些对于参与全球经济持谨慎态度（原本就十分谨慎）的中国精英们变得更加小心了，同时也强化了他们对金融危机绝缘的愿望。中国在金融危机之后的五年时间里的经济恢复相对速率——中国很迅速，美国（以及欧洲）则相对缓慢——强化了其本就显示出的崛起的原有优势，今后虽然它的经济增长率可能会放缓，甚至有可能会一度停滞，但在很大程度上，中国不只是在崛起，而是正在成为一个世界市场的重要的参与者。①

我们在这里要强调的非常重要的一点是，金融危机剥夺了中国在此之前一直谨慎和适度向美国模式靠拢（尽管中国总是难以达到美国方面所认为的速率）的合法性。在金融危机发生前的几个月，美国财政部部长鲍尔森就曾再次批评说，在金融自由化方面，"中国行动太慢的风险，比行动太快的风险要大"。事实证明，这是彻头彻尾的判断错误，而且金融危机带给美国的糟糕名声不仅体现在物质方面，而且也体现在思维能力方面。自冷战结束以来，美国得益于伊肯伯里和库普坎所谓的"霸权的普遍化"——它的权力因外国精英们认同其模式优点而增强，然而，随着美国模式被置于灾难性的全球

---

① 在全球经济危机爆发的前10年（1998～2007年），中国经济的平均年增长率是9.95%，而美国则是3.02%。中国正在成为全球经济增长的重要引擎，而两个经济体之间绝对规模的差距也正在缩小，这场金融危机又进一步加速了这种趋势：从2008年到2012年，中国经济的平均年增长率为9.26%，而美国则为0.58%。换一种说法，到2012年年底，中国经济的规模比2007年增长了55%，但美国经济的增长率却不足3%。其他方面的数字也同样体现了中国正在崛起，例如，它的进口额从1995年的1320亿美元飙升到了2004年的5 610亿美元，以及2011年的170 000亿美元。到2009年，中国已成为仅次于美国的世界第二大进口国。

金融危机之核心，相反的结果正在出现，因为各国的精英，尤其是亚洲的精英，现在都试图与失去合法性的美国模式保持距离，并进一步寻找替代性方案。①

人民币国际化被看作"买方的懊悔"的一个必要的矫正之物。"当我们欢呼外汇储备的迅速增加时，其实我们已经无意识地陷入了'美元陷阱'。"中国社会科学院世界经济与政治研究所前所长余永定解释说。现在需要做的是减持美元资产，而且对于推动这一过程而言，"人民币国际化对中国来说，确实是一个重要的选择"。在整个中国，一大批精英、学者和公共领域的官员都得出了相同的结论。"作为美国最大的官方债权人，中国政府发现，它在国际贸易、国际资本流动和外汇储备管理方面过于依赖美元。"另一位有影响力的观察家得出结论说，"这种过度依赖包含着巨大的风险"②。

"买方的懊悔"也反映出中国对于美国管理美元的方式及其在国际金融市场上的广泛作用的更加清醒的认识，这也是中国观察家近年来集中关注的问题。这些新的认识驱使中国尽可能地与美国管理美元不善造成的未来不稳定局面保持绝缘，同时也驱使它促进对全球经济秩序的改革。从这一角度来说，美国并未充分注意到其自身对美元管理不善所造成的全球经济负面影响。美国政策迫使其他国家"按照美元的需求"进行调整，中国进出口银行总裁和董事会主席李若谷指出："美国使用这一方法摧毁了日本经济，它还要使用这一方法遏制中国的发展。"人民币国际化是改革国际货币体系并使之多元化的必要的过程。"只有通过消除美元垄断地位，才能实现国际货币体系的改革。"中国社会科学院副院长李扬提出了一个类似的观点。他将国际货币基金组织对于亚洲金融危机不得人心的回应归因于亚洲的声音和利益的代表份额不足，并且认为"积极推进人民币的国际化，不仅是中国经济和金融发展的必然选择，也是系统性地提高亚洲在国际金融体系中的地位的重要的一步"。2008年全球金融危机表明了对于更加强调区域需求和安排的国际货币体系改革的必要性。许多中国学者都强调这样一个主题，即作为世界主导货币的美元的管理

---

① 请参阅：杰夫·代尔：《保尔森敦促北京加快改革》，《金融时报》，2007年3月8日；伊肯伯里和库普坎（1990年）。

② 请参阅：俞（2011年）、张（2009年）；利伯索尔和王（2012年，第15页）有关对于美元未来趋势的担忧，以及《实现人民币国际化的紧迫感》。

"缺乏必要的约束",而且是世界经济波动的一个重要因素。人民币国际化被视为国际货币体系朝着多元化发展的一个必要的步骤,这将有助于降低美元的不利影响,增强国际经济的稳定性。增强中国在国际上的声音,有助于在某种程度上防范美元危机。①

2008年金融危机燃起了中国加速人民币登上世界舞台的雄心,它也应合了国际社会对于中国潜在地缘政治趋势的持久的讨论和关注——中国惊人的崛起和美国相对的衰落(当然,如前所述,这并不意味着中国可以忽视自己在经济和政治方面的挑战)。② 这一经常藏匿于文本中的潜台词,有助于推动国际社会针对美元的支持性力量的讨论,以及应当并如何使全球经济管理更好地反映出不断变化的国际金融力量平衡的讨论。一个相对客观的解释暗示,中国"安然度过两次金融危机"并保持"30年增长"的记录,相比于对"美元以及华盛顿宏观经济政策的正确性"的信心的削弱,为支持国际货币体系改革提供了令人信服的理由(一些美国民族主义者,则更多地关注作为美国霸权重要杠杆的美元所占据的国际货币主导地位)。还有人认为,2008年金融危机之后,美国被视为弱者,国际货币基金组织缺乏效率,这些都再次表明了改变游戏规则的必要性。中国的一些学者看到了一个陷入困境中的美国金融秩序和脆弱的美元,并且认同世界银行的评估,那就是,一种新的国际多货币体系很可能会在不远的将来出现。无论怎样,中国的经济和政治权力在全球金融危机背景之下的崛起,都表明人民币将发挥越来越大的作用,而且全球金融机构将增加一个鲜明的地域特色。这也预示着中国将在亚洲货币和

---

① 请参阅:李若谷(2010年)、李扬(2010年)、曲(2009年)、李和尹(2010年)。
② 最需要预防的是,中国经济增长的一种更剧烈、更具破坏性和无限期的持续下跌,这是一种不能排除的可能性。中国金融业的不稳定、劳动力转移的瓶颈和破坏性的环境危机,都是导致中国经济增长有可能出现重大挫折的无数问题当中的几个主要问题。关于这点,可参阅舍克(2007年)。退一步说,如果中国经济没有受到重大干扰,那么目前的趋势将会持续。关于经济增长的许多预测——即便是那些对中国的经济前景保持谨慎、对美国的经济前景保持乐观的预测——都表明,即便美国的经济增长趋向其潜力的高端,而中国的经济增长接近于对其普遍预期的低端,但中国每年(而且将持续多年)的预计增长率也将高于美国。请参阅:美国国会预算办公室报告(2013年),第64页;美国国家情报委员会(2012年)。

金融合作体系中扮演一个核心角色。① 不过，如果国际社会只专注于权力因素（当然，它是一个基本的变量），那么可能会错过意识形态对于中国战略（尤其涉及中国国内和国际货币金融事务管理方面）的影响，以及它如何影响人民币的未来走势。2008年全球金融危机暴露了"皇帝的新装"，让中国精英们看到了美国不受约束的金融体系和放松管制的真实且危险的本质。中国银行前副行长陈四清将2008年金融危机归于"六个表层的原因"，其中包括被利益束缚的信用评级机构过度的杠杆作用和冲突性这些我们熟悉的原因，除此之外，还有"不可避免的更深层次的原因"，即美国经济模式的根本特征是对于系统性风险的无视。他强烈支持在中国和美国经济之间创建某种地带，并且强调改变中国金融模式的轨迹，即远离英美金融模式，并且接受其他不同的东西。中国进出口银行的李若谷则相当明确地表达了自己的看法："我认为，盲目地相信甚至追随在西方受到追捧的模式和理论，最终只能导致失败。"他说，这是在中国的精英和学者当中普遍存在的观点。"盎格鲁-撒克逊模式不是唯一的模式，也不应该是用以效仿的最终模式。"一位观察家坚持认为："中国不能简单地使用哈佛大学的教材来指导中国金融业的发展。"另一位观察家也给出了同样的观点。② 这种看法不仅限于中国，在韩国也有许多人持这样的观点，而且西方的许多著名学者也注意到了美国模式在亚洲的失灵。③

---

① 请参阅：吴（2010年），第157、159、161页；利伯索尔和王（2012年），第15页；宋（2008年）；世界银行（2011年），第7、126页；卢（2009年）（"建立一个多样化的国际货币体系是现实的选择……货币之间的相互制约和竞争将是有益的"）；李和尹（2010年）（"美国的信用基础已经非常脆弱了"）；曲（2009年）（"亚洲的金融和货币合作将更加频繁，而人民币作为一种区域货币的地位将会持续上升"）；张（2009年）。
② 请参阅：陈宗翼（2008年）、李若谷（2010年）、俞（2008年）、夏（2011年）。也可参阅张（2009年）（"美国次贷危机的一个根本原因是，金融监管机构对金融创新持一种自由放任的态度"）。
③ 请参阅：吉姆和李（2009年），第153、162~163页；博特利耶（2009年），第71、100页（"从中国的角度来说，美国在经济和金融舞台上已经失去了可信性。2008年金融危机使中国领导人确信，他们抵制美国的压力是正确的"）。威廉姆森（2012年），第3页（"西方的观点遭到怀疑"）；伯索尔和福山（2011年），第45页（"资本主义的美国版本的情况是，即便不是彻头彻尾的名誉扫地，至少也不再占主导地位了"）；富特和沃尔特（2011年），第271页（"可信性与合法性遭受重创"）。也可参阅沃尔特和豪伊（2011年），第74、213页；赫莱纳和陈宗翼（2008年），第96页。

问题的核心：美国模式失灵

美国电影《奇爱博士》中的特吉德森将军对总统马弗里这样说："我认为，如果仅仅因为唯一的一次例外就指责整个系统，那将是非常不公平的。"

如果2008年全球金融危机是一个独特的、不可预知的、本质上是随机的灾难，即"黑天鹅"事件，那么仅仅依据这一点，并不足以从根本上支持改变美国模式普适性的诸多相关人士的态度。① 实际上它并不是独特的，因而也并不是完全无法预测的，其随机性体现在时间和各种细节的方面。有三个认知概念对于理解这场金融危机的背景和成因至关重要。首先，美国放松金融管制的惯常做法导致了这个令人吃惊的后果。这一惯常做法发端于20世纪70~80年代，到90年代及21世纪初才全面推广。美国金融管制的放松、监督的退位以及经济金融化，是金融危机发生的诱因。其次，美国的做法在国际上也有与之相匹配的对应物。随着冷战的结束，美国不择手段地开始强迫他国开放金融业并放松管制。第三，在世界上的绝大多数国家和地区，尤其是亚洲，金融危机并不是"唯一的一次意外"——金融全球化时代的一个典型特征，就是无所不在的金融危机，最明显的是（但并不仅限于此）1997~1998年的亚洲金融危机。这场仅仅出现在2008年全球金融危机之前10年、在很大程度上因不受监管的资本所导致的危机，已经播下美国模式将被抛弃的种子，而美国对于那场灾难的反应所导致的亚洲区域人民的不满和怨恨情绪，又让这些种子进一步生根发芽。因此，人们对于美国模式的警惕，对于美国激进式金融外交的恼火，以及对于不受监管的资本特征的关注，并非始于2008年全球金融危机。事实上，上述因素因为2008年金融危机而得到了巩固，并且是数倍以上的巩固。

美国经济的金融化超出了本章的探讨范围，但值得注意的是，它与美国

---

① 虽然有可能如此，但危机的影响范围不能被低估。

同时奉行的外交政策有同样的思想基础。① 在 20 世纪 90 年代，美国对其他国家施压，要求它们取消资本管制，并为美国金融服务业巨头创造机会并提供准入途径。与此同时，国际货币基金组织也激进而大胆地运用权力，迫使成员国完全消除它们的资本管制，这并非巧合。

就像有关国际货币事务的大量问题一样，对于国际货币体系改革而言，各种力量（观念、利益和权力）的长期汇聚（它们引领美国和国际货币基金组织竭力推动普遍的、不受约束的资本管制措施）变得越来越棘手。② 冷战结束后，带着胜利者姿态出现的美国，在摆脱了 20 世纪 70 年代的经济低迷和 80 年代的话语权的衰落地位之后，开始插手国际经济事务，就像它在第二次世界大战之后所做的那样。然而，这一新秩序在构思方面相当不同于以前的美国模式。就国内金融放松管制来说，它缘于摒弃凯恩斯的观点——关于经济预期、金融机构的行为以及更广泛意义上的经济内在性自由主义的观点，而青睐理性预期和有效市场假说的理论，认为市场（甚至是金融市场）本身总是正确的，也总是知道什么是最好的。在美国各大学院、在华盛顿以及在国际货币基金组织的专业人员当中，趋近这一理性立场的姿态，是美国第二次世界大战后重塑它的秩序的一个关键组成部分。③ 但是，利益和权力是不可低估的。处于上升期的美国金融业从业者及其支持者，推动他们在华盛顿的朋友和主顾做出努力，让全世界接受美国的金融运营模式，而他们过去的同事以及未来的同事却几乎不需要做任何推动工作。美国经济这道大餐的筹备者们，不可能看不到明摆着的相对优势——不断发展的规模庞大的美国金融业是世界级的，没有什么力量可以与之匹敌。从更宽泛的角度看，美国在后

---

① 美国经济的金融化，标志着金融成为美国经济最大和增长最快的行业，这一阶段跨越克林顿和小布什两任政府，是两党经济政策导致的结果。关键性的参与者包括罗伯特·鲁宾、劳伦斯·萨莫斯、菲尔·格拉姆和艾伦·格林斯潘；具有里程碑意义的时刻，包括废除《格拉斯-斯蒂格尔法案》和通过《商品期货现代化方案》（从而保证了衍生产品不会受到监管）。但最关键的是，金融家、政府官员及其御用学者思想认识的趋同对这一阶段的经济特征和结果产生了影响，并促成了一种更广泛的和不受管制的金融文化。
② 关于这些问题，请参阅柯什纳（2003 年）。
③ 关于精英主义者对于资本自由化思想以及相关理念核心作用的认同，请参阅艾伯德拉尔（2007 年）、科维罗斯（2010 年）。

冷战时代的单极化世界里所做全球化推进工作,以及在金融和其他领域的发展,被公认为是进一步提升了美国的地缘政治力量。

在这种背景下,克林顿政府在外交方面非常自信,在整个世界,尤其是在亚洲,致力于为美国的银行、保险公司和证券公司获得机会。"我们的金融服务业要进入这些市场",克林顿的经济委员会负责人说。但这并不容易,至少在最初并不容易。在1994年夏威夷由美国财政部部长劳埃德·本特森主持的一次会议上,来自日本、泰国、马来西亚和印度尼西亚的财政部部长们都表达了对于金融快速自由化的抵触,并对于不稳定的资金流动、热钱的危险以及投机机会增多表示担忧。但是,打入不断发展中的亚洲市场,仍然是美国金融工作的核心。1996年,当韩国寻求成为经济合作与发展组织的一员时,美国坚持将该国需加快金融自由化步伐、为美国公司提供更多的商机作为准入条件。"这些方面都符合美国金融业的利益",美国财政部的内部谈判备忘录作出这样的解释。这类要求是规则,而不是例外。有一篇报道这样描述:"通过与国际货币基金组织合作或者直接和其他国家协商,时任财政部部长的罗伯特·鲁宾和他的副手劳伦斯·萨莫斯在艾伦·格林斯潘的鼓励和支持下,不知疲倦地推动……资本自由流动。"①

在这种情况下,国际货币基金组织显然成了由美国主导的机构。1997年5月,国际货币基金组织宣布它有意修改相关协定条款。本来,合理地进行资本管制,是凯恩斯和该机构其他初始设计者的初衷,然而,现在国际货币基金组织不但不是期待和推动,而是决心"让资本账户自由化的推广成为国际货币基金组织的一个特定目标,并且赋予它自身有管辖资本流动的权力"。②

值得一提的是,无论是过去还是现在,几乎没有任何宝贵的经济理论支

---

① 请参阅:尼古拉斯·克里斯托夫和戴维·桑格,《美国如何拉拢亚洲,以便让其现金流入》,《纽约时报》,1999年2月16日;蒂姆·克里布,《APEC财政部部长面临棘手问题》,法新社,1994年3月20日;肯尼斯·克利、里克·托马斯和斯蒂芬·泰尔,《维护一个真正的信仰》,《新闻周刊》,1998年9月14日,第22页。
② 请参阅:国际货币基金组织(1997年),第131~132页。要注意到,艾伯德拉尔(2007年)和科维罗斯(2010年)都强调说,国际货币基金组织开始支持在不受美国压力的情况下取消资本管制(不过他们都认为,如果没有美国明确的许可和支持,该组织的确不可能做出这样的举动)。

持这样的观点：让资本完全不受监管是最佳经济政策。然而，事实上，我们有理由相信，鉴于资本不受监管会对各国宏观经济政策产生一致的压力、金融资产价值潜在的短暂性，以及金融市场容易受到从整体上而言是灾难性的（即便就个体而言是理性的）羊群行为的殃及这一事实，因而相反的推论反而是正确的——从经济效益的角度来说，完全不受监管的资本并不是最佳的选择。而且，实证研究也一直未找到不受监管的资本和经济的改善之间的关系。这样的研究表明，各国有理由谨慎行事。① 实际上，更糟糕的是，个别开放其资本账户的国家更容易遭受金融危机的冲击，即使政府奉行的是"稳健的"政策也如此。其实，对于全球总体经济而言，资本高度流动频次与金融危机爆发正相关。正如查尔斯·金德尔伯格在很早以前就有力地证明的那样（最近几年广泛的学术研究也再次确认），金融危机是历史周期性规律，而不是例外情况——它是一种"耐寒的多年生植物"。总而言之，国际货币基金组织推动的美国模式是建立在一种"信仰的飞跃"基础之上的。②

国际货币基金组织选择了错误的时机，因为进一步推动加快资本自由化导致的压力恰逢亚洲金融危机出现之时。这场在1997年7月从泰国开始、然后快速地和出人意料地蔓延到整个东亚地区的危机，是国际货币基金组织未能预见到的一场危机。因为它不久前还宣称："国际资本市场似乎变得更有弹性了，因此不大可能造成某种困扰。"[在亚洲金融危机发生的10年之前，国际货币基金组织还颇具讽刺意味地做出过这样的评估："虽然金融活动更加频繁了，但市场参与者（包括高风险、高回报的投资基金）更加自律和谨慎了，对于市场基本面也更加敏锐。"]③

亚洲金融危机还暴露出一个重要的思想裂隙。亚洲许多国家都看到了危机的本质——一个典型的全球性金融危机，它在过去的历史上都很常见，而且如前所述，在资本高度流动性时期尤其常见。然而，国际货币基金组织和

---

① 请参阅：罗德里克（1998年），第61页；库珀（1999年）；罗德里克和萨布拉马尼安（2009年），第113、116、125、136页。关于保持谨慎的充分理由，可参阅：威廉姆森和马哈尔（1998年）、威利特（2000年）。
② 请参阅：布莱斯（2003年）；金德尔伯格（1978年）；莱因哈特和罗戈夫（2009年），第155页。
③ 请参阅：国际货币基金组织（1996年），第1、2页。

美国看待它的角度却有所不同，最主要的代表人物是艾伦·格林斯潘，他解释说，这一危机源于亚洲国家自身"糟糕的公共政策"。事实上，对于奉行一种有效市场假说理论的市场原教旨主义者而言，甚至可能存在金融危机的国际原因这一看法，因此这无疑是一个令人感到陌生的概念（同样，在2008年全球金融危机发生之前，那种广泛流行的标准化的宏观经济模型也根本无法解释后来出现的情况）。国际货币基金组织的解释同样是短视的，更不要说它竟然失忆性地将危机完全归咎于亚洲各国的国内经济政策。然而，它不久之前还称赞过这些国家的宏观经济政策。"我尤其反对这种观点，"国际货币基金组织第一副总裁斯坦利·费舍尔评论说，"亚洲地区最近几年的市场动荡表明，在资本账户自由化方面需要谨慎。本次金融危机问题出在亚洲的发展模式上，而不是金融全球化。"格林斯潘在国会作证说："亚洲金融危机的一个后果是，该地区的人们越发意识到，如同在西方国家一样，尤其是在美国，市场资本主义是优越的模式。"①

然而，事实并非如此，无论是就亚洲模式还是就国际货币基金组织和美国对待它的态度而言。假如对完全不受监管的资本和有效市场假说理论有所质疑，那么亚洲的精英们在看到全球金融危机发生时，就能够作出判断，并且能够断定危机是由哪些权力的运用所引致的。日本内阁大藏大臣宫泽喜一将危机归因于"今天的全球系统固有的一般问题"，并呼吁"改革国际金融体系"。他的助手、副大藏大臣神原英资明确指出，"资本自由流动并不总是带来最佳资源配置"。他认为"放开资本市场存在内在的不稳定性"，亚洲危机不能仅仅用受影响的经济体的"结构问题加以解释"。日本官员和亚洲其他国家的许多官员一样（即便他们对此无能为力），也都对美国对于金融危机赤裸裸的机会主义的反应，以及国际货币基金组织无理由的强加（并使情况变得更糟）的通货紧缩措施保持警觉（值得一提的是，日本在金融危机期间并不需要也没有寻求国际货币基金组织的援助）。上述结论对于像中国（就像大多数保留了资本控制的亚洲国家一样）这类避开了最严重危机冲击的国家同样适用。②

韩国最清晰、也最强烈地感受到美国权力铁腕带来的阵痛。就和过去一

---

① 请参阅：格林斯潘（1998年、1999年）、费舍尔（1997年）。
② 请参阅：宫泽喜一（1998年）、神原英姿（1999年）。也可参阅：黑田（2000年）；比森（2000年），第339、348页。

样,没有谁——至少包括国际货币基金组织在内——想到过金融危机会蔓延到韩国(就在韩国被这场扩散的危机席卷之前的一个月,国际货币基金组织的一个代表团还访问了这个国家,并得出结论说:"韩国会避免在东南亚扩散的金融危机的严重影响。")但是,危机的确是进一步扩散了,而韩国经济——马丁·费尔德斯坦在评价国际货币基金组织制定的政策时所描述的"一种会让人妒忌的经济"——被他认为的有别于"根本破产性"危机的一种"暂时流动性"危机所压垮。费尔德斯坦曾敦促国际货币基金组织,"应避免将当前危机作为迫使各国进行根本性结构改革的一个契机",但这正是国际货币基金组织的所作所为,以及一些加剧韩国经济痛苦的通货紧缩措施。当初韩国十分恭敬地请求援助时,它请求的是一种紧急援助形式,即过桥贷款,并与债权人彼此协调,但国际货币基金组织并没有提供,而这本应是它在理论上提供的支持。①

国际货币基金组织坚持结构改革,它迫使韩国不情愿地实行全面接纳美国金融公司进入韩国市场的那种改革。表面上,这是国际货币基金组织的业务工作,但实际上是美国在发号施令,是美国通过国际货币基金组织坚持要求韩国人接受那些条件并获得该组织的支持。美国官员还抵达首尔,就同样的要求向韩国施压。在别无选择的情况下,韩国接受了国际货币基金组织的一系列与避免当前金融危机完全无关的要求,比如消除国外直接投资障碍,开放保险与证券交易市场,以及加快外汇交易自由化。罗伯特·吉尔平说,国际货币基金组织要求韩国签署的意向书,"包括美国长期以来要求亚洲各国政府接受的具体项目,同时也是后者所抵制的项目"。因此,无怪乎许多韩国人将签订意向书的日子视为"韩国第二国耻日"——"第一国耻日"是指该国被日本殖民化的日子。②

亚洲金融危机期间显露出的全球金融化秩序基础有许多新的裂痕,这些裂痕来自于这一期间各方对于马来西亚资本管制的不同反应和解释。1998年

---

① 请参阅:国际货币基金组织(2003年),第18页;费尔德斯坦(1998),第24、25、27、31、32页。
② 请参阅:布卢斯坦(2001年),第143~144、155~156页;吉尔平(2000年),第157、159页;柯克(1999年),第35页,第36~38、43、46页;盛(2009年),第40、162页。

9月1日，马来西亚开始实行资本管制，以便在严重的资本外流之后重新执行促进经济增长的政策（这种偏离正统的手段，可以对经济政策起到超常规的刺激作用）。但美国、国际货币基金组织和西方信用评级机构的反应是相当消极的（这种消极刺痛了一部分人的相当敏感的神经），相比之下，亚洲有许多声音大力支持这一新政策。一位中国官员称赞说："马来西亚正在回到中国已经选择的道路上。"日本也明确支持这一调控措施，大藏大臣宫泽喜一在讲话中赞许道，这是一个更普遍意义上的"有利于市场的控制手段"。尽管西方信用评级机构将马来西亚主权债务降到垃圾债券的地位，但日本在之后的新的金融援助中，为该国提供了15亿美元的贷款。面对西方国家的"一致谴责"和各种严厉的警告，马来西亚政府没有动摇，控制措施得力，经济运行态势良好。至于韩国，它显然已经从华盛顿那里以及亚洲的经历当中获得了相当不同的经验教训。[1]

在韩国被金融危机击中之后，修改国际货币基金组织协定条款的工作于是陷入停顿。这场危机让资本自由化始终都是明智的和安全的这一观念变得越来越不可信，紧接着在俄罗斯、巴西和阿根廷的危机，再次加剧了这种怀疑。不过，即使没有任何新的权力授予形式，在国际货币基金组织和美国，原教旨主义的观念也是不可动摇的。一个强有力的证据表明，临时的外汇管制原本可以让俄罗斯摆脱最糟糕的危机阶段的不利影响，可是"国际货币基金组织和美国政府在当时不接受那种选择，它们毫不动摇地坚决反对"。[2] 进入21世纪初，连续遭遇尴尬的国际货币基金组织低调地表达了自己的观点，而华盛顿则似乎对美国模式和不受监管的金融市场能够自行矫正的能力更有信心，并进一步利用其明显的优势为自己谋利。2003年，在分别完成了与智利和新加坡的自由贸易协定（这也开创了单独与其他国家谈判的先例）之后，

---

[1] 请参阅：艾伯德拉尔和阿尔法罗（2002年），第2、11页；托雷斯（2003年），第3、104、229~230、234~235、288页；盛（2009年），第189、194、212~213、215页；韦德和韦内罗索（1998年）；宫泽喜一（1998年）；约翰斯顿（1999年），第132页；休斯（2000年），第241~242页。

[2] 请参阅：德塞（2000年），第52页；国际货币基金组织（2003年），第3页；布卢斯坦（2001年），第9、337、348、374页。

美国极力推动通过了（这是在其他国家公开反对的前提下）要求其他国家放弃提出任何形式的资本管制权利的条款。①

然而，由于美国过于自负，并没有意识到或者全然不在乎其他国家对于放松金融管制的高度担忧，以及其强悍的金融外交所引致的其他国家的深度愤恨，因此，金融危机不但没有使各方就美国模式的特有智慧达成共识，反而进一步壮大了反对它的未来力量。不过，上述情形在短时期内并不明显，因为美国已经曾在过去数次从与放松管制的金融全球化有关的危机中全身而退，它的单极化、霸权及影响力，都有某种不可抗拒的内在力量。但是无论如何，美国与其他国家尖锐的意识形态分歧，以及其他国家对于和美国这个超级强国保持某种绝缘的愿望，都将长期存在。②

中国——21 世纪世界经济中越来越重要的参与者，通过自身的调控措施相对避开了危机，并且期待"两面下注"，给自己争取更大的回旋余地。2008 年金融危机之前，美国金融模式看起来的确像是唯一一个屹立不倒的金融模式，但中国并不想轻易冒险跟随，尤其当涉及金融资本时。1998 年亚洲金融危机之后，中国最初倾向于向美国模式靠拢，但它采取的是缓慢、谨慎和渐进的步骤。不过，当 2008 年和美国有关的世界金融危机证实了美国模式怀疑论者的恐惧之后，一些国家的批评者再次搬出了早有的思想上和政治上的反对理由。为此，约翰·威廉姆森这样总结道：西方国家"仍在忍受它将东亚危机称为裙带资本主义报应这一判断的后果"。事实上，承认美国金融模式是一个令人恐惧的模式或许要好得多。③

---

① 请参阅：温特劳布（2004 年），第 87 页；伊丽莎白·贝克尔和拉里·罗特，《美国和智利达成自由贸易协定》，《纽约时报》，2002 年 12 月 12 日；韦恩·阿诺德，《资本管制分歧阻碍新加坡贸易协定》，出处同上，2003 年 1 月 9 日。
② 请参阅：戴维·桑格，《美国和日本就经济恢复方案协商，但最终未能达成一致意见》，《纽约时报》，1998 年 9 月 6 日；西格特（1998 年），第 333～334、339、347、351 页；格莱姆斯（2003 年），第 187～188、194 页；卡塔达（2002 年），第 86 页；鲍尔斯（2002 年），第 230～231、248～249 页。
③ 请参阅：威廉姆森（2012），第 15 页；伯索尔和福山（2011），第 47 页。关于中国向美国模式靠拢以及随后的终止，请参阅：沃尔特和豪伊（2011），第 10、13、14 页。

人民币趋向国际化

排斥美国模式，希望与美国经济保持更大距离，加速提升中国的实力和影响力，是人民币国际化这一议程的题中应有之义。对于这一目标，中国将以多快的速度实现，以及它将采取什么样的经济模式，还有待观察。但是，正如本杰明·科恩所认为的那样，"无论在语言还是在行动方面，中国所表现出来的对于现状的不满，似乎都已经远远超出以前的新崛起的大国所表达的程度"。而且，在2008年金融危机之后，中国官方对于人民币的溢美之词明显增加，虽然有关如何将这一说辞转化为行动仍然存在一定的问题，比如人民币有限的可兑换性、中国金融业存在的有限的稳定性，然而，一些旨在增强人民币国际作用的具体行动，尤其是一系列双边货币互换协议，这都表明在某种程度上，有关人民币国际地位提升的官方舆论不仅仅是说说而已。2008年金融危机之后，人民币不仅在供应方面出现了增长——中国愿意将人民币加以有效部署，使之在国际上发挥更大作用，而且需求也在明显地增加——各国更加希望找到合适的商业交易路径，使它们的经济不会被牢牢地束缚于（或者至少通过某种多样化的途径而远离）美元和美国金融模式，以及美国经济（陈宗翼在本书中提供了有关对于国际货币多样化的舆论支持的例证，根据他的观察结论，"金砖国家"的会议公报总是呼吁推动国际货币体系改革并建立一个多极的世界秩序）。

2009年3月23日，中国人民银行行长周小川发表了一篇题为"国际货币体系改革"的文章。这篇从本质上说是从其他主要官员的言论当中得到支持的文章，吸引了世界大量媒体的关注。周小川行长的文章名义上是呼吁特别提款权能够扮演更重要的角色，但各界人士更将其理解为对美元的一种挑战；即便它不是要求人民币发挥更大国际作用的一种呼吁（那也未免显得过于笨拙），也是希望远离美元的一种明确的主张，实际上二者是一回事。周小川指出："继布雷顿森林体系崩溃之后，世界金融危机频率和强度的增加都表明，这一体系给世界各国带来的成本可能超过了它的益处。"他更加明确地将金融危机归因于"当前国际货币体系固有的弱点和系统性的风险"。如果这还不够清楚的话，他又补充说，这场金融危机是作为世界货币的单一国家货币"这一制度缺陷所带来的不可避免的后果"。①

周小川的文章还因为另外两个原因引起国际社会的广泛关注。首先，周小川行长一再援引凯恩斯的主张（"凯恩斯主义的方法可能更具远见性"）。毫无疑问，这主要是为了捍卫超国家货币的价值。但是周小川反复提到凯恩斯理论的价值，这显然与美国金融模式的反凯恩斯主义的意识形态基础形成了鲜明的对照。其次，正如有观察者指出的那样，这篇文章反映了"一种共识，那就是中国人认为……一个多层次的储备货币时代正在到来，即便这是一个循序渐进的过程，但推动这样的进程符合中国的战略利益"。中国的许多精英、学者发表和出版了一系列文章及论著，他们越来越多地阐明了这一观点，并尤其表现为集中关注他们观察到的事实（"对于中国大陆的经济学家来说，新的国际货币体系和所谓的后美元时代，不仅是可能发生的，而且已显露出初步的迹象"），评估政府政策（"这一战略的目的，是促进人民币国际地位的提升，以及减少……对美元的依赖"），以及对于相应的各种经济和政治措施给予支持（"作为一个大国，中国迫切需要推动人民币国际化，并使之成为一种优先的国家战略"）。②

不过，尽管如此，在人民币崛起的道路上仍有许多波折。在某种程度上，这仍然是一个速度和范围的问题，即人民币成为世界舞台上更重要的角色的可能性显然是存在的，但是有关这种可能性将在多久以后变成必然性，以及它将具有多大影响力的问题也同样存在（需要强调的是，我们这里所讨论的是作为一种重要的国际货币和潜在的主导性区域货币的人民币的崛起，而不是有关它取代美元并成为全球关键性货币）。赫莱纳和马尔金认为，虽然中国政府已经采取了措施促进人民币的国际范围的流通，但游说支持人民币国际化的国内利益集团相对缺乏，这也表明在背后推动这一事业的政治力量的相

---

① 请参阅：周小川（2009 年），第 1 页；戴维·巴尔博扎：《中国敦促以新货币储备取代美元》，《纽约时报》，2009 年 3 月 24 日；陈宗翼和王（2010 年），第 4～5、11～12 页。
② 请参阅：陈宗翼和王（2010 年）；张（2010 年）（"中国绝大多数经济学家都支持人民币国际化"）；张（2009 年，战略目标）；张（2008 年，大国课题）。也可参阅：卢（2009 年）、夏（2011 年）以及吴（2010 年）。他们都支持人民币发挥更大的国际作用。吴认为，全球金融危机标志着后冷战秩序的结束，使美国模式以及美国极力向国外推广的"一刀切"的"华盛顿共识"归于无效，并预期"中国深化与区域合作伙伴之间的经济联系，这将有助于扩大它在东亚地区的政治影响力"（第 155～156、160 页）。

对薄弱。人民币发展轨迹的一个更危险的潜在中断因素,是中国各大银行以及国内金融业的脆弱性程度,以及其令人不安的透明度。还是那句话,中国的调控措施使各个机构能够经受得住全球金融危机的风暴,但是,政府在国内许多银行都持有主要股份,而这些银行要依靠政府的保护,并向前景难测的国有企业提供巨额贷款,因此,如果完全面向市场和外国的竞争,就可能要承受巨大的压力。①

这一事实很重要,因为它是衡量中国经济未来趋势的一个晴雨表,同时也因为多数学者都将发展势头好、稳健和信誉好的金融机构视为某一国际货币的至关重要的基础。尤其大多数西方分析人士认为,货币完全自由兑换和完全开放的资本市场,是建立国际资金流动平台和枢纽的国际金融中心的实质上的先决条件,然而,这却是人民币崛起的限速因素,这甚至意味着人民币地位的极限状态。因此,人民币"要成为真正的国际货币,中国必须……完全解除资本管制"。②

按照惯例,结果有可能是这样的,但也可能并非如此。中国似乎要的是并非如此的结果,但同时又走一条人民币国际化的道路,即便是在最初没有(甚至也许根本就没打算)全面放开资本项目账户的前提下。③ 在一篇似乎很有说服力的文章中,周小川行长试图重新诠释资本项目账户自由兑换的含义,并采取一种能够容纳所有这些动机或者意图的方式。"资本项目账户自由兑换的定义是可被讨论的内容,而且如何设立标准应当有一定程度的灵活性"。他指出,国际货币基金组织章程本身在这一定义方面就很模糊,导致各国可以做出不同的解释。而且,"资本项目账户可自由兑换,不等于放弃对于跨国金融交易的监管和控制"。尤其"当国际市场异常波动或者一个国家的国际收支平衡出现问题时,对于短期的、投机性的资本流动采取适当的控制措施是合

---

① 请参阅:赫莱纳和马尔金(2012 年),第 49~50、52 页(当然,这一观点的假设性前提是,国内相关部门的政治状况是解释货币国际化的一个重要因素);沃尔特和豪伊(2011 年),第 25、27、38、77~78、80、138~139 页;马丁(2012 年)。
② 请参阅:马拉比和韦辛顿(2012 年),第 136、137 页;弗兰克尔(2011 年),第 13 页;世界银行(2011 年),第 139 页;博特利耶(2009 年),第 100 页;伊托(2011 年),第 11 页。
③ 关于国际化和自由化之间的关系,请参阅:何(2012 年);麦克纳利(2012 年),第 760~762 页。

理的"。最终也是最重要的是,"中国必须在建立国际标准方面有自己的声音"。这可能就是中国排斥美国金融模式的部分情形:着力部署让人民币更加国际化的基础设施,促进其作为交易货币的流动,并鼓励其他国家的中央银行将人民币作为储备,但同时又保留一些资本管制措施和对其他市场的抑制手段。具体办法是,谋求与其他国家的双边货币互换协议。①

在 2008 年全球金融危机之后,中国加快了人民币的国际化步伐,通过促进区域货币合作、改革国际货币管理体系,以降低对美元的依赖程度,并建立一个替代美国模式的方案。至关重要的一点是,出于同样的原因,中国愿意增加国际货币选项的供应,这与对于美元替代品的更大需求(不仅限于亚洲)和不受控制的金融全球化意识形态恰好一致。国际货币多元化选择的愿望,以及对于缺乏资本管制措施以外的不同来源的信誉评估,可能会进一步推动人民币的国际化。"我宁愿下注于中国政府(它没有理会美国财政部部长……的预测)——除非中国放开资本市场,不然它的数万亿美元投资就有可能打水漂,或者让其经济丧失发展潜力。"泰国前总理他信说,"这似乎比向上帝祈祷让美国很快就找到一个更佳的经济增长模式以及可靠的金融监管机构更明智。"②

中国最近"有意识"并"大胆地"推广人民币使用的典型途径——双边货币互换。诸如此类的安排鼓励了人民币的更多使用,并使得中国及其贸易

---

① 请参阅:周(2012 年)。关于国际化领先于自由化,请参阅:麦考利(2011 年),第 1、3 页("在资本管制体系内实现人民币国际化的过程中,中国政府选择了一条没有路标的道路"),第 13、21 页;艾兴格林(2012 年),第 129 ~ 130 页("基础设施、媒介、储备和互换");世界银行(2011 年),第 140 页。

② 请参阅:张(2009 年),第 23 ~ 24 页,第 27、29、31 页;皮特尔·博特利耶,《人民币作为一种国际货币的未来》,《聚焦中美》,2011 年 4 月 29 日,http://www.chinausfocus.com/finance-economy/future-of-the-renminbi-as-an-international-currency/;凯斯·布拉德舍尔,《为增加货币流通,中国政府允许人民币用于局部对外结算》,《纽约时报》,2009 年 7 月 7 日;乔治·古和亨利·唐,《美国应如何应对人民币成为全球货币》,《聚焦中美》,2012 年 2 月 28 日,http://www.chinausfocus.com/finance-economy/how-shall-america-respond-to-chinese-yuan-as-a-global-currency/;他信·西那瓦,《亚洲债券可让美国摆脱美元困境》,《金融时报》,2008 年 10 月 6 日。

伙伴在进行结算时,可以不必使用美元,不需要进行多边谈判,也无须就金融自由化作出宏大而全面的承诺。这样的协议是受中国的贸易伙伴欢迎的。对于越来越多的主要经济体而言,中国是世界第二大进口国,也是最重要的贸易伙伴之一,因此,许多国家都能够接受中国的绝大部分旨在降低对美元依赖的多样化货币选择动机。在这些数量众多的涉及亚洲、拉丁美洲、中东地区和独联体国家的协议当中,其中有一份醒目的协议是与日本达成的。中国近些年已经超过美国成为日本最大的贸易伙伴,而日本也要求并最终获得了购买以人民币计价的债权的权利,这使日本也将人民币纳入其外汇储备当中。①

在2011年,超过9%的中国贸易总额是用人民币结算的,相对于上一年不到1%的比例有所提升,这一数字似乎有望继续增长。而且除了扩大其互换协议清单,以及促使人民币成为一些国家外汇储备的一部分(即便在规模上仍然相对较小)以外,中国还利用香港的独特地位,允许当地的一些银行(中国银行在那里设立了基地)发行以人民币计价的债券。新加坡(与中国之间达成了新的自由贸易和货币互换协议)目前也在争夺人民币在南亚地区开展业务的区域中心地位。② 不过,江洋对于这些措施作出了怀疑性的评价,给它们贴上了"肤浅"和"主要为象征性"的标签,而且认为中国对于双边交易的需求、对人民币汇率的管制,以及对资本项目账户的限制措施,会从根本上制约人民币发挥国际作用。与此相反——同时也和王宏英强调经济思想对于塑造中国发展模式的作用一致——我认为,为了让人民币成为重要的国

---

① 请参阅:伊托(2011年),第2、4~5、16页;古和唐,《作为全球货币的人民币》;爱德华·翁和娜塔莎·辛格尔,《日本和中国的货币协议》,《纽约时报》,2011年12月27日;西蒙·拉比诺维奇,《中国和日本同意推动货币国际化》,《金融时报》,2011年12月27日;王晓天和高常鑫,《中日货币交易进入新时代》,《中国日报》,2012年5月30日,http://europe.chinadaily.com.cn/business/2012-05/30/content_15418505.htm;《中国和澳大利亚达成310亿美元的货币互换协议》,《金融时报》,2012年5月22日;《中国和巴西签署300亿美元的货币互换协议》,英国广播公司新闻台,2012年6月22日,http://www.bbc.co.uk/news/business-18545978。

② 请参阅:高桥(2012年);陈宗翼和王(2010年),第13页;伊托(2011年),第8页;博特利耶,《人民币作为一种国际货币的未来》;张(2010年),第6页;陈宗翼,《新加坡证券交易所跟上人民币步伐》,国际治理创新中心,2012年7月23日,http://www.cigionline.org。

际货币，中国不需要完全实行金融自由化。① 从这个角度来说，中国及其经济合作伙伴所采取的行动，表明这是它们支持人民币成为关键性的亚洲货币（即便这一过程谨慎而缓慢，并且在形式上多少有别于完全放松管制的美国金融模式）的一种系统的预先定位。

更强大的人民币的政治特征

除非出现一次重大的国内经济挫折，否则人民币将成长为一种重要的国际货币，但并有可能成为东亚地区的首选货币。从中国的角度来说，国际政治的逻辑，与全球化金融市场保持某种绝缘的愿望，以及在思想体系方面建立一种美国模式替代品的偏好，都将推动相关公共政策的出台。人民币崛起的速度，将极有可能由区域政治和全球经济决定。这就是说，如果中国在亚洲的外交政策变得笨拙和低效（似乎偶尔会出现这样的迹象），那么无论中国多么愿意供应国际货币，但这方面的相关需求都将萎缩，因为区域各国会寻求避免与任何令人畏惧的区域巨人走得更近。在这个问题的经济层面，如果中国经济秩序基础的裂痕明显扩大，那这将使人民币越来越快的境外接纳速度放缓；相反，在其他区域出现的新的经济困难，例如，拖累欧洲和美国经济的新的金融危机，将进一步加速人民币崛起。然而，不管以什么样的速度进行，以中国为后盾并明显有别于美国战后金融模式的特征、惯例和标准的亚洲区域货币安排，都有可能在未来几年里出现。

（乔纳森·柯什纳）

---

① 从历史上看，有许多在没有实行资本项目账户充分自由兑换的前提下，对重要的区域和全球货币安排进行设计和操作的例子。事实上，在某些情况下，这些安排具有实质上的非自由化特性。不过这并不是说，中国对于国际化的人民币的处置方式将不利于市场运作。历史表明，实现这样的安排有多种方式。请参阅柯什纳（1995 年），第 4 章。麦克纳利（2012，第 763～764 页）也指出了与美国模式保持距离的情况。

英文索引

Abdelal, Rawi. 2007. *Capital Rules: The Construction of Global Finance.* Cambridge, MA: Harvard University Press.

Abdelal, Rawi, and Laura Alfaro. 2002. *Malaysia: Capital and Control.* Case no. N9 702-040. Cambridge, MA: Harvard Business School.

Abdelal, Rawi, and Jonathan Kirshner. 1999. "Strategy, Economic Relations, and the Definition of National Interests." *Security Studies* 9 (1–2): 119–56.

Aguado, Iago Gol. 2001. "The Creditanstalt Crisis of 1931 and the Failure of the Austro-German Customs Union Project." *Historical Journal* 44 (1): 199–221.

Ahuja, Ashvin, Nigel Andrew Chalk, Nathan Porter, Papa N'Diaye, and Malhar Nabar. 2012. *An End To China's Imbalances.* IMF Working Paper No. 12-100. Washington, DC: IMF.

Aizenman, Joshua, and Jaewoo Lee. 2007. "International Reserves: Precautionary versus Mercantilist Views, Theory and Evidence." *Open Economies Review* 18:191–214.

Aizenman, Joshua, and Nancy Marion. 2003a. "Foreign Exchange Reserves in East Asia: Why the High Demand?" Federal Reserve Bank of San Francisco, http://www.frbsf.org/economic-research/publications/economic-letter/2003/april/foreign-exchange-reserves-in-east-asia-why-the-high-demand/.

———. 2003b. "The High Demand for International Reserves in the Far East: What Is Going On?" *Journal of the Japanese and International Economies* 17 (3): 370–400.

Amyx, Jennifer. 2008. "Regional Financial Cooperation in East Asia since the Asian Financial Crisis." In *Crisis as Catalyst: Asia's Dynamic Political Economy,* ed. Andrew Macintyre, T. J. Pempel, and John Ravenhill. Ithaca, NY: Cornell University Press.

Andrews, David, ed. 2006. *International Monetary Power.* Ithaca, NY: Cornell University Press.

Angell, Norman. 1910. *The Great Illusion.* New York: Putnam.

Bagby, Wesley. 1992. *The Eagle-Dragon Alliance: America's Relations with China in World War II.* Newark: University of Delaware Press.

Baldwin, David A. 2013. "Power and International Relations." In *Handbook of International Relations,* 2d ed., ed. Walter Carlsneas, Thomas Risse, and Beth A. Simmons. Los Angeles: Sage Publications.

Bank for International Settlements. 2011. *Annual Report 2010/11.* Basel: Bank for International Settlements.

Bank for International Settlements. 2013. *Triennial Central Bank Survey—Foreign Exchange Turnover in April 2013: Preliminary Global Results.* Basel: Bank for International Settlements.

Beckley, Michael. 2011/12. "China's Century?" *International Security* 36 (3): 41–78.

Beeson, Mark. 2000. "Mahathir and the Markets: Globalization and the Pursuit of Economic Autonomy in Malaysia." *Pacific Affairs* 73 (3): 335–51.

Bell, Stephen, and Hui Feng. 2013. *The Rise of the People's Bank of China.* Cambridge, MA: Harvard University Press.

Bergsten, C. Fred. 1975. "The United States and Germany: The Imperative of Economic Bigemony." In *Toward a New International Economic Order: Selected Papers of C. Fred Bergsten, 1972–1974,* ed. C. Fred Bergsten. Lexington, MA: D. C. Heath.

———. 2008. "A Partnership of Equals: How Washington Should Respond to China's Economic Challenge." *Foreign Affairs,* July–August: 57–69.

Bernanke, Ben. 2005. "The Global Saving Glut and the U.S. Current Account Deficit." Sandridge Lecture, Virginia Association of Economics, Richmond, VA. http://www.federalreserve.gov/boarddocs/speeches/2005/200503102/.

———. 2007. "Global Imbalances: Recent Developments and Prospects." Speech at Bundesbank Berlin. http://www.federalreserve.gov/newsevents/speech/bernanke20070911a.htm.

Bernhard, W. J., J. Lawrence Broz, and William Clark. 2002. "The Political Economy of Monetary Institutions." *International Organization* 56 (4): 693–723.

Bernstein, Thomas, and Xiaobo Lü. 2003. *Taxation without Representation in Contemporary Rural China.* Cambridge: Cambridge University Press.

Bhagwati, Jagdish N., and Hugh T. Patrick. 1991. *Aggressive Unilateralism: America's 301 Trade Policy and the World Trading System.* Ann Arbor: University of Michigan Press.

Birdsall, Nancy, and Francis Fukuyama. 2011. "The Post-Washington Consensus: Development After the Crisis." *Foreign Affairs,* 90 (2): 45–53.

Blustein, Paul. 2001. *The Chastening: Inside the Crisis that Rocked the Global Financial System and Humbled the IMF.* New York: Public Affairs.

———. 2012. *A Flop and a Debacle: Inside the IMF's Global Rebalancing Efforts.* CIGI Papers no. 4. Waterloo, Ont.: Centre for International Governance Innovation.

Blyth, Mark. 2003. "The Political Power of Financial Ideas: Transparency, Risk and Distribution in Global Finance." In *Monetary Orders: Ambiguous Economics, Ubiquitous Politics,* ed. Jonathan Kirshner. Ithaca, NY: Cornell University Press.

Bo, Zhiyue. 2002. *Chinese Provincial Leaders: Economic Performance and Political Mobility since 1949.* Armonk, NY: M. E. Sharpe.

Borgwardt, Elizabeth. 2005. *A New Deal for the World; America's Vision for Human Rights.* Cambridge: Belknap Press of Harvard University Press.

Bottelier, Pieter. 2009. "China and the International Financial Crisis." In *Strategic Asia 2009–10: Economic Meltdown and Geopolitical Stability,* ed. Ashley Tellis, Andrew Marble, and Travis Tanner. Seattle: National Bureau of Asian Research.

Boughton, James. 2001. *Silent Revolution: The International Monetary Revolution, 1979–1989.* Washington, DC: IMF.

Bowles, Paul. 2002. "Asia's Post-Crisis Regionalism: Bringing the State Back In, Keeping the (United) States Out." *Review of International Political Economy* 9 (2): 230–256.

———. 2012. "Rebalancing China's Growth: Some Unsettled Questions." *Canadian Journal of Development Studies/Revue canadienne d'études du développement* 33 (1): 1–13.

Bowles, Paul, and Baotai Wang. 2006. "'Flowers and Criticism': The Political Economy of the Renminbi Debate." *Review of International Political Economy* 13 (2): 233–257.

———. 2008. "The Rocky Road Ahead: China, the US and the Future of the Dollar." *Review of International Political Economy* 15 (3): 335–353.

Brahm, Laurence J. 2002. *Zhu Rongji and the Transformation of Modern China.* Hoboken: Wiley.

Brender, Anton, and Florence Pisani. 2010. *Global Imbalances and the Collapse of Globalised Finance.* Brussels: Centre for European Policy Studies.

Breslin, Shaun. 2012. "Government-Industry Relations in China: A Review of the Art of the State." In *East Asian Capitalism: Continuity, Diversity and Change,* ed. Andrew Walter and Xiaoke Zhang. Cambridge: Cambridge University Press.

BRIC Leaders. 2009. "Joint Statement of the BRIC Countries' Leaders." Yekaterinburg, Russia, 16 June 2009. Moscow: President of Russia. http://archive.kremlin.ru/eng/text/docs/2009/06/217963.shtml.

———. 2010. "Second BRIC Summit of Heads of State and Government—Joint Statement." Press Release No. 212. Brasilia: Ministry of External Relations, Government of the Federative Republic of Brazil, April 15.

BRICS Development Banks. 2012. "Agreements Between BRICS Development Banks." Issued by Ministry of External Affairs, Government of the Republic of India, New Delhi, March 29.

BRICS Leaders. 2011. "Sanya Declaration of the BRICS Leaders Meeting." China Daily, April 14, 2011. http://www.chinadaily.com.cn/china/brics2011/2011–04/14/content_12329531.htm.

Broz, J. Lawrence, and Jeffry A. Frieden. 2001. "The Political Economy of International Monetary Relations." *Annual Review of Political Science* 4(1): 317–343.

Bueno de Mesquita, Bruce, Alastair Smith, Randolph M. Siverson, and James D. Morrow. 2003. *The Logic of Political Survival.* Cambridge, MA: MIT Press.

Cai, Hongbin, and Daniel Treisman. 2006. "Did Government Decentralization Cause China's Economic Miracle?" *World Politics* 58: 505–535.

Cai, Yongshun. 2004. "Managed Participation in China." *Political Science Quarterly* 119 (3): 425–451.
Calvo, Guillermo A. 1991. "The Perils of Sterilization." *IMF Staff Papers* 38: 921–26.
Chan, Anita. 2001. *China's Workers Under Assault: The Exploitation of Labor in a Globalizing Economy.* Armonk, NY: M. E. Sharpe.
Chen, Feng. 2003. "Between the State and Labour: The Conflict of Chinese Trade Unions' Double Identity in Market Reform." *China Quarterly* (176): 1006–28.
Chen, Siqing. 2008. "Meiguo jinrong weiji de shencengci yuanyin fenxi ji dui zhongguo yinhangye de qishi" [Deeper-level analysis of the reasons for the U.S. financial crisis and its lessons for China's banking industry]. *Guoji jinrong yanjiu* [Studies of International Finance] 12.
Cheung, Yin-Wong, and Xingwang Qian. 2009. "Hoarding of International Reserves: Mrs. Machlup's Wardrobe and the Joneses." *Review of International Economics* 17 (4): 824–43.
Chin, Gregory. 2008. "China's Evolving G8 Engagement." In *Emerging Powers in Global Governance,* ed. Andrew Cooper and Agata Antkiewicz. Waterloo, Ont.: Wilfred Laurier University Press.
———. 2010. "Remaking the Architecture: Emerging Powers, Self-Insuring and Regional Insulation." *International Affairs* 86 (3): 693–716.
———. Forthcoming. "Asian Regionalism after the Global Financial Crisis." In *The Political Economy of Asian Regionalism,* ed. Giovanni Capannelli and Masahiro Kawai. New York: Springer/Series of the Asian Development Bank.
Chin, Gregory, and Eric Helleiner. 2008. "China as a Creditor: A Rising Financial Power?" *Journal of International Affairs* 62 (1): 87–102.
Chin, Gregory, and Wang Yong. 2010. "Debating the International Currency System: What's in a Speech?" *China Security* 6 (1): 2–20.
Chinn, Menzie, and Jeffrey A. Frankel. 2008. "Why the Euro Will Rival the Dollar." *International Finance* 11 (1): 49–73.
Chinn, Menzie D., and Jeffry A. Frieden. 2011. *Lost Decades: The Making of America's Debt Crisis and the Long Recovery.* New York: Norton.
Christensen, Thomas J. 2001. "Posing Problems without Catching Up: China's Rise and Challenges for U.S. Security Policy." *International Security* 25 (4): 5–40.
———. 2006. "Fostering Stability or Creating a Monster? The Rise of China and U.S. Policy toward East Asia." *International Security* 31 (1): 81–126.
Chung, Connie Wee-Wee, and Jose L. Tongzon. 2004. "A Paradigm Shift for China's Central Banking System." *Journal of Post Keynesian Economics* 27 (1): 87–103.
Chwieroth, Jeffrey M. 2010. *Capital Ideas: The IMF and the Rise of Financial Liberalization.* Princeton, NJ: Princeton University Press.
Cline, William. 2012. *Projecting China's Current Account Surplus.* Policy Brief 12-7. Washington, DC: Peterson Institute for International Economics.
Cohen, Benjamin J. 1986. *In Whose Interest? International Banking and American Foreign Policy.* New Haven, CT: Yale University Press.
———. 2008. "The International Monetary System: Diffusion and Ambiguity." *International Affairs* 84 (3): 453–70.

———. 2011. *The Future of Global Currency: The Euro Versus the Dollar.* London: Routledge.

———. 2012. "The Yuan Tomorrow?: Evaluating China's Currency Internationalization Strategy." *New Political Economy* 17 (3): 361–71.

———. 2014. "The Yuan's Long March." In *Power in a Changing World Economy: Lessons from East Asia,* ed. Benjamin J. Cohen and Eric M. P. Chiu. London: Routledge.

Commission on Growth and Development. 2008. *The Growth Report: Strategies for Sustained Growth and Inclusive Development.* Washington, DC: The World Bank.

Congressional Budget Office. 2013. *The Budget and Economic Outlook: Fiscal Years 2013–2023.* Washington, DC: United States Congress.

Cooper, Richard N. 1999. "Should Capital Controls Be Banished?" *Brookings Papers on Economic Activity* (1): 89–141.

Cooper, Scott. 2006. "The Limits of Monetary Power: Statecraft within Currency Areas." In *International Monetary Power,* ed. David Andrews. Ithaca, NY: Cornell University Press.

Craig, R. Bruce. 2004. *Treasonable Doubt: The Harry Dexter White Spy Case.* Lawrence: University Press of Kansas.

Cristadoro, Riccardo, and Daniela Marconi. 2012. "Household Savings in China." *Journal of Chinese Economic and Business Studies* 10 (3): 275–99.

Cumings, Bruce. 1999. *Parallax Visions.* Durham, NC: Duke University Press.

Dahl, Robert A. 1957. "The Concept of Power." *Behavioral Science* 2, 201–215.

Dai Xianglong. 2002a. "Statement by Mr. Dai Xianglong, Governor of the People's Bank of China." International Monetary and Financial Committee (5th Meeting), April 20, 2002. Washington, DC: IMF. http://www.imf.org/external/spring/2002/imfc/stm/eng/chn.htm.

———. 2002b. "Statement by Mr. Dai Xianglong, Governor of the People's Bank of China, September 28, 2002." International Monetary and Financial Committee. Washington, DC: IMF. http://www.imf.org/external/am/2002/imfc/state/eng/chn.htm.

De Cecco, Marcello. 1984. *The International Gold Standard.* New York: St. Martin's Press.

———. 2012. "Global Imbalances: Past, Present and Future." *Contributions to Political Economy* 31: 29–50.

Desai, Padma. 2000. "Why Did the Ruble Collapse in August 1998?" *American Economic Review* 90 (2): 48–52.

Development Research Center of the State Council. 2011. *The Regionalization of RMB.* Beijing: China Development Press.

Dickson, Bruce. 2003. *Red Capitalists in China.* Cambridge: Cambridge University Press.

Ding, Xueliang. 1994. *The Decline of Communism in China: Legitimacy Crisis 1977–1989.* Cambridge: Cambridge University Press.

Dooley, Michael P., David Folkerts-Landau, and Peter Garber. 2003. *An Essay on the Revived Bretton Woods System.* NBER Working Paper Series, No. 9971. Washington, DC: NBER.

———. 2004. *The Revived Bretton Woods System*. NBER Working Paper Series, No. 10332. Washington: NBER.

Downs, Anthony. 1957. "An Economic Theory of Political Action in a Democracy." *Journal of Political Economy* 65 (2): 135–50.

Drezner, Daniel W. 2009. "Bad Debts: Assessing China's Financial Influence in Great Power Politics" *International Security* 34 (2): 7–45.

———. 2010. "Will Currency Follow the Flag?" *International Relations of the Asia-Pacific* 10: 389–414.

Duckett, Jane. 1998. *The Entrepreneurial State in China*. London: Routledge.

Eichengreen, Barry. 2005. "Is a Change in the Renminbi Exchange Rate in China's Interest?" *Asian Economic Papers* 4 (1): 40–75.

———. 2011. *Exorbitant Privilege: The Rise and Fall of the Dollar and the Future of the International Monetary System*. New York: Oxford University Press.

———. 2012. "When Currencies Collapse: Will We Replay the 1930s or the 1970s?" *Foreign Affairs* 91 (1): 117–34.

Einzig, Paul. 1931. *The World Economic Crisis*. London: Macmillan.

Ekbladh, David. 2010. *The Great American Mission: Modernization and the Construction of an American World Order*. Princeton, NJ: Princeton University Press.

European Council on Foreign Relations. 2012. "European Foreign Policy Scorecard 2012." www.ecfr.eu/page/-/ECFR_SCORECARD_2012_WEB.pdf.

Fairbank, John King. 1968. *The Chinese World Order: Traditional China's Foreign Relations*. Cambridge, MA: Harvard University Press.

Feldstein, Martin. 1998. "Refocusing the IMF." *Foreign Affairs* 77 (2): 20–33.

Fewsmith, Joseph. 2008. *China since Tiananmen*. 2d ed. Cambridge: Cambridge University Press.

Fischer, Stanley. 1997. "Capital Account Liberalization and the Role of the IMF." IMF Seminar. September 19. Washington, DC: IMF. http://www.iie.com/Fischer/pdf/Fischer141.pdf.

Foot, Rosemary, and Andrew Walter. 2011. *China, the United States, and Global Order*. Cambridge: Cambridge University Press.

Frankel, Jeffrey. 2011. *Historical Precedents for Internationalization of the RMB*. CGS/IIGG Working paper. New York: Council on Foreign Relations.

Frankel, Jeffrey, and George Saravelos. 2012. "Can Leading Indicators Assess Country Vulnerability? Evidence from the 2008–09 Global Financial Crisis." *Journal of International Economics* 87 (2): 216–31.

Frazier, Mark. 2010. *Socialist Insecurity: Pensions and Politics of Uneven Development in China*. Ithaca, NY: Cornell University Press.

Freeman, Charles W. III, and Wen Jin Yuan. 2011. *China's Exchange Rate Politics: Decoding the Cleavage Between the Chinese Ministry of Commerce and the People's Bank of China*. Washington, DC: Center for Strategic and International Studies.

Friedberg, Aaron. 2011. *A Contest for Supremacy: China, America, and the Struggle for Mastery in Asia*. New York: Norton.

Frieden, Jeffry. 1991. "Invested Interests." *International Organization* 45 (4): 425–51.

Gallagher, Mary. 1999. *Contagious Capitalism*. Princeton, NJ: Princeton University Press.

Gardner, Richard. 1980. *Sterling-Dollar Diplomacy in Current Perspective.* New York: Columbia University Press.

Geddes, Barbara. 1999. "What Do We Know About Democratization After Twenty Years?" *Annual Review of Political Science* 2 (1): 115–44.

Gilley, Bruce, and David Murphy. 2001. "Why China Needs a Real Central Bank." *Far Eastern Economic Review,* May 24, 48–52.

Gilpin, Robert. 2000. *The Challenge of Global Capitalism: The World Economy in the 21st Century.* Princeton, NJ: Princeton University Press.

——. 2001. *The Global Political Economy: Understanding the International Economic Order.* Princeton, NJ: Princeton University Press.

Goldsmith, Raymond. 1983. *The Financial Development of Japan, 1868–1977.* New Haven, CT: Yale University Press.

Goldstein, Avery. 2005. *Rising to the Challenge: China's Grand Strategy and International Security.* Stanford, CA: Stanford University Press.

Gourinchas, Pierre-Olivier, and Maurice Obstfeld. 2012. "Stories of the Twentieth Century for the Twenty-First." *American Economic Journal: Macroeconomics* 4 (1): 226–65.

Gowa, Joanne. 1983. *Closing the Gold Window.* Ithaca, NY: Cornell University Press.

Green, Michael. 2003. *Japan's Reluctant Realism: Foreign Policy Challenges in an Era of Uncertain Power.* New York: Palgrave.

Green, Stephen. 2007a. "A Happy (and Prosperous) New Year at the PBoC." In *On the Ground: China,* ed. Standard Chartered Bank. Shanghai.

——. 2007b. "Calling all PBoC FX Sterilisation Geeks." In *On the Ground: China,* ed. Standard Chartered Bank. Shanghai.

——. 2007c. "More Inflation, More Hikes, More Sleepless Nights." In *On the Ground: China,* ed. Standard Chartered Bank. Shanghai.

——. 2008. "CNY NEER Gains to Slow Sharply into 2009." In *FX Alert—Chinese Yuan,* ed. Standard Chartered Bank. Shanghai.

Green, Stephen, and David Mann. 2004. "Pressure Increasing to Revalue the CNY." In *Standard Chartered CNY Barometer Update,* ed. Standard Chartered Bank. Shanghai.

Greenspan, Alan. 1998. "The Current Asia Crisis and the Dynamics of International Finance." Testimony before the Committee on Banking and Financial Services, U.S House of Representatives, January 30. www.federalreserve.gov/boarddocs/testimony/1998/19980130.htm

——. 1999. "Do Efficient Financial Markets Mitigate Financial Crises?" Remarks before the 1999 Financial Markets Conference of the Federal Reserve Board of Atlanta, Georgia. October 19. www.federalreserve.gov/boarddocs/speeches/1999/19991019.htm

Grey, Austin. 1944. "The Monetary Conference and China." *Far Eastern Survey* 13 (18): 165–67.

Gries, Peter. 2005. *China's New Nationalism: Pride, Politics, and Diplomacy.* Berkeley: University of California Press.

Grimes, William. 2001. *Unmaking the Japanese Miracle: Macroeconomic Politics 1985–2000.* Ithaca, NY: Cornell University Press.

——. 2003. "Internationalization of the Yen and the New Politics of Monetary Insulation." In *Monetary Orders: Ambiguous Economics, Ubiquitous Politics,* ed. Jonathan Kirshner. Ithaca, NY: Cornell University Press.

——. 2006. "East Asian Financial Regionalism in Support of the Global Financial Architecture? The Political Economy of Regional Nesting." *Journal of East Asian Studies* 6: 353–80.

——. 2008. *Currency and Contest in East Asia: The Great Power Politics of Financial Regionalism.* Ithaca, NY: Cornell University Press.

——. 2009. "Japan Confronts the Global Economic Crisis." *Asia-Pacific Review* 16 (2): 42–54.

Group of Five. 2009. "G5 Declaration," July 8, 2009. http://www.g8.utoronto.ca/summit/2009laquila/2009-g5declaration.pdf.

Group of Twenty. 2011. "Communiqué." Finance Ministers and Central Bank Governors Meeting. Washington, DC, 14–ß15 April. http://www.g20.utoronto.ca/2011/2011-finance-110415-en.html.

Guo, Kai, and Papa N'Diaye. 2009. *Is China's Export-Oriented Growth Sustainable?* IMF Working Paper WP/09/172. Washington, DC: IMF.

Haggard, Stephan, and Robert R. Kaufman. 1995. *The Political Economy of Democratic Transitions.* Princeton, NJ: Princeton University Press.

Hamada, Koichi, and Hugh Patrick. 1988. "Japan and the International Monetary Regime." In *The Political Economy of Japan,* vol. 2, ed. Takashi Inoguchi and Daniel Okimoto. Stanford, CA: Stanford University Press.

He, Dong. 2012. *Renminbi Internationalization: A Primer.* Hong Kong: Hong Kong Institute for Monetary Research.

He Xingqiang. 2011. "The RMB Exchange Rate: Interest Groups in China's Economic Policymaking." *China Security* 19: 23–36.

Healy, Andrew, and Neil Malhotra. 2009. "Myopic Voters and Natural Disaster Policy." *American Political Science Review* 103 (3): 387–406.

Helleiner, Eric. 1992. "Japan and the Changing Global Financial Order." *International Journal* 47 (2): 420–44.

——. 2003. *The Making of National Money.* Ithaca, NY: Cornell University Press.

——. 2006a. "Below the State: Micro-Level Power." In *International Monetary Power,* ed. David Andrews. Ithaca, NY: Cornell University Press.

——. 2006b. *Towards North American Monetary Union?* Montreal: McGill-Queen's University Press.

——. 2011. "Understanding the 2007–2008 Global Financial Crisis: Lessons for Scholars of International Political Economy." *Annual Review of Political Science* 14: 67–87.

——. 2014a. *Forgotten Foundations of Bretton Woods: International Development and the Making of the Postwar Order.* Ithaca, NY: Cornell University Press.

——. 2014b. *The Status Quo Crisis: Global Financial Governance after the 2008 Meltdown.* Oxford: Oxford University Press.

Helleiner, Eric, and Jonathan Kirshner, eds. 2009. *The Future of the Dollar.* Ithaca, NY: Cornell University Press.

Helleiner, Eric, and Anton Malkin. 2012. "Sectoral Interests and Global Money: Renminbi, Dollars and the Domestic Foundations of International Currency Policy." *Open Economies Review* 23 (1): 33–55.

Henning, C. Randall. 1994. *Currencies and Politics in the United States, Germany and Japan.* Washington, DC: Institute for International Economics.

——. 2006. "The Exchange-Rate Weapon and Macroeconomic Conflict." In *International Monetary Power,* ed. David Andrews. Ithaca, NY: Cornell University Press.

——. 2014. "Choice and Coercion in East Asian Exchange Rate Regimes." In *Power in a Changing World Economy: Lessons from East Asia,* ed. Benjamin J. Cohen and Eric M. P. Chiu. London: Routledge.

Herd, Richard. 2010. *A Pause in the Growth of Inequality in China?* Economic Department Working Papers, No. 748. Paris: OECD.

Herrerias, Maria J., and Vicente Orts. 2011. "The Driving Forces Behind China's Growth." *Economics of Transition* 19 (1): 79–124.

Higgott, Richard. 1998. "The Asian Economic Crisis: A Study in the Politics of Resentment." *New Political Economy.* 3 (3): 333–56.

Hirschman, Albert. 1980 [1945]. *National Power and the Structure of Foreign Trade.* Berkeley: University of California Press.

Holbig, Heike, and Bruce Gilley. 2010. "Reclaiming Legitimacy in China." *Politics & Policy* 38 (3): 395–422.

Horsefield, J. Keith, ed. 1969. *The International Monetary Fund 1945–1965: Twenty Years of International Monetary Cooperation.* Vol. 3. Washington, DC: International Monetary Fund.

Howson, Susan, and Donald Moggridge, eds. 1990. *The Wartime Diaries of Lionel Robbins and James Meade, 1943–45.* London: Macmillan.

Hu Angang and Shaoguang Wang. 1993. *Zhongguo Guojia Nengli Baogao* [Chinese National Capacity Report]. Shenyang: Liaoning Renmin Chubanshe.

Hu Jintao. 2008. "Hu Jintao Addresses the G20 Summit on Financial Markets and the World Economy," November 16. Ministry of Foreign Affairs of the People's Republic of China, http://www.fmprc.gov.cn/eng/wjdt/zyjh/t522600.htm.

——. 2009. "Cooperating Hand in Hand and Pulling Together at Times of Trouble," April 3. Speech summarized in "The Second Financial Summit Takes Place in London," Ministry of Foreign Affairs of the People's Republic of China, http://www.fmprc.gov.cn/eng/wjdt/zyjh/t556209.htm.

Hu, Xiaolian. 2007. "Cujin guoji shouzhi jiben pingheng, shixian guomin jingji youhao youkuai fazhan" [Promote a basic balance in the international balance of payments, achieve good and rapid development of the national economy]. Speech at the national conference on foreign exchange management in Beijing, January 21, 2007, http://news.xinhuanet.com/politics/2007-01/21/content_5633601.htm.

Huang, Yasheng. 2008. *Capitalism with Chinese Characteristics.* Cambridge: Cambridge University Press.

Hufbauer, Gary Clyde, and Claire Brunel. 2008. "The US Congress and the Chinese Renminbi." In *Debating China's Exchange Rate Policy* ed. Morris Goldstein and Nicholas R. Lardy. Washington, DC: Peterson Institute for International Economics.

Hughes, Christopher W. 2000. "Japanese Policy and the East Asian Crisis: Abject Defeat or Quiet Victory?" *Review of International Political Economy* 7 (2): 219–53.

Hung, Ho-fung. 2009. "America's Head Servant: The PRC's Dilemma in the Global Crisis." *New Left Review* 60: 5–25.

Ikenberry, G. John. 1992. "A World Order Restored: Expert Consensus and the Anglo-American Postwar Settlement." *International Organization* 46 (1): 289–321.

———. 2008. "The Rise of China and the Future of the West: Can the Liberal System Survive?" *Foreign Affairs* 87 (1): 23–37.

———. 2013. "The Rise of China, the United States, and the Future of the Liberal International Order." In *Tangled Titans: The United States and China,* ed. David Shambaugh. New York: Rowman & Littlefield.

Ikenberry, G. John, and Charles Kupchan. 1990. "Socialization and Hegemonic Power." *International Organization* 44 (3): 283–315.

Independent Evaluation Office of the IMF. 2007. *IMF Exchange Rate Policy Advice.* Washington, DC: IEO.

———. 2011. *IMF Performance in the Run-Up to the Financial and Economic Crisis.* Washington, DC: IEO.

———. 2013. *The Role of the IMF as Trusted Advisor.* Washington, DC: IEO.

International Monetary Fund. 1977. *Surveillance Over Exchange Rate Policies—Executive Board Decision No. 5392-(77/63).* Washington, DC: IMF.

———. 1996. "International Capital Markets Charting a Steadier Course." *IMF Survey* (September 23): 1–4.

———. 1997. "IMF Wins Mandate to Cover Capital Accounts, Debt Initiative Put in Motion." *IMF Survey* (May 12): 129–32.

———. 2003a. *The IMF and Recent Capital Account Crises: Indonesia, Korea, Brazil.* Washington, DC: IMF.

———. 2003b. *Lessons from the Crisis in Argentina.* Washington, DC: IMF.

———. 2005. *People's Republic of China: 2005 Article IV Consultation—Staff Report; Staff Statement; and Public Information Notice on the Executive Board Discussion.* Country Report No. 05/411, 17. Washington, DC: IMF.

———. 2006. *People's Republic of China: 2006 Article IV Consultation—Staff Report; Staff Statement; and Public Information Notice on the Executive Board Discussion.* Country Report No. 06/394. Washington, DC: IMF.

———. 2008. *Statement by Dr. Yi Gang, Deputy Governor of the People's Bank of China, at the Eighteenth Meeting of the International Monetary and Financial Committee.* Washington, DC: IMF.

———. 2011a. *G20 Mutual Assessment Process: From Pittsburgh to Cannes—IMF Umbrella Report.* Washington, DC: IMF.

———. 2011b. *People's Republic of China: 2011 Article IV Consultation.* Country Report No. 11/192. Washington, DC: IMF.

———. 2011c. *People's Republic of China Sustainability Report.* Washington, DC: IMF.

———. 2012a. *Decision on Bilateral and Multilateral Surveillance.* IMF Public Information Notice No.12/89, 30 July. Washington, DC: IMF.

———. 2012b. *IMF Executive Board Concludes 2012 Article IV Consultation with People's Republic of China.* IMF Public Information Notice No.12/86, 24 July. Washington, DC: IMF.

———. 2012c. *People's Republic of China 2012 Article IV Consultation.* IMF Country Report No.12/195, July. Washington, DC: IMF.

———. 2012d. *Transcript of a Conference Call on the 2012 Article IV Consultations with China.* Washington, DC: IMF.

———. 2012e. *Transcript of the International Financial and Monetary Committee (IMFC) Press Conference.* October 13. Washington, DC: IMF.

———. 2013a. "Currency Composition of Official Foreign Exchange Reserves (COFER)," September 30. http://www.imf.org/external/np/sta/cofer/eng.

———. 2013b. *Fact Sheet: A Guide to Committees, Groups and Clubs.* September 27. Washington, DC: IMF.

Ito, Takatoshi. 2011. *The Internationalization of the RMB: Opportunities and Pitfalls.* CGS/IIGG Working Paper. New York: Council on Foreign Relations.

Jacobson, Harold K., and Michel Oksenberg. 1990. *China's Participation in the IMF, the World Bank, and the GATT: Toward a Global Economic Order.* Ann Arbor: University of Michigan Press.

James, Harold. 2009. *The Creation and Destruction of Value.* Cambridge, MA: Harvard University Press.

Jian, Chen. 2001. *Mao's China and the Cold War.* Chapel Hill: University of North Carolina Press.

Jiang, Yang. 2010. "Response and Responsibility: China in East Asian Financial Cooperation." *Pacific Review* 23 (5): 603–23.

Jiang, Yong. 2011. "Guoyou qiye shi guojia jingji anquan de zhongliu dizhu" [State-owned enterprises are the pillars of national economic security]. *Guoyou zichan guanli* [State Assets Management] (12): 46–49.

Jiang Zemin. 2002. "Build a Well-Off Society in an All-Rounded Way and Create a New Situation in Building Socialism with Chinese Characteristics." In *Documents of the Sixteenth National Congress of the Communist Party of China: Jiang Zemin.* Beijing: Foreign Languages Press.

Johnston, Alastair Iain. 2003. "Is China a Status Quo Power?" *International Security* 27 (4): 5–56.

———. 2008. *Social States: China in International Institutions, 1980–2000.* Princeton, NJ: Princeton University Press.

Johnstone, Christopher. 1999. "Strained Alliance: U.S.-Japan Diplomacy in the Asian Financial Crisis." *Survival* 41 (2): 121–37.

Kaplan, Stephen B. 2006. "The Political Obstacles to Greater Exchange Rate Flexibility in China." *World Development* 34 (7): 1182–1200.

Katada, Saori. 2002. "Japan and Asian Monetary Regionalization: Cultivating a New Regional Leadership after the Asian Financial Crisis." *Geopolitics* 7 (1): 85–112.

Katzenstein, Peter. 1987. *Policy and Politics in West Germany; The Growth of a Semi-Sovereign State.* Philadelphia: Temple University Press.

Keefer, Philip. 2007. "Elections, Special Interests, and Financial Crisis." *International Organization* 61 (3): 607–41.

Kennedy, Scott. 2008. *The Business of Lobbying.* Cambridge, MA: Harvard University Press.

Kent, Ann. 2007. *Beyond Compliance: China, International Organizations, and Global Security.* Stanford, CA: Stanford University Press.

Keohane, Robert O., and Joseph S. Nye. 1977. *Power and Interdependence: World Politics in Transition.* Boston: Little, Brown.

Kessler, Timothy P. 1998. "Political Capital: Mexican Financial Policy Under Salinas." *World Politics* 51 (1): 36–66.

Kim, Icksoo. 2002. "Accession into the WTO: External Pressure for Internal Reforms in China." *Journal of Contemporary China* 11 (32): 433–58.

Kim, Joon-Kyung, and Chung H. Lee. 2009. "Between Two Whales: Korea's Choice in the Post-Crisis Era." In *Strategic Asia 2009–10: Economic Meltdown and Geopolitical Stability,* ed. Ashley Tellis, Andrew Marble, and Travis Tanner. Seattle: National Bureau of Asian Research.

Kindleberger, Charles P. 1972. "The International Monetary Politics of a Near–Great Power: Two French Episodes, 1926–1936 and 1960–1970." *Economic Notes* 1 (2–3): 30–44.

———. 1973. *The World in Depression, 1929–1939.* Berkeley: University of California Press.

———. 1978. *Manias, Panics and Crashes: A History of Financial Crises.* New York: Basic Books.

———. 1981. *International Money: A Collection of Essays.* Boston: George Allen & Unwin.

Kirk, Donald. 1999. *Korean Crisis: Unraveling of the Miracle in the IMF Era.* New York: Palgrave.

Kirshner, Jonathan. 1995. *Currency and Coercion: The Political Economy of International Monetary Power.* Princeton, NJ: Princeton University Press.

———, ed. 2003. *Monetary Orders: Ambiguous Economics, Ubiquitous Politics.* Ithaca, NY: Cornell University Press.

———. 2006. "Currency and Coercion in the Twenty-First Century." In *International Monetary Power,* ed. David Andrews. Ithaca, NY: Cornell University Press.

———. 2007. *Appeasing Bankers: Financial Caution on the Road to War.* Princeton, NJ: Princeton University Press.

———. 2008. "Dollar Primacy and American Power." *Review of International Political Economy* 15 (3): 418–38.

———. 2009. "After the (Relative) Fall: Dollar Diminution and the Consequences for American Power." In *The Future of the Dollar,* ed. Eric Helleiner and Jonathan Kirshner. Ithaca, NY: Cornell University Press.

———. 2012. "The Tragedy of Offensive Realism: Classical Realism and the Rise of China." *European Journal of International Relations* 18 (1): 53–75.

———. *American Power after the Financial Crisis.* Ithaca, NY: Cornell University Press.

Krasner, Stephen. 1977. "US Commercial and Monetary Policy: Unravelling the Paradox of External Strength and Internal Weakness." *International Organization* 31 (4): 635–71.

Krugman, Paul. 1979. "A Model of Balance-of-Payments Crises." *Journal of Money, Credit and Banking* 11 (3): 311–25.

Kuroda, Haruhiko. 2000. "Information Technology, Globalization, and International Financial Architecture." Speech delivered at Foreign Correspondents Club of Japan, June 5. http://www.mof.go.jp/english/international_policy/convention/summit/if018.htm.

Lake, David. A. 2009. "Open Economy Politics: A Critical Review." *Review of International Organizations* 4 (3): 219–44.

Lardy, Nicholas. 1998. *China's Unfinished Revolution*. Washington, DC: Brookings Institution Press.

——. 1999. "China and the International Financial System." In *China Joins the World: Progress and Prospects,* ed. Elizabeth Economy and Michel Oksenberg. New York: Council on Foreign Relations Press.

——. 2008. *Financial Repression in China*. Peterson Institute Policy Brief 08-8. Washington, DC: Peterson Institute for International Economics.

——. 2012. *Sustaining China's Economic Growth after the Global Financial Crisis*. Washington, DC: Peterson Institute for International Economics.

Lardy, Nicholas, and Nicholas Borst. 2013. *A Blueprint for Rebalancing the Chinese Economy*. Institute for International Economics, Policy Brief 13-02, February. Washington, DC: Institute for International Economics.

Lawton, Thomas C., James N. Rosenau, and Amy C. Verdun, eds. 2000. *Strange Power: Shaping the Parameters of International Relations and International Political Economy*. Burlington, VT: Ashgate.

League of Nations. 1932. *Report of the Gold Delegation of the Financial Committee*. Geneva: League of Nations.

Lee, Ching Kwan. 2012. "Durable Subordination: Chinese Labour Regime through a South Korean Lens." In *East Asian Capitalism: Continuity, Diversity and Change,* ed. Andrew Walter and Xiaoke Zhang. Cambridge: Cambridge University Press.

Lee, Il Houng, Murtaza Syed, and Liu Xueyan. 2012. *Is China Over-investing and Does it Matter?* Working Paper 12/277. Washington, DC: IMF.

Leng Zhaosong. 2013. "Guojin Mintui Zhuyan Fenqi Zongshu [A summary analysis of the controversies over 'Guojin Mintui']," *Hongqi Wengao* (Red Flag Presentation) (1).

Li, Cheng. 2005. "The New Bipartisanship within the Chinese Communist Party." *Orbis* 49 (3): 387–400.

——, ed. 2008. *China's Changing Political Landscape: Prospects for Democracy*. Washington, DC: Brookings Institution.

——. 2012. *The Battle for China's Top Nine Leadership Posts*. Washington, DC: Center for Strategic and International Studies.

Li, Choh-Ming. 1943. "China in World Economy." *Foreign Policy Reports* 19 (16): 218–23.

Li, Daokui, and Yin Xingzhong. 2010. "Guoji huobi tixi xin jiagou: Hou jinrong weiji" [New structure of the international monetary system: Research on the post–financial crisis era], *Jinrong yanjiu* [Journal of Financial Research] 2.

Li Ruogu. 2003. "Statement of Mr. Li Ruogu, Assistant Governor of the People's Bank of China." April 12. Washington, DC: IMF.

——. 2005. "Statement by Mr. Li Ruogu, Deputy Governor of the People's Bank of China." Eleventh Meeting of the International Monetary and Financial Committee, April 16. http://www.imf.org/external/spring/2005/imfc/stmt/eng/chn.pdf.

———. 2010. "Jinrong weiji yu guoji huobi tixi gaige" [The financial crisis and international monetary system reform]. *Zhongguo jinrong* [China Finance] 5.

Li Shaojun. 2003. "International Regimes of Nuclear Nonproliferation and China." In *Construction within Contradiction: Multiple Perspectives on the Relationship between China and International Organizations,* ed. Wang Yizhou. Beijing: China Development Publishing House.

Li Xing. 2010. "The Rise of China and the Capitalist World Order: The 'Four-China' Nexus." In *The Rise of China and the Capitalist World Order,* ed. Li Xing. Burlington, VT: Ashgate.

Li Yang. 2010. "Quanjiu jinrong tixi gaige ji yazhou de xuanze" [Reform of the global financial system and Asia's choices: we need deeper thinking], *Guoji jinrong yanjiu* [Studies of International Finance] 10.

Lieberthal, Kenneth, and Jisi Wang. 2012. *Addressing US-China Strategic Distrust.* China Center Monographs, No. 4. Washington, DC: The Brookings Institution.

Liew, Leong H. 2004. "Policy Elites in the Political Economy of China's Exchange Rate Policymaking." *Journal of Contemporary China* 13 (38): 21–51.

Lin, Li-Wen, and Milhaupt, Curtis J. 2011. *We Are the (National) Champions: Understanding the Mechanisms of State Capitalism in China.* Columbia Law and Economics Working Paper No. 409. New York: Columbia Law School.

Ljungwall, Christer, Yi Xiong, and Zou Yutong. 2013. "Central Bank Financial Strength and the Cost of Sterilization in China." *China Economic Review* 25 (1): 105–16.

Lu Dong and Wang Hao. 2012. "Shuangbian benbi jiesuan moshi yu fazhan" [The patterns and development of bilateral currency settlement]." *Zhongguo jinrong* [China Finance] 4: 63–64.

Lu Qianjin. 2009. "Lun guoji jinrong tixi de gaige he renminbi guojihua zhanlue" [Discussion of international financial system reform and RMB internationalization strategy]. *Shehui kexue* [Social Science] (4).

Ma, Guonan, and Wang Yi. 2010. "China's High Saving Rate: Myth and Reality." *International Economics* 122: 5–39.

Mallaby, Sebastian, and Olin Wethington. 2012. "The Future of the Yuan: China's Struggle to Internationalize Its Currency." *Foreign Affairs* 91:1.

Martin, Michael. 2012. *China's Banking System: Issues for Congress.* Washington, DC: Congressional Research Service.

McCauley, Robert N. 2011. *Internationalizing the Renminbi and China's Financial Development Model.* CGS/IIGG Working Paper. New York: Council on Foreign Relations.

McKinnon, Ronald I. 2005. *Exchange Rates under the East Asian Dollar Standard: Living with Conflicted Virtue.* Cambridge, MA: MIT Press.

McKinnon, Ronald, and Kenichi Ohno. 1997. *Dollar and Yen: Resolving Economic Conflict Between the U.S. and Japan.* Cambridge, MA: MIT Press.

McNally, Christopher A. 2012. "Abstract Sino-Capitalism: China's Reemergence and the International Political Economy." *World Politics* 64 (4): 741–76.

McNamara, Kathleen. 1998. *The Currency of Ideas.* Ithaca, NY: Cornell University Press.

Mertha, A. 2009. "'Fragmented Authoritarianism 2.0': Political Pluralization in the Chinese Policy Process." *China Quarterly* 200: 995–1012.

Metzler, Mark. 2006. *Levers of Empire: The International Gold Standard and the Crisis of Liberalism in Prewar Japan.* Berkeley: University of California Press.

Mikesell, Raymond. 1994. *The Bretton Woods Debates: A Memoir.* Essays in International Finance, No.192. Princeton, NJ: International Finance Section, Department of Economics, Princeton University.

Miyazawa, Kiichi. 1998. "Towards a New Financial Architecture." Speech delivered at the Foreign Correspondents Club of Japan, December 15. http://www.mof.go.jp/english/if/e1e057.htm.

Momani, Bessma. 2013. "China at the International Monetary Fund: Continued Engagement In Its Drive for Membership and Added Voice at the IMF Executive Board." *Journal of Chinese Economics* 1 (1): 125–50.

Montinola, Gabriella, Yingyi Qian, and Barry R. Weingast. "Federalism, Chinese Style: the Political Basis for Economic Success in China." *World Politics* 48 (1) (1995): 50–81.

Morgan, Peter J. 2012. "The Role of Macroeconomic Policy in Rebalancing Growth." *Journal of Asian Economics* 23 (1): 13–25.

Nathan, Andrew J., and Andrew Scobell. 2012. *China's Search for Security.* New York: Columbia University Press.

National Intelligence Council. 2012. *Global Trends 2030: Alternative Worlds.* http://www.dni.gov/index.php/about/organization/global-trends-2030.

National Security Council. 2006. *The National Security Strategy of the United States of America*, Washington, DC, March. http://georgewbush-whitehouse.archives.gov/nsc/nss/2006/index.html.

Naughton, Barry. 2008a. "China's Economic Leadership after the 17th Party Congress." *China Leadership Monitor* (23): 1–12.

———. 2008b. "SASAC and Rising Corporate Power in China." *China Leadership Monitor* (24): 1–9.

———. 2011. "What Price Continuity?" *China Leadership Monitor.* (34): 1–11.

———. 2013. "Signaling Change: New Leaders Begin the Search for Economic Reform." *China Leadership Monitor,* (40): 1–11.

Noland, Marcus. 1996. *US-China Economic Relations.* Peterson Institute Working Paper No. 6. Washington, DC: Peterson Institute for International Economics.

Obstfeld, Maurice. 1996. "Models of Currency Crises with Self-fulfilling Features." *European Economic Review* 40 (3): 1037–47.

Obstfeld, Maurice, and Kenneth Rogoff. 2005. "Global Current Account Imbalances and Exchange Rate Adjustments." *Brookings Papers on Economic Activity* (1): 67–146.

———. 2009. *Global Imbalances and the Financial Crisis: Products of Common Causes.* CEPR Working Paper No. 7606. London: CEPR.

Obstfeld, Maurice, Jay C. Shambaugh, and Alan M. Taylor. 2010. "Financial Stability, the Trilemma, and International Reserves." *American Economic Journal: Macroeconomics* 2 (2): 57–94.

Odell, John. 1982. *U.S. International Monetary Policy: Markets, Power, and Ideas as Sources of Change.* Princeton, NJ: Princeton University Press.

Oi, Jean. 1999. *Rural China Takes Off.* Berkeley: University of California Press.

Olson, Mancur, Jr. 1982. *The Rise and Decline of Nations.* New Haven, CT: Yale University Press.
Parello-Plesner, Jonas. 2012. "China and Europe in the Eurocrisis." Testimony before the US-China Economic and Security Review Commission, Hearing on the China-Europe Relationship and Transatlantic Implications, April 19, 2012. http://origin.www.uscc.gov/sites/default/files/transcripts/4.19.12HearingTranscript.pdf.
Pearson, Margaret M. 1999. "The Major Multilateral Economic Institutions Engage China." In *Engaging China: The Management of an Emerging Power,* ed. Alastair Iain Johnston and Robert Ross. New York: Routledge.
——. 2000. *China's New Business Elite.* Berkeley: University of California Press.
Pei, Minxin. 2011. "Inside the Black Box; A Guide to Policy-making in China." Macquarie Economics Research, http://macq.wir.jp/l.ut?t=dVMxcYq.
——. 2012. "China's Politics of the Economically Possible." http://www.project-syndicate.org/commentary/china-s-politics-of-the-economically-possible.
People's Bank of China. 2009. *2009 nian zhongguo jinrong wending baogao* [China Financial Stability Report 2009]. http://www.pbc.gov.cn/publish/jinrongwendingju/370/2010/20100712145051297162094/20100712145051297162094_.html.
People's Bank of China, Wuhan Branch. 1995. "A View of the Effects of the New Exchange Rate Policy in 1994." *Review of Economic Research* 28: 38–46.
Pepinsky, Thomas. 2009. *Economic Crises and the Breakdown of Authoritarian Regimes.* New York: Cambridge University Press.
Pettis, Michael. 2007. "China's Last Option: Let the Yuan Soar." *Far Eastern Economic Review* 170 (5): 10–15.
——. 2008. "Chinese Inflation: It's Money, Not Pork." *Far Eastern Economic Review* 171 (3): 42–45.
——. 2011. "The Contentious Debate over China's Economic Transition." Carnegie Endowment for International Peace, http://carnegieendowment.org/2011/03/25/contentious-debate-over-china-s-economic-transition/37hy.
——. 2012. "What Is Financial Reform in China?" China Financial Markets, 4 July. http://blog.mpettis.com.
——. 2013. *Restructuring the Chinese Economy: Economic Distortions and the Next Decade of Chinese Growth.* Washington: Carnegie.
Pineau, G., Ettore Dorrucci, Fabio Cornelli, and Angelika Lagerblom. 2006. *The Accumulation of Foreign Reserves.* European Central Bank Occasional Paper Series, No. 43. Frankfurt: ECB.
Pollard, Robert. 1985. *Economic Security and the Origins of the Cold War, 1945–1950.* New York: Columbia University Press.
Prasad, Eswar. 2011. "Rebalancing Growth in Asia." *International Finance* 14 (1): 27–66.
Qu, Fengjie. 2009. "Guoji huobi jinrong tixi de bianhua qushi yu woguo duice" [Trends of change in the international financial system and China's policy responses]. *Xin jinrong* [New Finance] 5.
Reinhart, Carmen M, and Vincent R. Reinhart. 1998. "Some Lessons for Policy Makers Who Deal with the Mixed Blessing of Capital Inflows." In *Capital Flows and Financial Crises,* ed. Miles Kahler. Manchester: Council of Foreign Relations.
Reinhart, Carmen, and Kenneth Rogoff. 2009. *This Time is Different: Eight Centuries of Financial Folly.* Princeton, NJ: Princeton University Press.

Rodrik, Dani. 1998. "Who Needs Capital Account Mobility?" In *Should the IMF Pursue Capital Account Liberalization?* ed. Peter Kenen. Essays in International Finance, No. 207 Princeton, NJ: Princeton University Press.

———. "Social Cost of Foreign Exchange Reserves." *International Economic Journal* 20: 253–66.

———. 2008. "The Real Exchange Rate and Economic Growth." *Brookings Papers on Economic Activity* (2): 365–412.

———. 2010. "Making Room for China in the World Economy." *American Economic Review* 100 (2): 89–93.

———. 2013. "The New Mercantilist Challenge." http://www.project-syndicate.org/commentary/the-return-of-mercantilism-by-dani-rodrik.

Rodrik, Dani, and Arvind Subramanian. 2009. "Why Did Financial Globalization Disappoint?" *IMF Staff Papers* 56 (1). Washington, DC: IMF.

Rosenberg, Emily. 1985. "Foundations of United States International Financial Power: Gold Standard Diplomacy, 1900–1905." *Business History Review* 59: 169–202.

Ross, Robert S., and Zhu Feng. 2008. "The Rise of China: Theoretical and Policy Perspectives." In *China's Ascent: Power, Security, and the Future of International Politics*, ed. Ross and Feng. Ithaca, NY: Cornell University Press.

Roubini, Nouriel, and Stephen Mihm. 2010. *Crisis Economics*. New York: Penguin Press.

Roubini, Nouriel, and Brad Setser. 2005. "Will the Bretton Woods 2 Regime Unravel Soon? The Risk of a Hard Landing in 2005–2006" *Federal Reserve Bank of Chicago Proceedings* (1).

Royal Institute of International Affairs. 1932. *The International Gold Problem*. London: Oxford University Press.

Ruggie, John G. 1983. "International Regimes, Transactions, and Change: Embedded Liberalism in the Postwar Economic Order." In *International Regimes*, ed. Stephen D. Krasner. Ithaca, NY: Cornell University Press.

Sakakibara, Eisuke. 1999a. "Reform of the International Financial System." Speech delivered at the Manila Framework Meeting, Melbourne, March 26. https://www.mof.go.jp/english/international_policy/financial_cooperation_in_asia/manila_framework/e1e070.htm.

———. 1999b. "Reform of the International Financial Architecture." Speech delivered at the Symposium on Building the Financial System of the 21st Century, Kyoto, June 25. http://www.mof.go.jp/english/international_policy/new_international_financial_architecture/if004.htm.

Schuler, Kurt, and Andrew Rosenberg, eds. 2012. *The Bretton Woods Transcripts*. New York: Center for Financial Stability.

Schwartz, Herman. 2009. *Subprime Nation*. Ithaca, NY: Cornell University Press.

Scissors, Derek. 2012. *Chinese Outward Investment: Acceleration Features the U.S.* Issue Brief 3656. Washington: Heritage Foundation.

Sester, Brad. 2008a. "China: Creditor to the Rich." *China Security* 4 (4): 17–23.

———. 2008b. *Sovereign Wealth and Sovereign Power: The Strategic Consequences of American Indebtedness*. New York: Council on Foreign Relations Press.

Shambaugh, David. 2008. *China's Communist Party: Atrophy and Adaptation*. Berkeley: University of California Press.

———. 2013. *China Goes Global: The Partial Power.* New York: Oxford University Press.

Sheng, Andrew. 2009. *From Asian to Global Financial Crisis: An Asian Regulator's View of Unfettered Finance in the 1990s and 2000s.* Cambridge: Cambridge University Press.

Sheng, Yumin. 2010. *Economic Openness and Territorial Politics in China.* Cambridge: Cambridge University Press.

Shih, Victor C. 2008. *Factions and Finance in China: Elite Conflict and Inflation.* Cambridge: Cambridge University Press.

Shih, Victor. 2009. *Factions and Finance in China: Elite Conflict and Inflation.* Cambridge: Cambridge University Press.

Shih, Victor, and David Steinberg. 2012. "The Domestic Politics of the International Dollar Standard: A Statistical Analysis of Support for the Reserve Currency, 2000–2008." *Canadian Journal of Political Science* 45 (4): 855–80.

Shinjo, Hiroshi. 1962. *History of the Yen: 100 Years of Japanese Money-Economy.* Tokyo: Kinokuniya Bookstore Co.

Shirk, Susan. 1993. *The Political Logic of Economic Reform in China.* Berkeley: University of California Press.

———. 2007. *China, Fragile Superpower: How China's Internal Politics Could Derail Its Peaceful Rise.* Oxford: Oxford University Press.

Shiroyama, Tomoko. 2009. *China in the Great Depression: Market, State, and the World Economy, 1929–1937.* Cambridge, MA: Harvard University Press.

Smethurst, Richard. 2007. *From Foot Soldier to Finance Minister: Takahashi Korekiyo, Japan's Keynes.* Cambridge, MA: Harvard University Press.

Sohn, Injoo. 2008. "Learning to Co-operate: China's Multilateral Approach to Asian Financial Co-operation." *China Quarterly* 194: 309–326.

Song Guoyou. 2008. "Guoji jinrong tixi xianlu chongsu yixiang" [The international financial system shows signs of being remolded]. *Xibu Luncong* [Western Forum] 11.

Spiro, David E. 1999. *The Hidden Hand of American Hegemony: Petrodollar Recycling and International Markets.* Ithaca, NY: Cornell University Press.

State Administration of Foreign Exchange. 2003. "2002 nian zhongguo guoji shouzhi zhuangkuang fenxi" [An analysis of the state of China's international balance of payments in 2002]. http://news.xinhuanet.com/zhengfu/2003-05/23/content_883902.htm/.

Steinberg, David, and Victor Shih. 2012. "Interest Group Influence in Authoritarian States: The Political Determinants of Chinese Exchange Rate Policy." *Comparative Political Studies* 45 (11): 1405–34.

Strange, Susan. 1971. *Sterling and British Policy: A Political Study of an International Currency in Decline.* Oxford: Oxford University Press.

———. 1987. "The Persistent Myth of Lost Hegemony." *International Organization* 41: 551–74.

———. 1988. *States and Markets.* New York: Pinter.

Subramanian, Arvind. 2010. *New PPP-Based Estimates of Renminbi Undervaluation and Policy Implications.* Peterson Institute Policy Brief 10-8. Washington, DC: Peterson Institute for International Economics.

———. 2011. *Eclipse: Living in the Shadow of China's Economic Dominance.* Washington: Peterson Institute for International Economics.

Summers, Lawrence. 2004. "The United States and the Global Adjustment Process." Speech at the 3rd Annual Stavros S. Niarchos Lecture, Institute for International Economics, March 23, 2004. http://www.iie.com/publications/papers/paper.cfm?researchid=200.

Sun Lujun. 1995. "Some Thoughts on Central Bank's Regulation of Foreign Exchange." *Review of Economic Research* 193: 2–8.

Sun Yat-sen. 1922. *The International Development of China.* New York: G. P. Putnam's Sons.

Takahashi, Kosuke. 2012. "Japan and China Bypass U.S. in Direct Currency Trade." *Asia-Pacific Journal* 10, 24 (3).

Taylor, John B. 2007. *Global Financial Warriors: The Untold Story of International Finance in the Post-9/11 World.* New York: Norton.

Thorbecke, Wilem, and Gordon Smith. 2010. "How Would an Appreciation of the Renminbi and Other East Asian Currencies Affect China's Exports?" *Review of International Economics* 18 (1): 95–108.

Thornton, Alistair. 2012. "Anaemic Ascent: Why China's Currency Is Far from Going Global." Lowy Institute Analysis (August). http://lowyinstitute.cachefly.net/files/thornton_anaemic_ascent_web.pdf.

Tourres, Marie-Aimée. 2003. *The Tragedy That Didn't Happen: Malaysia's Crisis Management and Capital Controls.* Kuala Lumpur: Institute of Strategic and International Studies.

Tsai, Kellee. 2007. *Capitalism Without Democracy.* Ithaca, NY: Cornell University Press.

US State Department. 1948. *Proceedings and Documents of the United Nations Monetary and Financial Conference, Bretton Woods, New Hampshire, July 1–22, 1944.* Washington, DC: US Government Printing Office.

———. 1966. *Foreign Relations of the United States: Diplomatic Papers, 1944: China: Volume VI.* Washington: US Government Printing Office.

US Treasury. 1990. *Report to the Congress on International Economic and Exchange Rate Policy.* Washington, DC: Department of the Treasury.

———. 1991. *Report to the Congress on International Economic and Exchange Rate Policy, May 1991.* Washington, DC: Department of the Treasury.

———. 1994. *Seventh Annual Report to the Congress on International Economic and Exchange Rate Policy, December 1994.* Washington, DC: Department of the Treasury.

Vogel, Ezra. 2011. *Deng Xiaoping and the Transformation of China.* Cambridge, MA: Belknap Press of Harvard University Press.

Von Glahn, Richard. 1996. *Fountain of Fortune: Money and Monetary Policy in China 1000–1700.* Berkeley: University of California Press.

Wade, Robert, and Frank Veneroso. 1998. "The Gathering World Slump and the Battle Over Capital Controls." *New Left Review* (September–October): 124–37.

Walter, Andrew. 1991. *World Power and World Money: The Role of Hegemony and International Monetary Order.* London: Palgrave Macmillan.

———. 2006. "Domestic Sources of International Monetary Leadership." In *International Monetary Power,* ed. David Andrews. Ithaca, NY: Cornell University Press.

Walter, Carl E., and Fraser Howie. 2011. *Red Capitalism: The Fragile Financial Foundation of China's Extraordinary Rise.* Singapore: Wiley.

Walter, Stefanie. 2008. "A New Approach for Determining Exchange-Rate Level Preferences." *International Organization* 62 (3): 405–38.

Wang, Chun-Hsuan, Chun-Hung A. Lin, and Chih-Hai Yang. 2012. "Short-run and Long-run Effects of Exchange Rate Change on Trade Balance: Evidence from China and Its Trading Partners." *Japan and the World Economy* 24 (4): 266–73.

Wang Gungwu. 1995. *The Revival of Chinese Nationalism.*" Leiden: International Institute for Asian Studies.

Wang, Hongying. 2003. "China's Exchange Rate Policy in the Aftermath of the Asian Financial Crisis." In *Monetary Orders: Ambiguous Economics, Ubiquitous Politics,* ed. Jonathan Kirshner. Ithaca, NY: Cornell University Press.

Wang Xin. 2007. "China as a Net Creditor: An Indication of Strength or Weakness." *China & World Economy* 15 (6): 22–36.

Wang, Yaping 1995. "An Analysis and Solution to the Change in RMB's Value." *Review of Economic Research* 91: 12–18.

Weintraub, Sidney. 2004. "Lessons from the Chile and Singapore Free Trade Agreements." In *Free Trade Agreements: U.S. Strategies and Priorities,* ed. Jeffrey Schott. Washington, DC: Institute for International Economics.

Wen Jiabao. 2011. "Report on the Work of the Government." Speech delivered at the Fourth Session of the Eleventh National People's Congress, March 5, http://www.china.org.cn/china/NPC_CPPCC_2011/2011-03/15/content_22143099.htm.

Westad, Odd Arne. 1993. *Cold War and Revolution.* New York: Columbia University Press.

Wilbur, C. Martin. 1976. *Sun Yat-sen: Frustrated Patriot.* New York: Columbia University Press.

Willett, Thomas D. 2000. *International Financial Markets as Sources of Crises or Discipline: The Too Much Too Late Hypothesis.* Essays in International Finance, No. 218. Princeton, NJ: International Finance Section, Department of Economics, Princeton University.

Williamson, John. 2012. "Is the 'Beijing Consensus' Now Dominant?" *Asia Policy* 13: 1–16.

Williamson, John, and Molly Mahar. 1998. *A Survey of Financial Liberalization.* Essays in International Finance, No. 211. Princeton, NJ: International Finance Section, Department of Economics, Princeton University.

Willis, Henry Parker. 1901. *A History of the Latin Monetary Union.* Chicago: University of Chicago Press.

Wilsdon, James, and James Keeley. 2007. *China: The Next Science Superpower.* London: Demos.

Wong, Christine. 2007. "Budget Reform in China." *OECD Journal on Budgeting* 7 (1): 1–24.

World Bank. 2011. *Global Development Horizons 2011—Multipolarity: The New Global Economy.* Washington: World Bank.

World Bank. 2012. *World Development Indicators Database.* http://databank.worldbank org.

World Bank and Development Research Center of the State Council, the People's Republic of China. 2012. *China 2030: Building a Modern, Harmonious, and Creative High-Income Society.* Washington, DC: World Bank.

Wright, Logan. 2009. "The Elusive Price for Stability." Ph.D. diss., Department of Political Science, George Washington University.

Wu, Ching-Chao. 1943. "Internal Economic Development." *Foreign Policy Reports* 19 (16): 214–18.

Wu Xinbo. 2010. "Understanding the Geopolitical Implications of the Global Financial Crisis." *Washington Quarterly* (October), 33 (4): 155–63.

Xia Bin. 2011. "Zhongguo fazhan yu guoji jinrong zhixu" [China's development and the international monetary order], *Lilun shijiao* [Theoretical Horizon] 1.

Xiang Huaicheng. 2011. "Zhongguo caizheng tizhi gaige liushinian" [Sixty years of reform of the Chinese fiscal system)]. http://www.chinareform.org.cn/economy/tax/practice/201112/t20111202_129043.htm.

Xiao Gang. 2000. "Statement by Mr. Xiao Gang, Deputy Governor of the People's Bank of China and Alternate Governor of the Fund for China." International Monetary and Financial Committee, April 16. Washington, DC: IMF. http://www.imf.org/external/spring/2000/imfc/chn.htm.

Xing, Yuqing. 2012. "Processing Trade, Exchange Rates and China's Bilateral Trade Balances." *Journal of Asian Economics* 23 (5): 540–47.

Xiong, Xianlong. 1995. "The Market Exchange Rate of RMB and the Internal and External Equilibrium of the Chinese Economy." *Review of Economic Research* 66: 2–8.

Yam, Joseph. 2010. *The International Monetary System and the Renminbi*. Paper written for China Development Bank Research Centre Working Paper No. 3, November 3. Beijing: China Development Bank Financial Research Center.

Yang, Dennis Tao, Junsen Zhang, and Shaojie Zhou. 2011. *Why Are Saving Rates So High in China?* NBER Working Paper No. 16771. Washington: National Bureau of Economic Research.

Yeung, Benjamin. 2008. "China in the Era of Globalization: The Emergence of the Discourse on Economic Security." *Pacific Review* 21 (5): 635–60.

Yi Gang. 2011. "Statement by Yi Gang, Deputy Governor, People's Bank of China." Twenty-Third Meeting of the International Monetary and Financial Committee, April 16. http://www.imf.org/External/spring/2011/imfc/statement/eng/chn.pdf.

Yi, Jingtao. 2007. *China's Exchange Rate Policymaking in the Hu-Wen Era*. The University of Nottingham China Policy Institute, Briefing Series Issue 29.

Young, Arthur N. 1963. *China and the Helping Hand: 1937–1945*. Cambridge, MA: Harvard University Press.

Yu Yongding. 2001. "A Review of China's Macroeconomic Development and Policies in the 1990s." *China & World Economy* 6: 3–12.

———. 2003. "Xiaochu shengzhi kongju zheng, shixian jingji de ping heng fazhan" [Eradicate the fear of RMB revaluation]. *Guoji jingji pinglun* [International Economic Review] (9–10): 1–10.

———. 2005. "The G20 and China: A Chinese Perspective." *China & World Economy* 13 (1): 3–14.

———. 2006. "Global Imbalances: China's Perspective." Paper prepared for conference on European and Asian Perspectives on Global Imbalances, Beijing, 12–14 July. www.iie.com/publications/pb/pb07-4/yu.pdf.

———. 2008. *Meiguo cihuo weiji: beijing, yuanyin yu fazhan* [US subprime crisis: background, causes and development]. Zhongguo shehuikexueyuan shijie jingji yu zhengzhi yanjiusuo guoji jinrong yanjiu zhongxin [Chinese Academy of Social Sciences, Institute of World Economics and Politics, Research Center for International Finance], Working Paper no. 0817.

———. 2011. "Zai lun renminbi guojihua" [Further discussion on the internationalization of the RMB], *Guoji jingji pinglun* [International Economic Review] (5).

Zanasi, Margherita. 2006. *Saving the Nation: Economic Modernity in Republican China*. Chicago: University of Chicago Press.

Zhang, Bin, and He Fan. 2007. "Is Asian Currency Unit Attractive to East Asian Economies?" *China & World Economy* 15 (1): 62–76.

Zhang, Ming. 2009a. "China's New International Financial Strategy amid the Global Financial Crisis." *China & World Economy,* 17 (5): 22–35.

Zhang, Ming. 2009b. *Quanqiu jinrong weiji beijing xia de guoji huobi tixi gaige* [Reform of the international monetary system under the global financial crisis]. Zhongguo shehuikexueyuan shijie jingji yu zhengzhi yanjiusuo guoji jinrong yanjiu zhongxin [Chinese Academy of Social Sciences, Institute of World Economics and Politics, Research Center for International Finance], Working Paper no. 0919. December 21.

Zhang, Ming. 2012. "Chinese Stylized Sterilization: The Cost-sharing Mechanism and Financial Repression." *China & World Economy* 20 (2): 41–58.

Zhang Yuyan and Zhang Jingchun. 2008. "Guoji huobi de chengben he shouyi" [International currency's costs and benefits], *Shijie zhishi* [World Affairs] (21).

Zhang Yuyan. 2010. "Renminbi guojihua: zantong haishi fandui" [Internationalization of the RMB: Endorse or oppose?]. *Guoji jingji pinglun* [International Economic Review] 1.

Zhao, Suisheng. 2004. *A Nation-State by Construction: Dynamics of Modern Chinese Nationalism*. Stanford, CA: Stanford University Press.

Zheng, Yongnian. 1999. *Discovering Chinese Nationalism in China*. Cambridge: Cambridge University Press.

Zhou Xiaochuan. 2004a. "Statement by Zhou Xiaochuan, Governor of the People's Bank of China at the Ninth Meeting of the International Monetary and Financial Committee." April 24. http://www.imf.org/External/spring/2004/imfc/statem/eng/chne.pdf.

———. 2004b. "Statement by the Hon, Zhou Xiaochuan, Governor of the Fund for the People's Republic of China, at the Joint Annual Discussion." October 3. Annual Meeting, Boards of Governors, International Monetary Fund and World Bank Group. http://www.imf.org/external/am/2004/speeches/pr32e.pdf.

———. 2006a. "Statement by Zhou Xiaochuan, Governor of the People's Bank of China, at the Thirteenth Meeting of the International Monetary and Financial Committee." April 22. http://www.imf.org/external/spring/2006/imfc/statement/eng/chn.pdf.

———. 2006b. "Statement of Mr. Zhou Xiaochuan, Governor of the People's Bank of China at the Annual Joint Discussion." Annual Meetings of the IMF and World Bank Group, Singapore, September 19.

———. 2009. "Reform the International Monetary System." Essay by Dr. Zhou Xiaochuan, Governor of the People's Bank of China, 23 March. http://www.bis.org/review/r090402c.pdf.

———. 2010a. "Statement of the Hon. Zhou Xiaochuan, Governor of the Fund for the People's Republic of China." Press Release No. 47. Annual Meetings of the IMF and World Bank Group, Washington, D.C., October 8. http://www.imf.org/external/am/2010/speeches/pr47e.pdf.

———. 2010b. "Statement of the Honorable Zhou Xiaochuan, Governor of the People's Bank of China and Governor of the IMF for China, at the Twenty-Second Meeting of the International Monetary and Financial Committee." Washington, DC, October 9. http://www.imf.org/External/AM/2010/imfc/statement/eng/chn.pdf.

———. 2011. "On Savings Ratio." *Banque de France Financial Stability Review,* special issue on "Global imbalances and financial stability," (5): 165–70.

———. 2012. "Jinrongye biaozhun zhiding yu zhixing de ruogan wenti" [Several issues in the establishment and implementation of financial industry standards], *Zhongguo jinrong* [China Finance].

译后记

作为一个经济大国,中国已经成为国际货币体系中越来越重要的一员。它的外汇储备是世界上最大的,其汇率政策是国际经济外交的一个主要课题。人民币国际化在国际政策领域引出了关键性的问题:中国在国际货币关系中正在获得什么样的力量?什么是中国政府的优先考虑事项?怎样解释它的偏好?

在《金钱长城》一书中,作者们从不同的角度解析了这些问题,揭示出中国的选择乃至其全球货币事务将在多大程度上受国内政治因素支配并转而影响世界政治。人民币在未来数年内很可能会成为美元强有力的竞争对手;它作为一种重要的国际货币的崛起,会对中美之间的权力平衡有实质性的影响。本书通过阐述中国国际货币关系中的政治因素,就全球经济和人民币在国际关系中的作用,以及中国在接下来的几十年时间里持续崛起的轨迹,提供一个适时的诠释。

正如本书编者所称的那样,有关中国在国际货币关系中当前和未来的潜在作用,通常是通过经济分析的狭窄框架而定义的,因此,本书七个章节的撰稿人都强调作为中国货币政策重要决定因素的权力与政治,旨在寻求纠正这方面的不足,从而从一个更加广泛的角度探讨这个问题。这些撰稿人当中既有中国的学者,也有国际货币问题的专家,而且他们都专注于分析中国政府目前拥有的不同类型的国际货币权力、中国金融现状和应对策略,其中涉及:财政收支失衡问题,在关键机构(比如国际货币基金组织)逐步获取的更大的影响力,以及促进人民币全球地位上升的过程。目前有争议的问题是,中国将基本接受国际货币现有的游戏规则,还是要求对这些规则做出重大变革,抑或是完全打破目前的体系。对于中国的偏好和优先选择的不同解释,可以反映出某种政策上的矛盾心理。作者们认为，虽然中国已经谨慎地接受了目前的状况，但又经常批评现状，而到目前为止它又未提出任何取代现状的宏大计划。

本书回顾了国际主要金融组织的历史和构成，全球货币体系的基本特征和发展趋势，以及各国之间的政治和经济关系；系统地阐述了中国在国际货币基金组织和世界银行等机构形成过程中的作用和影响，以及与它们长期以来的相互关系，还有中国对于现有国际体系的态度、立场以及采取的措施；揭示了中国国内各行业和各部门的政策偏好、各种力量的代表对于经济问题的不同看法，以及不同利益集团彼此间的博弈与妥协；分析了中国外汇储备积累的状况和根源、购买外汇储备对本国以及全球政治经济的影响，以及中国经济改革的动力和阻力。此外，对于中国与所谓的重商主义之间的关系，几位作者也进行了全面和深入的解读。

因可收集的相关参考资料有限，本书注释所涉及的个别引用中文作品标题以及作者姓名，可能与真实标题或姓名不符，敬请谅解（读者若需查阅原作详细信息并做深入研究，可参阅书后所附"英文索引"）。

值得一提的是，译者能将本书顺利译成中文并推介给广大读者，与蔡建坤、林月平、王伟、孟繁国、高敏敏等二十一人的支持与协助是分不开的，在此谨致由衷的谢意。

于海生
于北京昌平
2015 年 5 月 31 日

西方经济·金融前沿译丛书目

《欧元的终结？！——欧盟不确定的未来》
（美）约翰·冯·奥弗特韦尔德 著　贾拥民 译

《重铸美国自由市场的灵魂——道德的自由市场与不道德的大政府》
（美）史蒂夫·福布斯　伊丽莎白·艾姆斯 著　段国圣 译

《宇宙的主宰——哈耶克、弗里德曼与新自由主义的诞生》
（美）丹尼尔·斯特德曼·琼斯 著　贾拥民 译

《伟大的说服——哈耶克、弗里德曼与重塑大萧条之后的自由市场》
（美）安格斯·伯金 著　傅瑞蓉 译

《政治泡沫——金融危机与美国民主的挫折》
（美）诺兰·麦卡蒂　基思·普尔　霍华德·罗森塔尔 著　贾拥民 译

《从战场前线到市场前线——中东战争浴火之下信任和希望的重生》
（美）保罗·布林克利 著　于海生 译

《华尔街与华盛顿之战——美国现代金融体系的诞生》
（美）理查德·E.法利 著　贾拥民 译

《金钱长城——中国国际货币关系中的权力与政治》
（美）埃里克·赫莱纳　乔纳森·柯什纳 编著　于海生 译

《如何反击网络金融恐怖主义》（待出版）
（美）凯文·弗里曼 著　傅瑞蓉 译

《全球经济的系统脆弱性》（待出版）
（美）杰克·拉斯马斯 著　贾拥民 译

《产业政策的选择及其经济后果》（待出版）
（美）约瑟夫·斯蒂格利茨　阿克巴·诺曼 编著　孔令强 译

《产业组织形式的颠覆与创新——即将消失的美国公司》（待出版）
（美）杰拉尔德·戴维斯 著　孔令强 译

图书在版编目（CIP）数据

金钱长城：中国国际货币关系中的权力与政治/（美）埃里克·赫莱纳（Eric Helleiner），（美）乔纳森·柯什纳（Jonathan Kirshner）编著；于海生译.--北京：华夏出版社，2018.1

（西方经济·金融前沿译丛）

书名原文：The Great Wall of Money: Power and Politics in China's International Monetary Relations

ISBN 978-7-5080-9386-4

Ⅰ．①金… Ⅱ．①埃… ②乔… ③于… Ⅲ．①货币政策－研究－中国 Ⅳ．①F822.0

中国版本图书馆 CIP 数据核字(2017)第 307524 号

The Great Wall of Money: Power and Politics in China's International Monetary Relations, by Eric Helleiner and Jonathan Kirshner

Originally published by Cornell University Press
Copyright © 2014 by Cornell University
This edition is a translation authorized by the original publisher via Big Apple Agency Inc(本书中文简体版权经由大苹果代理公司取得)
Simplified Chinese translation copyright © 2018 Huaxia Publishing House
All Rights Reserved

版权所有　翻版必究
北京市版权局著作权合同登记号：图字 01-2015-1361 号

金钱长城——中国国际货币关系中的权力与政治

编　　者	[美]埃里克·赫莱纳　　[美]乔纳森·柯什纳
译　　者	于海生
责任编辑	李雪飞

出版发行	华夏出版社
经　　销	新华书店
印　　刷	三河市万龙印装有限公司
装　　订	三河市万龙印装有限公司
版　　次	2018 年 1 月北京第 1 版　　2018 年 3 月北京第 1 次印刷
开　　本	710×1000　　1/16 开
印　　张	13.5
字　　数	205 千字
定　　价	58.00 元

华夏出版社　地址：北京市东直门外香河园北里 4 号　　邮编：100028
　　　　　　网址：www.hxph.com.cn　　电话：(010) 64663331（转）
若发现本版图书有印装质量问题，请与我社营销中心联系调换。